ein Ullstein Buch

ein Ullstein Buch
Nr. 20415
im Verlag Ullstein GmbH,
Frankfurt/M – Berlin – Wien

Ungekürzte Ausgabe

Umschlagentwurf:
Beate Rebhuhn

Taschenbuchausgabe mit Genehmigung
der Franz Ehrenwirth Verlag
GmbH & Co. KG, München

Printed in Germany 1984
Druck und Verarbeitung:
Clausen & Bosse, Leck
ISBN 3 548 20415 5

Mai 1984

Vom selben Autor
in der Reihe der
Ullstein Bücher:

Liebe auf südlichen Straßen (3254)
Keiner geht an dir vorbei, Cornelia (3321)
Eine Frau für Caracas (3343)
Achtung, Kurven! (3442)
Seelenverkäufer (20124)
Grün wie ein Augustapfel (20342)
Fröhliche Wiederkehr (20359)

CIP-Kurztitelaufnahme
der Deutschen Bibliothek

Biernath, Horst:
Abschied und Wiedersehen:
Erinnerungen an Ostpreußen/
Horst Biernath. – Ungekürzte Ausg. –
Frankfurt/M; Berlin; Wien:
Ullstein, 1984.
(Ullstein-Buch; Nr. 20415)
ISBN 3-548-20415-5

NE: GT

Horst Biernath

Abschied und Wiedersehen

Erinnerungen an Ostpreußen

ein Ullstein Buch

Den vielen gefallenen, vermißten und verschollenen und den wenigen lebenden Gefährten der fernen Kindheit und Jugend gewidmet.

Auf dem Kalenderblatt stand heute ein Wort von Wilhelm von Humboldt: ›Nur, was die Vergangenheit gewährt, ist ewig und unveränderlich – wie der Tod, und zugleich wie das Leben, warm und beglückend.‹
Ja, warm und beglückend selbst dann, wenn die durchlebte Vergangenheit durchaus nicht immer warm und beglückend war. Unser Gedächtnis hat eben die merkwürdige, aber liebenswerte Eigenschaft, auch über die Erinnerungen an dunkle Tage und schlimme Erlebnisse einen zärtlichen Schleier zu breiten. Auch über die bösen Hungerjahre, in die wir – obwohl wir durch Herrn Hoffmann bereits in der Vorschule darüber unterrichtet worden waren, daß Ostpreußen des Deutschen Reiches Kornkammer sei –, in eben dieser Kornkammer lebend, schon nach dem zweiten Kriegswinter hineingerieten.
Noch im Sommer und Herbst 1915 zogen die fliegenden Fischhändler, solange die Männer noch nicht eingezogen waren, paarweise durch die Straßen, der Mann den Handkarren schiebend, die Frau die Ware aussingend: Eiiii Botterfisch – eiii Broatfisch – eiiii Botterfisch! Oder: Strömlinge wie Maräne Ströhömling! Oder: Eiii Speckflundre – eiii Broatflundre – eiii Speckflundre! Die langgezogenen Rufe drangen wie die getragenen Töne eines Pistons bis in die entferntesten Winkel der Häuser. Aber dann blieben die fliegenden Händler aus, und Mutter mußte sich zum Fischmarkt in die Altstadt zwischen Krämer- und Schmiedebrücke bemühen, wenn sie etwas auf den Tisch setzen wollte. Daß sie nicht gerade fein waren, diese Fischweiber, die dort im Winter mit Kohleöfchen unter den weiten Röcken vor den Kurenkähnen saßen, war be-

kannt. Darüber kursierten die dreistesten Geschichten. Die Damen von Mutters Kaffeekränzchen erzählten sie sich hinter der vorgehaltenen Hand mit innigem Vergnügen. Trotzdem war Mutter zutiefst empört, als sie eines Tages beim Einkauf eines großen Dorsches naserümpfend feststellte, daß dieser bereits ungut röche, und die Fischfrau ihr zunächst einen braunen Priemstrahl von die Füße setzte und danach seelenruhig erklärte: »Fräuleinchen, wenn Sie dem Dorsch am Arsch riechen, da stinken Sie auch.« – Dabei bin ich nicht ganz sicher, daß es die verbale Grobheit war, die Mutter so sehr empörte, sondern daß sie in ihren Jahren mit dem breit blitzenden Ehering am Finger von dem Fischweib als ›Fräuleinchen‹ angeredet worden war.

Mutter war eine fabelhafte Fischköchin, und solange es Fische gab, zauberte sie, obwohl Butter und Schmalz bald Raritäten wurden, drei- oder viermal in der Woche Fischklopse, Dorsch in holländischer Soße, Flundern in Dill, eine köstliche Suppe aus Kaulbarschen und dann und wann auch gebratene Strömlinge auf den Tisch. Ich hatte einen Klassenkameraden namens Werner David, den die Natur wunderbarerweise mit einem blauen und mit einem braunen Auge ausgestattet hatte. Dessen Vater nun besaß in der Bülowstraße in der Nähe vom Sackheimer Tor eine Molkerei, und in der Stadt gehörte ihm ein halbes Dutzend Milch- und Käseläden. Und weil ich so blaß und mickerig aussah, steckte mir Frau David häufig aus Mitleid ein Stück Butter oder einen Keil Tilsiter Käse heimlich in den Ausschnitt der Kieler Bluse. Vater David war nicht so spendierfreudig. – Mutter sah diese Freundschaft mit dem Molkereibesitzerssohn nicht ungern. Damals begann ihre kleine Industrie zu blühen, die uns in den schlimmsten Hungerjahren, die allzubald folgten, über manche Not hinweghelfen sollte. Sie strickte aus weißem Zwirn mit der Rundnadel ziemlich zwecklose, aber zauberhaft anzuschauende Gebilde, winzige Deckchen, als Tassen-, Vasen- oder Kannenuntersätze verwendbar. Später, als die Not größer und größer und die guten Beziehungen immer wichtiger wurden, wuchsen diese Handarbeiten zu Riesenformaten. Und obwohl alles knapp wurde, scheint Mutter niemals Schwierigkeiten gehabt zu haben, sich das weiße Garn, das sie kiloweise verbrauchte, zu besorgen. Frau David jedenfalls war von Mutters Strickdeckchen höchst angetan und revanchierte sich mit Fettigkeiten. Nur mußte Mutter sich hüten, Vater gegenüber von solchen Geschäften auch nur ein Wort zu verlieren, denn sein strenges Rechtsbewußtsein hätte sich gegen solche Tauschgeschäfte aufgelehnt. Nachdem er für den aktiven Dienst mit der Waffe im Siebziger-Krieg leider noch zu jung gewesen und für diesen zu alt geworden war, gebot es ihm die vaterländische Pflicht, zum Sieg über die Feinde von Kaiser und Reich wenigstens dadurch beizutragen, daß er sich eisern an die vorgeschriebenen Rationen hielt. Und die gab es auf Marken. Bis tief ins zweite Kriegsjahr hinein zehrte er vom eigenen Speck und sah immer noch recht stattlich aus. Aber als dann der Rübenwinter begann, war es mit dem Eigenverzehr aus. Er verbrauchte von seinen zweieinhalb Zentnern die gute Hälfte und rutschte jämmerlich zusammen.

Anna, unsere Perle, hatte uns verlassen und ihren einbeinigen Maurermeister geheiratet; das andere Bein hatte er gleich zu Anfang des Krieges in der Masurenschlacht verloren. Nun war auch mein Bruder Ernst bei Cambrai gefallen, meine Schwester Else hatte ihren uk-gestellten Richard geheiratet, und Lotte saß als Lehrerin in Sonnenborn auf dem Lande. Wir waren nur noch zu dritt, ein ver-

lorenes Häufchen in der viel zu groß gewordenen Wohnung. Der Gedanke, die Freunde Rudi und Helmut Gutbrod durch einen Umzug in einen weit entfernten Stadtteil zu verlieren, war schmerzlich genug, weit schmerzlicher aber wäre der Verlust von Opa Gutbrods Obstgarten und von Omas Hühnern gewesen, denen wir die Eier noch warm unterm Hintern wegstibitzten und heimlich austranken. Sie konnte es einfach nicht verstehen, daß ihre Hühner bei dem guten Futter so miserabel legten. Aber mir stand das Glück zur Seite. Vater fand am Ende der Tiergartenstraße, genau zehn Hausnummern weiter, eine Dreizimmerwohnung mit Loggia und einer winzigen Mädchenkammer neben der Küche, die ich beziehen durfte. Mehr als ein schmales Bett und ein Nachttischchen gingen allerdings nicht hinein, aber ich war selig, zum erstenmal ein eigenes Nest zu besitzen, in dem ich nachts ungestört schmökern konnte. Ein Lichtanschluß war zwar nicht vorhanden, aber mir genügte der schwache Schimmer eines jener ›Hindenburglichter‹, die damals gerade aufkamen und an Sparsamkeit nicht zu übertreffen waren, völlig zu meinem Glück.
Das Haus an der Ecke Tiergarten-/Simpsonstraße gehörte der Witwe Kallweit, die mit ihrer einzigen Tochter im Parterre wohnte. Sie war eine walkürenhafte Frau von üppigsten Formen, die sie während der ganzen Hungerjahre behielt, denn sie stammte aus dem Ermland, sprach dessen unverfälschten Dialekt und schien gute Verbindungen zu einer reichen Bauernverwandtschaft zu besitzen. Sie rauschte stets in schwarzen Taftgewändern daher, während ihre weit zierlichere Tochter, ein ältliches Mädchen, das Frau Kallweit seit Jahren und Jahren vergeblich unter die Haube zu bringen versuchte, in ihrer Taftkleidung lila Farbtöne bevorzugte. Beide Damen puderten sich so

stark, daß man meinen konnte, sie tunkten die Gesichter mehrmals am Tag in eine Schüssel voll rosa Reispuder.
Sparsam wie Vater nun einmal war, ließ er den Umzug nicht durch eine Spedition besorgen, sondern mietete ein zweispänniges Fuhrwerk. Der Besitzer war eigentlich Droschkenkutscher und betrieb das Fuhrgeschäft nur nebenbei. Seine guten Pferde hatte das Militär beschlagnahmt, und die verbliebenen waren zwei alte, müde Kraggen, die sich nur mühsam auf den Beinen hielten. Leute hatte er natürlich auch nicht mehr. So stellte Vater denn bei der Gefängnisverwaltung den Antrag, ihm für den Umzug einige Strafgefangene zur Verfügung zu stellen. Am Tage des Umzugs, einem sonnigen Septembermorgen, rückten vier Mann in braunem Drillich, von einem kleinen alten Aufseher begleitet, dem ein martialischer Säbel an der Hüfte baumelte, zugleich mit dem Fuhrwerk vor unserm Hause an. Mutter stieß bei ihrem Anblick einen tiefen Seufzer aus, teils aus Mitleid und teils aus Sorge, ob der Umzug mit diesen ausgemergelten Figuren und mit diesen dürren Kleppern vor dem Wagen ein gutes Ende nehmen werde.
»Ich weiß nicht, Julchen, ob das gutgehen wird...« murmelte sie verzagt. Aber Vater meinte, es werde schon gehen, sie solle nur jedem von den Kerlen eine dicke Schmalzstulle und eine Flasche Braunbier vorsetzen. Er schien der Meinung zu sein, daß Schmalzbrot und Braunbier genügen würden, um die Männer wieder zu Kräften kommen zu lassen. Sie sahen wirklich erbarmungswürdig aus, denn wenn es draußen schon knapp genug herging, so konnte man sich denken, wie es innerhalb der Gefängnismauern mit dem Fraß bestellt war. Jedenfalls stürzten sie sich über die Schmalzstullen her, als ob es das Köstlich-

ste wäre, was sie seit Monaten genossen hatten. Und dann – gingen sie ran.

Tische, Betten, Sessel und Stühle, sogar die Kommoden und Sofas bewältigten sie, wenn auch mit einiger Mühe und langen Verschnaufpausen, ganz gut. Für das Büfett brauchten sie eine volle Stunde. Und dann konnte die erste Fuhre losgehen und wurde vor dem Haus an der Simpsonstraße abgestellt. Aber dann kamen die Kisten mit Porzellan und mit Ernsts juristischen Büchern an die Reihe, da mußte Mutter schon umpacken, weil sie nicht imstande waren, die schweren Kisten auch nur anzulupfen. Und dann kam das Klavier! Der alte Klimperkasten aus der Trautweinschen Manufaktur wog gut und gern vier Zentner oder sogar noch einiges darüber, und natürlich besaß unser Fuhrunternehmer weder Traggurte noch Spediteurshaken, mit denen gelernte Möbelpacker ausgerüstet sind.

»Julius!« rief Mutter beschwörend, als die Männer das Klavier bis zur Treppe gezerrt hatten, »wenn es den Leuten aus den Händen rutscht, dann gibt es hier einige Leichen!«

Vater rann der Schweiß in hellen Bächen in den Zelluloidkragen. Er holte auch noch den Fuhrmann heran. Die Ader auf seiner Stirn war rot und dick angeschwollen, wie sie mir sonst nur Zornesausbrüche ankündigte, die sehr peinlich und schmerzhaft für mich zu enden pflegten.

»Gib den Kerlen noch ein Schmalzbrot und noch ein Bier, Lina!« befahl er und ordnete eine längere Pause an. Und irgendwie bewirkten Brot und Bier das Wunder, daß der Trautwein ohne Bruch und ohne Schaden auf die Straße und auf den ächzenden Wagen kam und vor der neuen Wohnung auch ohne Bruch und ohne Tote und Verletzte ausgeladen wurde. Natürlich wäre es auch mir sehr unangenehm gewesen, wenn es bei diesem schwierigen Transport mehrere Leichen gegeben hätte, aber sonst hätte ich gegen eine Bruchlandung des verdammten Pianos nichts einzuwenden gehabt. Meine Geschwister, besonders Ernst, hatten bravourös geklimpert, und auch Mutter entlockte dem Trautwein den Frühlingsstimmenwalzer und leichte Bearbeitungen der Salonstücke von Mendelssohn-Bartholdy. Was lag näher, als auch mich am Klavier ausbilden zu lassen, vor allem, weil ich schon als Zehnjähriger mit meinen breiten Händen mühelos vom C bis zum D in der nächsten Oktave griff. Aber es lag wohl am Unterricht, an dem großen Wert, den Fräulein Stahl auf Geläufigkeitsübungen legte, daß mir ihre Klavierstunden zur Qual wurden. Kurz, bevor Fräulein Stahl zum zweiten Teil der Dammschen Klavierschule übergehen wollte, sah Vater ein, daß mein musikalisches Talent gerade noch für die Mundharmonika, nicht aber für das Klavier ausreiche, und erließ mir die Fortsetzung des Studiums. Später, als man vernahm, daß, wer Klavier spiele, Glück bei den Frauen habe, kam mein Bedauern, das Klavierspielen wie so manches andere versäumt zu haben, leider zu spät.

Klavier und Möbel standen also auf der Straße. Inzwischen war es Nachmittag geworden, und der Himmel bewölkte sich. Die neue Wohnung aber lag im zweiten Stock des Hauses, und das Treppenhaus war auch nicht halb so geräumig wie jenes in dem hochherrschaftlichen Hause, in dem wir bis dahin gewohnt hatten. Mit den letzten Kräften schleppten unsere Gefangenen die Kleinmöbel zur zweiten Etage empor, aber als es an die schweren Stücke ging, da war der Ofen aus. Der Himmel bezog sich immer mehr und wurde immer dunkler. Mutter war der Verzweiflung nah, und wie immer, wenn ihr der Gaul durchzugehen drohte, biß sie sich in den Knöchel des Mittelfingers, um Vater nicht mit Vorwürfen zu überhäufen, daß er mit seiner Sparsamkeit am falschen Platz einmal wieder einen furchtbaren Blödsinn angerichtet habe.

Die Rettung kam in der letzten Minute, kurz vor dem Wolkenbruch. Auch im gegenüberliegenden Hause fand ein Umzug statt. Dort bezog der Regierungsbaumeister Ploke, dessen Sohn mit mir in die Quinta M des Fridericianums ging, eine neue Wohnung. Aber nicht wie wir mit einem Droschkenkutscher und mit Gefangenen, sondern mit einem richtigen Möbelwagen und mit vier richtigen, blaubeschürzten Packern mit strotzenden Muskelpaketen auf den Armen und Schultern, die zudem mit allem Gerät ausgerüstet waren, das man zum Transport schwerer Stücke braucht. Vater zückte sein Portemonnaie und fand, was sonst gar nicht in seiner Art lag, Töne von bestrickender Liebenswürdigkeit: Ob die Herren wohl die Freundlichkeit haben würden... Er machte zwei Zehnmarkscheine locker, wedelte damit vor ihren Nasen, und siehe da, zwei der Herren waren so liebenswürdig, spuckten in die Hände und trugen, was vier Gefangene plus Vater plus Aufseher plus Fuhrmann kaum beim Herabtragen der Stücke geschafft hatten, das Büfett und den Trautwein zu zweit ohne sonderliche Anstrengung durch das enge Stiegenhaus in unsere neue Wohnung. Es war geschafft, und mit zwanzig Mark war Vater immer noch billig weggekommen. Und das hob seine Stimmung.

In diesem Herbst wurde ich in die dritte Gymnasialklasse, nach Quarta versetzt. Vater war mit dem Zeugnis recht zufrieden, nur bei der Note für Rechnen, einer schwachen Drei, runzelte er unwillig die Brauen, und dazu sollte er in Zukunft noch oftmals Gelegenheit bekommen. Aber sonst brachte ich einen Haufen Einser heim, und das versöhnte ihn auch mit der Note für Aufmerksamkeit und der Bemerkung: »Der Schüler ist zumeist anderweitig beschäftigt.« – Vater schenkte mir zur Belohnung drei Mark, mit dem Geld rannte ich spornstreichs zum Spielwarengeschäft Weiß in der Junkerstraße und kaufte mir den ersten eschenen und von Hand gedrechselten Schlagballstock. Denn was heute Fußball ist, war damals das Schlagballspiel. Die Gymnasien trugen untereinander ehrgeizige Wettkämpfe aus, und wie in unseren Tagen auf amerikanischen Universitäten ein guter Leichtathlet oder Baseballspieler mancherlei Vergünstigungen erfährt, so hatte damals ein hervorragender Schlagballspieler das Einjährige oder sogar das Abitur so gut wie in der Tasche – vor allem in der neugegründeten und auf Prestige bedachten Hindenburg-Oberrealschule, der die Brüder ›Wutti‹ und Walter Mäser zu Siegen und zu Ansehen verhalfen. Beide waren Modellathleten, denen Wettkämpfe und Training wenig Zeit für die Schulaufgaben ließen und die das Lehrerkollegium nur deshalb gelegentlich dazu zwang, eine Klasse zu wiederholen, um sie der stets siegreichen Schulmannschaft zu erhalten. Bei uns wurde auf sportliche Erfolge nicht so viel Wert gelegt. Im Gegenteil, als mich unser Dr. Wirth zum Vorturner ernannte, was meine Brust mächtig schwellen ließ, da zog unser Lateinprofessor Schöndörfer – Ottchen genannt – die Luft durch die Nase, als röche er ein übles Düftchen, und murmelte, daß ihm ein guter Lateiner allemal lieber sei als ein Zirkusakrobat. Bei Gott, der Mann tat gerade so, als ob er von der doch in sein eigenes Fachgebiet schlagenden Weisheit des ›Mens sana in corpore sano‹ noch nie etwas gehört hätte. Das konnte einen schon recht verdrießen.

Ottchen Schöndörfer war zu jener Zeit bereits ein älterer

Herr. Aber das Alter hatte sein Temperament nicht gemildert. Er trug vorzugweise blaue Anzüge und schwarze Schuhe. Erschien er einmal mit gelben Schuhen, dann war der Sturmball aufgezogen, und er ließ seine Tertianer und Sekundaner schikanöse Sätze ins Lateinische übersetzen: ›Oh wie verdrießt mich das entartete Haselhuhn (bonasia silvestris degenerata), welches kein Bedenken trägt, sich zu bücken, um sich der gelben Kohlrübe (napobrassica), welche am Boden liegt, zu bemächtigen.‹ – Da war nun alles drin, was des Lateiners Herz entzückte. Die Herzen der Sekundaner entzückte diese wahrhaft sadistische Aufgabe weniger, aber Ottchen Schöndörfers Augen funkelten, und er verspritzte vor Wonne Speicheltröpfchen, wenn er sogar dem Primus der Klasse ein halbes Dutzend Fehler ankreiden konnte. Diejenigen, deren Übersetzung er wegen völliger Ignoranz rot durchstrichen hatte, sah er mit düster flammenden Blicken an. »Wenn die Zensuren im allgemeinen auch nur zwischen Eins und Fünf liegen, so sehe ich mich gezwungen, diese Schluderarbeiten mit einer Fünfzehn zu benoten – und daran werdet ihr ein Weilchen zu knacken haben!« Aber wenn er dann wieder in seine schwarzen Schuhe schlüpfte, war der Zorn verraucht, und er strich die Noten in seinem Notizbuch.

Der Nachlaß meines Bruders Ernst bestand aus dem Frack, den er sich zum Referendarexamen hatte bauen lassen, aus zwei Straßenanzügen, einem halben Dutzend langer Tabakspfeifen, zwei Tablettenröhrchen, auf deren Etiketten ein gefesselter Storch zu sehen war und die Mutter rasch in ihrer Schürzentasche verschwinden ließ, als wir in Ernsts Turmzimmer stöberten, und aus einer Kiste voller zumeist dickleibiger juristischer Bücher. Sie wären ein Fraß der Würmer geworden, wenn ich die Wälzer nicht nach und nach im Raabeschen Antiquariat in der Französischen Straße verkauft oder gegen Bücher nach meinem Geschmack umgetauscht hätte. Natürlich rangierten die Bände von Karl May an erster Stelle, aber mit der gleichen Leidenschaft verschlang ich Gerstäcker, Jules Verne, die Schatzinsel, Robinson Crusoe, Onkel Toms Hütte, die um Lyck herum spielenden Kriegsromane von Richard Skowronnek und den Grafen von Monte Christo samt allen Fortsetzungen des jüngeren Dumas. Für einen guten Teil des Barerlöses aber erstand ich ganze Stapel von jenen Zehn-Pfennig-Serien, die damals im Schwang waren. Die Wildwest-Abenteuer von Old Wawerley, die Kriminalgeschichten um Nat Pinkerton, den König der Detektive, und vor allem jene Schmökerserie, deren Held der junge, immens reiche und elegante Sportsmann Lord Percy Stuart vom Excentric-Club war. Ja, derselbe Lord Percy Stuart, der in jüngster Vergangenheit im Fernsehen eine gänzlich unerwartete, aber fröhliche Auferstehung gefeiert hat. Da der Club, in den der junge Lord aufgenommen zu werden wünschte, nur zweiundfünfzig Mitglieder haben durfte und vollzählig war, sollte Lord Stuart dennoch unter der Bedingung im Club Aufnahme finden, wenn es ihm gelang, statt der üblichen drei Aufgaben volle zweiundfünfzig zu lösen, der Zahl der Clubmitglieder entsprechend. Da galt es, den Spanier Don Hernandez, den besten Florettkämpfer der Welt, zu besiegen, den Ärmelkanal erstmals zu durchschwimmen, den geraubten Krondiamanten des Maharadschas von Gwalior zu finden, Lady Milford aus dem Harem des Sultans von Makkala zu entführen oder im Ballonflug den Gordon-Bennet-Preis zu gewinnen. Wir fieberten jedem neuen Abenteuer entgegen, das der junge Lord zu bestehen hatte, bangten um

den glücklichen Ausgang und haßten Mac Hollister, ein schurkisches Clubmitglied, glühend, der sich geschworen hatte, Percy Stuart am Gelingen seiner Aufgaben scheitern zu lassen. Zweiundfünfzig Aufgaben, das war bei wöchentlichem Erscheinen der Hefte ein volles Jahresprogramm. Was ahnten wir von der Tücke eines deutschen Verlegers, daß der junge Lord einundfünfzig Aufgaben glänzend löste und daß es dem Schurken Mac Hollister erst bei der zweiundfünfzigsten gelang, Percy Stuart scheitern zu lassen. Was nun: hatte der Unglückliche die ersehnte Aufnahme in den exklusiven Club endgültig verspielt? Oh nein! Großmütig, wie es englische Gentlemen nun einmal sind, gestattete man dem jungen Lord, es noch einmal mit zweiundfünfzig neuen Aufgaben zu versuchen. Wenn ich mich nicht irre, scheiterte Lord Percy Stuart fünfmal an der letzten Aufgabe, und die Serie lief Jahr um Jahr munter weiter und zog uns die Dittchen aus der Tasche.
Von den fünfzig Nonanern, die Herr Hoffmann fürs Gymnasium vorbereitet hatte, waren nur wenige hängengeblieben. Die kleine sechsköpfige Clique, der ich von Anfang an zugehörte, war noch vollzählig beieinander. Der schlitzäugige Japs Hilmar Neumann –, Kurt Gronwald, der mit zugewachsenen Augenlidern zur Welt gekommen war und dem die Hebamme die Lider nicht ganz glücklich und fachgerecht aufgeschnitten hatte, so daß er links aus einem riesigen und rechts aus einem schmalgeratenen Auge in die Welt blickte –, die Zwillinge Walter und Paul Wallowitz, Söhne eines Uhrmachers aus der Königstraße, einander verblüffend ähnlich, mit langen Blondschädeln, die eine tiefgefurchte Fontanelle in zwei deutlich voneinander abgesetzte Hälften teilte –, Hermann Fink, Sohn eines Gutsbesitzers, der sein Gut verkauft und ein

Haus mit einem großen Obstgarten am Anfang der Tiergartenstraße erworben hatte und dort als Rentier lebte, was wir mit Verwunderung lasen, denn wie ein Ren-Tier sah der Vater Fink wirklich nicht aus. Und dann gehörte ich noch dazu, ein munterer Knabe und, wie im Zeugnis zu lesen stand, in der Schule zumeist anderweitig beschäftigt. Und das hing nun wiederum eng mit dem Excentric-Club und Lord Percy Stuart zusammen. Denn was lag näher, als eine Filiale dieses Clubs in Königsberg zu gründen. Der Initiator war Kurt Gronwald, fraglos der Exzentriker von uns sechsen. Sicherlich nicht zur Freude seines Vaters, der als Schuhmachermeister in der Königstraße ein großes und recht lukratives Schuhgeschäft besaß, den Titel ›Kaiserlicher Hoflieferant‹ führte und in seinen Werkstätten den ›Königsstiefel‹ herstellte, mit dem er die Offiziere der berittenen Regimenter in der ganzen Provinz genauso belieferte wie den begüterten Adel. Kurt nämlich fühlte sich zum Künstler berufen. Schon als Quartaner schrieb er abenteuerliche Geschichten und ließ sich Visitenkarten drucken:

Kurt Gronwald – Schriftsteller. Später wandte er sich der Malerei zu. Zwar richtete ihm sein Vater in der Nähe des Tiergartens ein Schuhgeschäft ein, das ihn jedoch wenig zu interessieren schien. Tag für Tag stand er mit seinem wild wuchernden Lockenkopf vor der Ladentür hinter seiner Staffelei und malte mit kühnem Pinselschwung rote Kühe und blaue Pferde in bizarr aufgebauten Landschaften.

Wir sechs also machten unseren Excentric-Club auf, dessen strenge Statuten die endgültige Aufnahme aber von der Lösung einer verwegenen Aufgabe abhängig machten. Lieber Gott, was waren wir für Kindsköpfe! Vielleicht zogen wir in Betracht, von unseren Vätern den Hintern versohlt zu bekommen, daß wir aber dabei riskierten, in hohem Bogen aus der Schule gefeuert zu werden, kam uns auch nicht einen Augenblick lang in den Sinn. So erhielt Walter die Aufgabe, während einer montäglichen Morgenandacht in unserm Klassenzimmer die Hähne der Gasbeleuchtung anzudrehen, wobei wir natürlich hofften, daß der Unterricht ausfallen werde. Daß bei diesem Scherz ein Teil des Fridericianums hätte in die Luft fliegen können, daran dachten wir nicht. Jedenfalls gab es eine hochnotpeinliche Untersuchung der Geschichte, es wurden Trittspuren auf den Schulbänken gefunden, aber der Übeltäter blieb unentdeckt, und damit war Walter das erste ordentliche Mitglied unseres Excentric-Clubs. Kurt, für alles Künstlerische empfänglich und schon als Quartaner ständiger Besucher der Sonntags-Nachmittagsvorstellungen im Luisentheater, erhielt den Auftrag, eine Vorstellung zu sprengen; mit einer Handvoll Stinkbomben, die er auf die Bühne und ins Parkett warf, wurde es ein voller Erfolg, der sogar in die Zeitung kam. Unentdeckt blieb auch der Luntrus, der drei Feuermelder einschlug und die Feuerwehr in höchste Alarmbereitschaft versetzte, genauso unentdeckt wie jener Lorbaß, der auf dem Paradeplatz das Denkmal des größten Sohnes Königsbergs, Immanuel Kant, von oben bis unten mit Sirup beschmierte, so daß das Denkmal, da die ruchlose Tat gerade zur Lindenblüte begangen wurde, einen riesigen Klumpen von summenden Bienen bildete.

Allzu lange existierte der Excentric-Club nicht, denn selbst einem so phantasiebegabten Knaben wie Kurt Gronwald gingen die Ideen aus, und außerdem lockten uns neue, größere und dazu noch vaterländische Aufgaben, welche, was sie nicht nur ehrenvoll, sondern dazu noch süß machte, uns schulfreie Tage einbrachten. Denn

trotz der Heldentaten unserer U-Boote, die die englische Blockade brachen und Gummi und Kupfer aus Amerika nach Deutschland brachten, wurden nicht nur die Lebensmittel, sondern auch die zur Weiterführung des Krieges benötigten Rohstoffe knapp. Wenn Vater ein vermögender Mann gewesen wäre, so hätte er sein Vermögen freudig als Kriegsanleihe gezeichnet. Leider besaß er keinen überflüssigen Pfennig, und so begnügten sich die Eltern damit, Vaters goldene Uhrkette und die breiten Eheringe – wie es die Altvorderen so beispielhaft anno 1813 zum Abschütteln des Franzosenjochs getan hatten – auf dem Altar des Vaterlandes zu opfern. Sie bekamen dafür Ringe aus Kruppschem Nickelstahl mit der erhabenen Prägung ›Vaterlandsdank 1914‹ und eine Uhrkette aus schwarzem Eisen, auf deren ovalen Gliedern die ehernen Worte aus der ehernen Zeit der Befreiungskriege zu lesen waren: ›Gold gab ich für Eisen‹. Bei solcher Opferbereitschaft konnten der Sieg und das glorreiche Ende des Krieges nicht mehr fern sein. Davon war Vater jedenfalls fest überzeugt, und er verachtete Onkel Fritz, der auch nicht im Traum daran dachte, sich von seinem Gold und von seinem Geld zu trennen, aus tiefster Seele. Und so was war einmal Major...
Von Onkel Walter traf, weiß der Himmel über welche Umwege, eine Postkarte aus Ägypten ein. Er war, mit Lettow-Vorbeck und seinen Askaris in Deutsch-Ostafrika kämpfend, nach zwei ruhmvollen Kriegsjahren in englische Gefangenschaft geraten und in der Nähe von Kairo interniert worden. Auch Tante Miekchen und die Kinder hatten die Engländer in ein anglo-ägyptisches Camp gebracht. Er schrieb, daß es ihnen allen gut ginge und daß sie von den Engländern sehr anständig behandelt würden.

»Das schreibt dein Bruder auf einer offenen Postkarte, Lina!« sagte Vater und schnaubte höhnisch durch die Nase. »Von den Engländern anständig behandelt, von diesen perfiden Schweinen!«

»Vielleicht mußte er so schreiben«, meinte Mutter.

»Nicht als deutscher Mann!« sagte Vater unerbittlich.

Für uns von der Sexta bis zur Prima begann die große Zeit der Sammlungen. Unser Klassenleiter Dr. Raabe, der in Frankreich die rechte Hand verloren hatte und sich mühsam umstellen mußte, Ohrfeigen mit der Linken auszuteilen, nannte es ›die verdammte Pflicht und Schuldigkeit jedes deutschen Jungen, sich mit allen Kräften für Kaiser, Reich und Vaterland einzusetzen . Und wie wir uns einsetzten! Zum Teil auch wohl deshalb, weil nach den großen Anfangserfolgen die Siegesmeldungen und die damit verbundenen schulfreien Tage immer seltener wurden. Mit Berechtigungsausweisen ausgestattet, die der »Kriegsausschuß für Sammel- und Helferdienste« ausgab und die den Stempel der Schule trugen, zogen wir los und sammelten straßauf und straßab Lumpen und Altpapier, Kastanien und Eicheln, Altmetalle, Kupfer- und Zinngeschirr, Gold und Silber, und im edlen Wettstreit der Klassen untereinander zogen wir mit Listen von Haus zu Haus, in welche sich die Leute zur Kriegsanleihe eintragen durften. Von den vierzehn Milliarden, die gezeichnet wurden, brachten wir den stolzen Betrag von 78 000 Mark zusammen, eine Summe, die der Geheimrat mit jener Ergriffenheit vom Katheder der Aula herab verkündete, mit der er sonst versenkte Tonnagen und Zahlen von Kriegsgefangenen hinausposaunte. Wenn ich an die Kupfer- und Zinnsammlungen denke, dann spüre ich, wie mein Sammlerherz zu bluten beginnt. Was waren das für prachtvolle

Kannen, Kessel, Tiegel und Mörser, die wir zur Schmelze brachten. In der Reihe der eigenen Vorfahren waren Männer mit dem merkwürdigen Namen Kastenbein, die als Kapitäne zur See fuhren und im Alter in den Häfen von Danzig, Pillau und Memel als Lotsen dienten. Von ihren Englandfahrten hatten sie wunderschönes Zinngeschirr, bauchige Teekannen mit schwarzen Ebenholzgriffen, wunderhübsche Becher, Deckelkrüge und Teller mitgebracht, die Mutter geerbt hatte. Ich habe ihr das ganze Zinn abgeschwatzt und zur Sammelstelle geschleppt, da man gerade Zinn angeblich zum Verzinnen der im Felde benötigten Konserven dringend brauchte.
Unsere Sammelstelle lag in der Nähe der Fleischerei Molles in der Königstraße. Sie wurde von einem Sekundaner verwaltet, dessen Dienstraum wir immer mit einem gewissen Unbehagen betraten. Nicht weil er verkrüppelt war und an zwei Stöcken daherwatschelte, da seine kurzen Beine den gewaltigen, unappetitlich fetten Rumpf und Kopf kaum zu tragen vermochten, sondern weil er eine widerliche Art hatte, uns mit Schokolade zu füttern, uns Papyrossi anzubieten und zu süßen Likören einzuladen. Die vier Jungen, die ihm als Adjutanten zugeteilt waren, nannte er seine Lieblinge und erzählte uns mit weicher Schmeichelstimme, was für ein herrliches Leben wir täglich führen könnten, wenn wir uns dazu entschlössen, das Sammeln aufzugeben und bei ihm zu arbeiten, da er die Arbeit mit seinen Lieblingen nicht mehr bewältigen könne. Der Kerl war richtig zum Kotzen. Aber warum er zum Kotzen war, ahnten wir nur dunkel. Eines Tages stellte sich dann heraus, daß er unsere Listen gefälscht, einen großen Teil des Bruchgoldes und der Silbersachen, die wir bei ihm abgeliefert hatten, beiseite geschafft und mit den besten Stücken der Kupfersammlung und der Zinnge-

räte einen schwunghaften Handel betrieben hatte. Er flog mit Schimpf und Schande aus der Schule, es wurden sehr peinliche Untersuchungen angestellt, in deren Folge auch seine Lieblinge in der Versenkung verschwanden. Als ich diese aufregende Geschichte zu Hause erzählte und auf den ekelhaften Burschen mit seinen schweißigen Händen zu sprechen kam, bekam Vater einen roten Kopf, und Mutter kriegte Flecken ins Gesicht. Daß da jemand eventuell auch unser Zinn unterschlagen hatte, schien ihnen furchtbar an die Nerven zu gehen...

Der Tod von Ernst vermochte Vaters Kriegsbegeisterung nur für kurze Zeit zu dämpfen. Er hatte sich eine große Europa-Karte angeschafft und im Wohnzimmer an die Wand geheftet, auf der er den Frontverlauf nach dem Studium der Frontnachrichten in der ›Allgemeinen‹ mit bunten Fähnchen wie ein alter Generalstäbler absteckte. Daß es im Westen überhaupt nicht voranging und daß die Österreicher an der Karpatenfront und im Balkan eine Schlappe nach der anderen einsteckten, wurmte ihn maßlos. Mit den frischfröhlichen Renommiersprüchen, die zu Anfang des Krieges im Schwang waren, schien es vorbei zu sein. Auch aus den Kiosken verschwanden die bunt illustrierten Darstellungen, auf denen es richtig erhebend war, anzuschauen, wie unsere tapferen Feldgrauen ihre Gegner auf allen Fronten mit spielerischer Leichtigkeit zur Strecke brachten. Jeder Schuß – ein Ruß, jeder Stoß – ein Franzos, jeder Tritt – ein Brit, jeder Klaps – ein Japs...

Um diese Zeit erregte eine Anzeige unsere Aufmerksamkeit, die in den Königsberger Blättern, wohl aber auch in der Provinz erschien:

Durch den Verkauf von 100 prächtigen Ansichtskarten, die Sie in Ihrem Bekanntenkreis spielend unterbringen werden, da der Preis pro Stück nur 10 Pfg beträgt, gelangen Sie in den Besitz einer echten Berliner Renommier- oder Prahluhr, um die Sie jedermann glühend beneiden wird. Außerdem aber wird ein patentierter Mechanismus im Zifferblatt dieser echt vergoldeten und hochwertigen Uhr Sie zeitlebens an die glorreiche Zeit erinnern, in der wir leben. Schreiben Sie sofort an Uhren-Kloos in Berlin!

Es ist klar, daß ich diese Renommier- oder Prahluhr besitzen wollte. Hundert Postkarten zu verkaufen schien mir ein wahres Kinderspiel zu sein, denn ein Dutzend Leute aus der Verwandtschaft, die mir Postkarten abnehmen würden, zählte ich im Handumdrehen auf. Selbstverständlich würden auch die Klassenkameraden gern bereit sein, die prächtigen Karten zu erwerben. Leider hatte ich nicht damit gerechnet, daß diese Anzeige auch von eben meinen Klassenkameraden gelesen worden war. Und so kam es, daß vierzehn Tage später jeder zweite Junge nicht nur aus meiner Klasse, sondern daß die halbe Schule mit einem dicken Paket Ansichtskarten anrückte, auf denen in scheußlicher Kolorierung unser Kaiser, Auguste Viktoria, Hindenburg, das Berliner Schloß und die Siegesallee abgebildet waren. Dem Päckchen, das ich stolz in Empfang nahm, war wie allen anderen eine Zahlkarte und ein Schreiben beigefügt, in dem der ›sehr geehrte Empfänger‹ aufgefordert wurde, zehn Mark innerhalb eines Monats an Uhren-Kloos zu überweisen, wenn er in den Besitz der Renommieruhr gelangen wollte.
Nun, im Anfang ging der Verkauf der Karten ja auch recht flott voran. Vater griff tief ins Portemonnaie und nahm mir fünf Karten ab. Onkel Fritz konnte ich zwei davon andrehen, und Tante Elma drückte mir ein Fünfzigpfen-

nigstück in die Hand und verzichtete sogar großzügig auf die Karten. Nach zehn Tagen hatte ich die Schuhsohlen durchgelaufen und vier Mark und einige Groschen darüber eingenommen. Dann aber kleckerten die Dittchen so spärlich herein, daß an einen fristgerechten Verkauf der letzten fünfzig Karten nicht mehr zu denken war. Der einzige Trost blieb, daß ich nicht der einzige war, der auf einem dicken Posten der verdammten Karten sitzenblieb und Uhren-Kloos in Berlin zehn Mark schuldete. Ein Taschengeld bekam ich nicht. Aber für Kohlenschleppen, Holzhacken, Küchenhilfe aller Art vom Abwaschen bis zum Kartoffelschälen steckte mir Mutter hie und da fünfzig Pfennige oder sogar eine Mark zu. Ein schüchterner Versuch, Mutter zu einem Vorschuß zu bewegen, scheiterte kläglich, denn bei ihr galt der Grundsatz: Erst die Arbeit, dann das Vergnügen. Meinen Freunden Rudi und Helmut Gutbrod ging es nicht anders als mir, im Gegenteil, sie steckten bei Uhren-Kloos noch tiefer in der Kreide. Da aber kam Rudi auf einen ebenso genialen wie einfachen Gedanken, den Verkauf der blöden Karten aufzugeben und uns das fehlende Geld anderweitig zu beschaffen.

Damals stand jenseits der Luisenallee, einer Gegend, die bald zu den bevorzugten Wohnvierteln gehörte, noch kein einziges Haus. Die Schienen der Linie 3 liefen neben einer gerade im Unterbau befestigten Straße zur Endstation bei den Zwillingsteichen und zum Hammerteich, in dem wir sommerüber badeten und schwimmen lernten. Dort also waren Getreide- und Kartoffeläcker, und dort baute auch der Gärtner Adler in großen Arealen Weißkohl, Blumenkohl und allerlei Gemüse an. Gärtner Adler hatte vor langen Jahren die Gärtnerei von Opa Gutbrod übernommen. Gestohlen war hier draußen schon immer worden, aber mit der Dauer des Krieges nahmen die Felddiebstähle in einem Ausmaß zu, daß sich der Anbau nicht mehr gelohnt hätte, wenn Gärtner Adler nicht Freunde gefunden hätte, die sich im nächtlichen Wachdienst ablösten. Einer von ihnen war Opa Gutbrod, der solche Wachen gern übernahm, da er nachts ohnehin nicht schlafen konnte. Mit einem uralten Vorderlader, dessen Lauf er mit Pfefferkörnern füllte, stapfte Opa Gutbrod nachts durch das Gelände und hatte schon manchem Dieb eine Pfefferladung auf den Hintern gebrannt. Seine Augen waren noch gut, die Brille brauchte er nur zum Lesen, aber wie schwerhörig er mit zunehmendem Alter geworden war, das wußten seine Enkel am besten. In einer mondlosen Nacht, in der Opa Gutbrod seine Wache schob, zogen Rudi, Helmut und ich mit dem großen zweirädrigen Handkarren aus Opas Geräteschuppen los, stellten den Wagen hinter einem Gebüsch in sicherer Entfernung ab und begannen, während Helmut auf den Alten aufpaßte und uns durch Pfiffe verständigte, wenn er nahte, mit der Blumenkohlernte. Es waren mehr als hundert üppige Köpfe, die wir aufluden. Tags zuvor hatte der Rudi mit der Witwe Baltruschat, die in der Beethovenstraße in einem Keller – genau wie die Donnerbuchs in der Ziegelstraße – einen Handel mit Obst, Gemüse und Flaschenbier betrieb, ein kurzes Gespräch geführt. Da es mangels Masse mit ihrem Betrieb steil bergab ging, erwartete sie uns bereits mit Ungeduld, spendierte jedem von uns eine Flasche Malzbier und entließ uns, nachdem wir den Blumenkohl in ihrem Keller verstaut hatten, mit dem Versprechen, sie auch künftig zu beliefern. Zwei Blumenkohlköpfe nahm ich Mutter mit, die über die unerwartete Gabe hoch erfreut war. Auf die Frage, wie ich zu dem Blumenkohl gekommen sei, antwortete ich fast wahrheitsgetreu, daß ich ein bißchen bei Gärtner Adler auf dem Feld gearbeitet und den Arbeitslohn in Naturalien bekommen hätte. Mutter war richtig gerührt und schenkte mir für meinen Fleiß eine Mark. Frau Baltruschat aber wurde die ganze Ladung gleich am nächsten Vormittag im Handumdrehen los, erzielte pro Kopf einsfünfzig, steckte vom Erlös ein Drittel wie verabredet ein und händigte uns, ehrlich wie sie war, die ungeheure Summe von einhundertundvier Mark aus, die wir wiederum redlich teilten.

Die Berliner Renommier- oder Prahluhr war uns also sicher. Ich füllte die Postanweisung nach Berlin noch am gleichen Tage aus, und Rudi und Helmut hatten es genauso eilig, ihre Anweisungen auszufüllen und abzuschikken. Vierzehn Tage vergingen in fieberhafter Spannung. Und dann war das ersehnte Päckchen endlich da. »Von Uhren-Kloos«, sagte Mutter, als sie es mir mittags in die Hand drückte, »ich wußte gar nicht, daß du alle Karten verkaufen konntest...« Ich gab zu, daß das auch nicht ganz einfach gewesen sei, aber daß ich es zum Schluß dann doch geschafft hätte. Und es war wirklich ein Prachtstück, das ich aus der Verpackung schälte. Eine echte Renommier-Uhr! Die mächtige Zwiebel glänzte wie pures Gold und hatte fast das Format von Vaters glücklich zu Bruch gegangenem Passometer. Das Aufregendste aber war fraglos das Zifferblatt. Denn darauf stand ein Feldgrauer in voller Kriegsmontur, links neben ihm ein fliehender Russe, und das Erhebende daran – was das Herz jedes Patrioten höher schlagen ließ – war, daß der Sekundenzeiger in der Form eines bestiefelten Unterschenkels um das Kniegelenk des feldgrauen deutschen Helden kreiste und den Russen in jeder Minute einmal so kräftig in den Hintern trat, daß der ganze Kerl vornüber kippte. Merkwürdig, daß weder Vater noch Mutter dieses sich minütlich wiederholende Schauspiel so umwerfend witzig und patriotisch fanden, wie es der Konstrukteur beabsichtigt hatte. Vater brummte sogar, man müßte den Kerl an die Front schicken, damit er am eigenen Leibe erfahre, daß es dort gar nicht so lustig zugehe. Und ich mußte nach einiger Zeit selber zugeben, daß das Schauspiel eines Arschtritts pro Minute ermüdend wirkte. Ich hatte allerdings auch nur drei Tage Zeit, den kreisenden Stiefel zu bewundern, denn dann gab es im Inneren der Renommieruhr einen Knacks – und sie stand still. Der Vater der Zwillinge Wallowitz, dem ich sie am nächsten Tag zur Reparatur brachte, sagte, solch einen Schund hätte er seiner Lebtag nicht gesehen und ich solle das Ding so schnell wie möglich auf den Misthaufen werfen, wo es schon hingehört hätte, als es noch funktionierte. Ich gewann dabei den Eindruck, daß es mit seiner Vaterlandsliebe nicht zum besten bestellt war ...

Wir wohnten noch gar nicht lange in der neuen Wohnung bei der Witwe Kallweit, als es eines Nachmittags – ich machte gerade Schularbeiten und übte nach der Methode, die uns Herr Dr. Buttersack empfohlen hatte, mit zugehaltenen Nasenlöchern französische Nasallaute – als es einen fürchterlichen Schlag tat, dem ein lang anhaltendes Donnergrollen folgte. Im Wohnzimmer, in dem ich saß, flogen die Fensterscheiben heraus, und in der Küche, in der Mutter gerade das Mittagsgeschirr spülte, neigte sich der Aufsatz vom Küchenschrank bedrohlich vornüber, entleerte auf den Fußboden, was an Tellern und Tassen darin aufgestapelt stand, und schwankte dann wieder in seine alte Lage zurück. Zum Glück, denn die Küche war schmal, und Mutter vor Schreck zu gelähmt, um beiseite zu springen. Aus allen Häusern stürzten die Leute auf die Straße, überall in der Nachbarschaft hatte es zerbrochene

Fensterscheiben und Scherben gegeben, bei Plokes war der Regulator von der Wand gefallen, und die Witwe Kallweit, die mit ihrer Tochter gerade von einem Spaziergang durch den Tiergarten zurückkam, wurde von einem niederprasselnden Dachziegel so unglücklich am Kopf getroffen, daß sie wie tot vor dem Nebenhaus auf der Straße lag. Der breitrandige Hut mit der Garnierung schwarzer Straußenfedern lag arg demoliert neben ihr, und auf dem Pflaster lag auch eine schwarze Perücke; abgesehen von der stark blutenden Kopfwunde sah die Witwe Kallweit mit ihrem echten, grauen Haar, das nur noch in einzelnen Strähnen wuchs und viel gelbe Schädelhaut sehen ließ, gar nicht vorteilhaft aus. Die blondgelockte Tochter in ihrem lila Taftkleid schrie gellend um Hilfe, und pudergetränkte Tränen rannen rosa auf das lila Kleid herab. Die Nachbarn schafften Frau Kallweit und die Tochter in ihre Wohnung. – Hatte man zuerst geglaubt, ein Erdbeben habe die Mauern erschüttert und die Zerstörungen angerichtet, so ließen nachfolgende schwere Detonationen, deren Schallwellen dumpf heranrollten, keinen Zweifel daran, daß es in der Nähe der Stadt ein Explosionsunglück gegeben habe. Bald erfuhr man, daß die Munitionsfabrik in Rothenstein mit allen Dynamitlagern in die Luft geflogen war und daß es dabei Hunderte von Toten gegeben habe. Es war eine schreckliche Geschichte am Rande des Krieges, der sich von uns auch an der Ostfront so weit entfernt hatte, daß wir seine Bedrohung nicht mehr wie im ersten Kriegsjahr am eigenen Leibe zu spüren bekamen. Einige Tage später besuchte uns Tanta Magda, die Frau eines Schullehrers aus Lauth, deren Verwandtschaft mit Mutter über drei oder vier Ecken ging. Sie war noch völlig verstört, denn sie hatte das Unglück aus nächster Nähe miterlebt. Wie durch ein Wunder waren Schulhaus und Dorf unversehrt geblieben, da die Druckwellen der Explosionen über Lauth hinweggegangen waren. Bis zur Unkenntlichkeit verstümmelte menschliche Körperteile waren in ihren Garten geregnet, als sie gerade dabei gewesen war, ihre Hühner und Karnickel zu füttern. Ein an jenem Tag frisch geschlachtetes Kaninchen brachte sie Mutter mit, da ihnen der Appetit auf Fleisch für einige Zeit gänzlich vergangen war.

Mir brachte das Rothensteiner Unglück recht ansehnliche Nebeneinnahmen. Da der alte Glasermeister Korbjuhn mit seinem einzigen Lehrling alle Hände voll zu tun hatte, ersetzte ich mit der vom Schuhmacher-Großvater ererbten handwerklichen Geschicklichkeit bei uns, in unserm Haus und auch in der Nachbarschaft die zerbrochenen Fensterscheiben. Auch bei Frau Kallweit, die sich inzwischen von ihrem Unfall erholt hatte und mich nicht nur mit Geld, sondern auch noch mit einem großen Marzipanei belohnte, das allerdings noch aus den fernen Kindertagen der Tochter zu stammen schien, denn es war steinhart und arg zusammengeschrumpft. Aber was tat's, Süßigkeiten waren Mangelware geworden, ich hatte feste Zähne, und die Härte des Marzipans verlängerte nur den Genuß. In der Folgezeit aber avancierte ich bei Frau Kallweit zu einer Art Hausmeister, legte Klingelleitungen, reparierte Wasserhähne, flickte verrostete Ofenrohre und bekam neben dem Barlohn – aber dafür konnte man sich außer Groschenheften kaum noch etwas kaufen – jedesmal ein Stück Streuselkuchen, selbstgefertigte Rumkugeln oder eine Handvoll Sahnebonbons, die Fräulein Kallweit auf dem großen Fladenblech im Gasherd kochte. Ja, Kallweits ging es gut, die Verwandtschaft auf dem Land versorgte die beiden Frauen im Überfluß.

Während Mutter die holländische Soße zum Kabeljau mit

Eiersatzpulver gelb färbte, aus Zuckerrüben Sirup für den Brotaufstrich kochte, Bucheckern zur Ölpressung sammelte und schließlich in dem schlimmen Hungerwinter von 1917/18 Rübenschnitten auf Ersatzkaffee briet, damit die Rübenscheiben wenigstens bräunlich wie richtige Koteletts aussahen, delektierten sich die Damen Kallweit an knusprigen Tauben und Hähnchen und hatten genug Eier, um daraus einen köstlichen Eierlikör zu brauen, von dem ich hin und wieder auch einen Fingerhut voll vorgesetzt bekam. Wenn ich Mutter berichtete, was ich alles an Vorräten in der Kallweitschen Speisekammer gesehen hatte, ganze Speckseiten, armlange geräucherte Würste, Gläser voll Schmalz und eingesülztem Schweinefleisch, dann wurde ihr richtig schwach; und einmal fiel sie richtig in Ohnmacht. Vielleicht aber hingen diese Schwächeanfälle auch gar nicht mit der Erwähnung der Kallweitschen Vorräte zusammen, denn solche Anfälle von fliegender Hitze, Atemnot und Herzbeschwerden wiederholten sich einige Jahre hindurch immer wieder, auch dann noch, als es uns schon wieder besser und endlich so gut ging, daß Mutter die eigene Speisekammer mit Speck, fetten Würsten, Eiern und allerlei Eingemachtem füllen konnte. – Wie gesagt, mit dem Geld für die Handwerker- und Hausmeisterdienste war nicht mehr viel anzufangen. Dann aber wurde es doch wieder interessant, denn ich entflammte in einer neuen Leidenschaft. Der Excentric-Club war an Ideenmangel eingegangen. Das Schlagballspiel auf dem Walter-Simon-Platz füllte auch nicht die ganze Woche aus. So tobten wir uns in Prügeleien untereinander oder mit den Jungen vom Schlorrengymnasium Hufen aus. Dort waren die Anführer die Brüder Geier, Söhne des Friedhofsinspektors vom Luisenkirchhof, von denen wir leider trotz unserem Latein und Französisch zumeist fürchterliche Abreibungen bezogen. Der einzige, der diesen Raufereien keinen Geschmack abgewinnen konnte, war der ›Schriftsteller‹ Kurt Gronwald. Von daheim bekam er ein recht großzügig bemessenes Taschengeld, von dem er jeden Pfennig für die Sonntagnachmittags-Vorstellungen des Luisentheaters und für eine neue Art von Kunstgenuß, den Kintopp, aufsparte. Eines Tages beschwatzte er mich, dem er Aufnahmebereitschaft für höhere Dinge zuzutrauen schien, im Luisentheater eine Aufführung der ›Rose von Stambul‹ zu besuchen. Abgesehen davon, daß es ein grauer, verregneter Sonntag war, herrschte bei uns zu Hause an Sonn- und Feiertagen gähnende Langeweile. Die Gewaltmärsche hatte Vater aus körperlicher Schwäche längst aufgegeben. Er war froh, wenn er sich zum Dienst schleppen konnte. Manchmal gingen wir noch ein Stück am Landgraben entlang nach Juditten, aber die sechs Kilometer schaffte Vater nicht mehr. Um den Spaziergang mit etwas Nützlichem zu verbinden, sammelten wir je nach Jahreszeit Hagebutten, Lindenblüten, Holunderbeeren oder Pilze, von denen am Landgraben Reizker, Kremplinge und Birkenpilze in Mengen wuchsen. Besonders die Reizker gaben, mit Schalotten und Senfkörnern in Essig eingelegt, zu Bratkartoffeln ein richtiges Festessen her.

Kurt Gronwald also überredete mich nicht nur zum Theaterbesuch, er spendierte mir sogar eine Karte für eine der hinteren Parkettreihen. Und das Unerwartete geschah, kaum, daß die Ouvertüre verklungen und der Vorhang aufgegangen war, versank die Welt um mich, und ich war der Gefangene eines Zauberbanns, dem ich nie mehr entrinnen sollte. Das Luisentheater war eine reine Operettenbühne, und wenn ich der Operette auch bald untreu wurde, so hatte sie doch eine Flamme in meinem Herzen entzündet, die in mir bis zum letzten Atemzug brennen wird. Fortan sparte ich jeden Groschen für diese Nachmittagsvorstellungen, und für die andere Leidenschaft, die Kurt Gronwald vor mir entdeckt hatte – das Kino. Lieber Gott, was waren das für Kriegsschnulzen, die da über die Leinwand flimmerten und das Publikum zu Tränen rührten: »Es braust ein Ruf wie Donnerhall« – da folgte ein Primaner seinem Lehrer voll Begeisterung ins Feld und fiel, während der Klavierspieler den guten Kameraden intonierte, an seiner Seite für Kaiser und Reich. »Auf dem Felde der Ehre« – wo ein Offizier des Kaisers Rock wegen Spielschulden ausziehen muß und dann im grauen Ehrenkleid als gemeiner Soldat seiner Schuld und seiner Schulden durch den Heldentod ledig wird. Wir heulten wie die Schloßhunde und schämten uns unserer Tränen nicht. Allerdings ließen wir die Tränen hinter der Leinwand fließen, und das kam so: die Plätze im Parkett kosteten zwischen fünfzig Pfennigen und einsfünfzig. Wir aber entdeckten zwei Kinematographentheater, in denen es hinter der Leinwand einen winzigen Raum mit einer an die Rückwand gequetschten Bank gab. Ein Rasiersitz, aber dort zahlte man für den Platz nur zwanzig Pfennige – und die kassierte der Billetteur in die eigene Tasche. Natürlich sah man die Vorgänge auf der Leinwand seitenverkehrt. Das war nicht weiter schlimm. Schlimmer war, daß man auch die Begleittexte – soweit Dialoge und Erklärungen zur Handlung nicht von einem Sprecher mit Zuhilfenahme eines Zeigestocks gegeben wurden – ebenfalls seitenverkehrt lesen mußte. Kurt Gronwald hatte darin durch lange Übung eine erstaunliche Fertigkeit erworben, aber es dauerte gar nicht lange, bis auch ich den seitenverkehrten Text ohne Schwierigkeiten las. Es waren ja zumeist auch nur kurze Dialoge, die eingeblendet wurden:

»Denken Sie an meine Ehre, Herr Leutnant!« – »Oh Komtess, kosten Sie vom Becher des Glücks, solange er sich Ihnen darbietet!« Dann nahm er sie in seine starken Arme und trug sie zum Sofa im Hintergrund. Kurt Gronwald kniff mich vor Spannung in den Arm, und auch ich hielt den Atem an. Aber im spannendsten Moment wurde, wie es später Tucholsky bedauernd feststellte, leider ›abjeblendt‹...

Der ergreifendste dieser patriotischen Rührschinken aber war zweifellos ein Film mit dem Titel »Das Vaterland ruft«. Darin war ein fescher Leutnant in heißer Liebe zu einer Schauspielerin entflammt. Wehen Herzens mußte sie den Geliebten ins Feld ziehen lassen, entsagte in hehrem Pflichtgefühl Bühnenruhm und Karriere, zog das schlichte Schwesternkleid an und traf gerade rechtzeitig im Frontlazarett ein, um den schwerverwundeten Geliebten bei einem überraschenden Angriff auf das Lazarett aus dem Feuer zu schleppen und in aufopfernder Pflege für das Vaterland und für neue Heldentaten auf die Beine zu bringen. – Im Kino wurden die Taschentücher ausgewrungen, und auch wir, die wir hinter der Leinwand saßen, ließen die Tränen tropfen.

An diese Heldenschnulzen der ersten Kriegsjahre sollte ich fast dreißig Jahre später auf recht seltsame Weise erinnert werden. Ein Trottel von Sanitäter hatte mir durch stundenlange Bestrahlungen mit einem Kurzwellengerät den Ischiasnerv im rechten Oberschenkel angeschmort. So lag ich im Frühjahr 1944 gänzlich unheroisch, aber von höllischen Schmerzen geplagt, in Sparz, einer zum Lazarett umgewandelten Schule der Englischen Fräulein in Traunstein, als mich ein Brief erreichte, dessen Absender

Herr Duday war, einer der Topmanager der UFA. Ich war Obergefreiter, er Oberstleutnant und in dieser Eigenschaft Chef eines Kriegsgefangenenlagers, was ihn aber nicht hinderte, weiter für die UFA zu wirken. Wir kannten uns aus zivilen Zeiten. In liebenswürdigster Form schrieb er mir, er habe davon gehört, daß ich im Lazarett läge. Zwar sei er davon überzeugt, daß die ärztliche Betreuung in Sparz ausgezeichnet sei, dennoch könne er sich vorstellen, daß es in den Badeorten Deutschlands, der ›Ostmark‹ oder des besetzten Böhmen Lazarette oder Privatkliniken gäbe, in denen man bei meinem spezifischen Fall über bessere Behandlungsmöglichkeiten verfüge. Er könne sofort eine zeitlich unbegrenzte Uk-Stellung für mich erwirken, ferner sei er ermächtigt, mir ein Honorar von 30 000 Mark vorzuschlagen, eine Summe, auf die er sich aber durchaus nicht festlegen wolle. Meine Aufgabe, mit der ich Führer und Volk dienen könne, bestände darin, zunächst das beigefügte kurze Exposé zu einem Film-Treatment zu verarbeiten und nach diesem Treatment, falls es Zustimmung finde, das Drehbuch für einen Film zu schreiben, dessen Titel noch nicht festliege. Das Exposé selber stamme aus der nächsten Umgebung des Herrn Reichsministers für Volksaufklärung und Propaganda, sei ihm vorgetragen worden und habe seine volle Zustimmung gefunden.

Das Exposé hatte den Umfang von eineinhalb weitzeilig geschriebenen Maschinenseiten und erinnerte mich in vertrackter Weise an die soeben erwähnte Kriegsschnulze von 1916 oder 17 »Das Vaterland ruft«. Hier war ein Hauptmann, Träger des EK I, der mit seinem Infanterie-Bataillon an der Ostfront lag. Sein treuer Bursche war mit ihm von Anfang an dabei. In der Heimat zurückgelassen hatte er die geliebte Verlobte, eine berühmte Sängerin

(oder Schauspielerin), an deren Zofe wiederum der Bursche sein Herz verloren hatte. (Randbemerkung: Lustige Figuren! Just und Franziska in ›Minna von Barnhelm‹) Um Führer und Vaterland zu dienen, hat die Braut des Hauptmanns ihr Engagement aufgegeben, um sich mit ihrer Kunst der Truppenbetreuung zu widmen. Und so gibt es eines Tages ein heimlich erhofftes, aber nie erwartetes Wiedersehen der Liebenden an der vordersten Front, wo die Künstlerin in einer provisorisch zu einem Vortragssaal umfunktionierten Scheune den armen Frontschweinen einen lang entbehrten Kunstgenuß verschaffen will. Gerade für diese Stunde aber hat der Feind auf breiter Front einen Großangriff angesetzt. Absicht des Feindes ist es, an jenem Abschnitt, den unser Hauptmann mit seinem Bataillon hält, tief in die deutschen Stellungen einzubrechen, um die deutsche Front nach gelungenem Durchbruch von hinten aufzurollen. Aber die Vortragskunst und die Schönheit der Braut ihres Hauptmanns haben die Männer zu solcher Begeisterung entflammt, daß sie den feindlichen Angriff nicht nur zurückschlagen, sondern ihrerseits tief in den Feind hineinstoßen, seine Stellungen überrennen und einen fluchtartigen Rückzug erzwingen. Den schwerverwundeten Hauptmann hat sein treuer Bursche aus dem Feuer geholt. Seine tapfere Braut und ihre Zofe aber haben sich inzwischen dem Feldlazarett als Schwestern zur Verfügung gestellt, in dem der Hauptmann, notdürftig zurechtgeflickt, noch vor dem Abtransport in die Heimat von seinem General im Auftrag des Führers mit dem Ritterkreuz dekoriert wird. – –
Mir wurden die Hände feucht. Was tun? Ich schrieb Herrn Duday, daß ich das Exposé mit tiefer Erschütterung gelesen hätte, im Augenblick und für die nächste Zeit aber von solchen Schmerzen geplagt sei, daß ich den ehrenvollen

und gewiß auch lukrativen Auftrag leider nicht übernehmen könne. Vielleicht hatte ich mich zu vorsichtig ausgedrückt, vielleicht aber hatte er auch meine ›tiefe Erschütterung‹ für bare Münze genommen, obwohl ich mir nicht vorstellen konnte, daß ein Mann wie Duday plötzlich den Verstand verloren haben könnte. Drei oder vier Tage vergingen, und ich hoffte schon, daß dieser bittere Kelch glücklich an mir vorübergegangen sei, als Mater Venantia, unser Englisches und wirklich engelsgleiches Fräulein, in dem Schlafsaal erschien, den ich mit einem Dutzend Landser teilte, an mein Bett trat und mich aufforderte, beim Herrn Oberstabsarzt, dem Chef des Lazaretts, anzutreten. Sie erschien mir ein wenig verstört, und ich fürchtete schon, der Chef habe erfahren, daß ich die dreißig Aspirin, die mir von ihm als Tablettenstoß verordnet worden waren, in den Lokus geschüttet hatte. Nichts davon. Es wäre Besuch für mich da, ein hoher Offizier, der mich zu sprechen wünsche. Etwa Duday höchstpersönlich? Nein, es war ein Major vom Stab der Propagandaabteilung, der mich in Gegenwart des Chefs empfing und leutselig abwinkte, als ich – unrasiert und schmerzverkrümmt – Haltung annehmen wollte. Die Erkundigung, die er beim Chef über meinen Gesundheitszustand eingeholt hatte, schien miserabel gewesen zu sein, denn er sagte gleich, Herr Duday sei sehr erfreut gewesen, daß ich im Prinzip damit einverstanden gewesen sei, Treatment und Drehbuch zu schreiben, aber die Sache eile, allzuviel Zeit könne man nicht verlieren, und er werde in zwei oder drei Wochen wieder vorsprechen oder einen seiner Herren beauftragen, mit mir in Verbindung zu bleiben. Er wünschte mir baldige Genesung, verabschiedete sich vom Chef und winkte mir einen leutseligen Gruß zu. Der Chef aber sah mich äußerst sauer an. Zumindest schien er mich für einen wilden Nazi zu halten. Er war ganz gewiß keiner, denn die Englischen Fräulein schätzten ihn sehr.

»Sagen Sie mal, was sind Sie eigentlich für einer?« knurrte er mich an. »Sollen sich solche Besuche von jetzt an etwa alle paar Tage wiederholen?«

Ich versuchte ihm zu erklären, was ich für einer wäre. Darauf knurrte er etwas liebenswürdiger. Dann holte ich das Exposé und gab es ihm zu lesen. Als er fertig war, ging er an den Schrank und trank, um seine Übelkeit zu bekämpfen, einen Schnaps. Ich hoffte, er würde mir auch einen anbieten, aber das war wohl unter seiner Würde.

»Was mache ich nun mit Ihnen?« fragte er angewidert.

Ich erlaubte mir den Vorschlag, falls er sich durch weitere Besuche gestört fühle, mich noch einige Tage in Sparz zu behalten, dann Herrn Duday ein Attest zu schicken, daß mit meinem baldigen Ableben zu rechnen sei, und mich in ein anderes Lazarett zu überweisen.

»Wollen Sie etwa auf die Uk-Stellung und auf das Honorar verzichten?« fragte er mit schiefem Mund.

»Ich denke zuweilen an die Zukunft, Herr Oberstabsarzt ...«

Darauf wollte er etwas erwidern, was er dann aber doch lieber ungesagt sein ließ: »Hauen Sie ab, Mann!« sagte er barsch, »ich will sehen, was ich für Sie tun kann.«

Zehn Tage später wurde ich nach Bad Aibling in Marsch gesetzt, wo ich in dem zum Lazarett umgewandelten Kurhaus Johannisbad Aufnahme fand und durch Moorbäder und Massagen wieder halbwegs auf die Beine gestellt wurde. Von dem Filmprojekt habe ich nie wieder gehört, und Herr Duday scheint auch niemand gefunden zu haben, den Uk-Stellung und Honorar verlocken konnten, sich an die Arbeit zu machen.

Zum zwölften Geburtstag überraschte mich Vater durch eine Spendierlaune, die ich ihm nie zugetraut hatte und die auch gar nicht in seiner sonstigen Art lag. Er schenkte mir nämlich einen ›photographischen Apparat‹, Marke Ernemann, Format 9 mal 12, Extra Rapid Aplanat, mit sechs Kassetten und einem gewaltigen Holzstativ. Und damit nicht genug, überreichte er mir auch noch ein Fernglas, bei dem allerdings der Augenwulst um die linke Okularlinse fehlte. Nun, sooo spendabel, wie es den Anschein hatte, war Vater gar nicht gewesen. Beide Geschenke hatte er auf einer Asservaten-Versteigerung im Amtsgericht erworben, das Fernglas für eine und den Fotoapparat samt Stativ für drei Mark. Das Fernglas stammte aus dem Besitz eines Mannes, der wegen Spionage verhaftet worden war, und den Fotoapparat hatte ein Polizist in Kranz einem Sittenstrolch abgenommen, der dort durch ein Astloch des Bretterzaunes das muntere Treiben im Damenbad auf die Platte bannen wollte. So ein Schwein! Was er dort zu finden hoffte, bleibt aus heutiger Sicht ziemlich unklar, denn auch im Damenbad stieg man bis zum Halse geschlossen und weit übers Knie bedeckt in die Fluten der Ostsee.

Einer unserer Professoren, der in den höheren Klassen Mathematik- und Physik-Unterricht erteilte, war ein leidenschaftlicher Amateur-Astronom. Auf Schulausflügen versäumte er es nie, mit feinem Humor nicht nur auf das moralische Gesetz in uns, sondern auch auf den gestirnten Himmel über uns hinzuweisen. Er führte interessierte Schüler auch auf die Sternwarte am Volksgarten, in der Bessel die erste exakte Entfernungsmessung eines Fixsterns gelungen war, des Sterns 61 im Schwan, was der Professor für eine sehr wichtige Tat zu halten schien. Weil sich Sterne bekanntlich nur in der Nacht beobachten lassen, machte diese Exkursionen zur Sternwarte ein Haufen von Pennälern aller Altersstufen mit, wobei das Interesse vermutlich aber weniger der Astronomie als einem nächtlichen Bummel durch die Straßen galt, von denen die in der Nachbarschaft der Sternwarte liegenden Lavendel-, Wagner-, Rosen- und Stritzelstraße nicht gerade den besten Ruf genossen. Was hier passierte, versuchte mir mein Klassenkamerad Reuter anhand eines Fotos zu erklären, das er seinem Vater aus der Brieftasche geklaut hatte. Auf diesem unzüchtigen Bild knöpfte eine junge Dame ihr Stiefelchen zu und ließ dabei ihr Bein bis über den Strumpfhalter, ein Gummiband mit Rosette, und sogar darüber noch ein winziges Stückchen unbekleidetes Fleisch sehen. »Siehste«, sagte Reuter und kniff ein Auge zu, »und so'ne Schweinereien machen die da!«

Mit dem Refraktor der Sternwarte konnte mein Glas natürlich nicht mithalten, aber es bedeutete doch eine gewisse Verpflichtung, die Astronomie mit einigem Eifer zu betreiben, was mir Wohlwollen des Professors eintrug. Nach kurzer Zeit kannte ich ein Dutzend Sternbilder und konnte zwei Dutzend Stern-Namen wie Antares, Aldebaran, Beteigeuze und Rigel geläufig herunterschnurren, aber da mir in vielen Nächten weder die Entdeckung einer Supernova noch die Fixierung des dunklen Siriusbegleiters gelang, erlahmte mein Interesse an der Astronomie bald. Um so eifriger wandte ich mich der Fotografie zu, vor allem, weil ich bald entdeckte, daß sich mir damit eine höchst willkommene Einnahmequelle erschloß. Vater wird den Einfall, mir eine Kamera zu schenken, wohl bald verwünscht haben. Denn ich lag ihm ständig auf der Tasche. Da brauchte man zunächst Platten, dann Glasschalen zum Entwickeln, Fixieren und Wässern, Metholhydrochinon und Fixiersalz, einen Kopierrahmen und Tages-

lichtpapiere, bei denen es durch Überbelichtung viel schwarzen Ausschuß gab. Und wenn Vater sich total zugeknöpft zeigte, dann blieb mir leider nichts anderes übrig, als mit Rudi und Helmut dem Gärtner Adler wieder einmal einen nächtlichen Besuch abzustatten und die Beute mit Mütterchen Baltruschat zu teilen.
Noch hatten die Kriegsspiele auf Schulausflügen in den Aschmannpark hinter Maraunenhof oder auf den Galtgarben ihren Reiz nicht ganz verloren, wenn auch bei unseren Professoren eine gewisse Kriegsmüdigkeit zu bemerken war, denn manche von ihnen hatten inzwischen ihre Söhne auf dem Felde der Ehre verloren, andere waren zu unterernährt, um mitzumachen, und einige begannen, sich über den Krieg ihre eigenen Gedanken zu machen. Von der frischfröhlichen Begeisterung der ersten beiden Kriegsjahre war bei keinem von ihnen mehr viel zu spüren. Bei uns war das anders, vor allem bei den Schülern der oberen Klassen, die mit dem EK I oder gar wie unser Fliegerleutnant im Glanz des Pour le mérite den Mädchen imponieren wollten und zudem irgend etwas von einem Kriegsabitur läuten gehört hatten, das einem auf eigens dafür eingerichteten Schnellkursen in Lille oder Namur sozusagen nachgeworfen wurde. Es gab tatsächlich einen Fridericianer, der nach dem Verlust einer Hand mit solch einem Kriegsabitur aus dem Feld zurückgekehrt war und inzwischen an der Albertina Jus studierte. Das mag neben echter Begeisterung manchen Primaner verlockt haben, sich freiwillig zu melden.
Wir Jüngeren aber stürmten weiterhin auf den Schulausflügen munter den Bismarckturm, und ich war mit meiner Ernemann sozusagen als Fotoreporter dabei, um nach gewonnener oder verlorener Schlacht die Helden zu Gruppenaufnahmen zu postieren. Je mehr Jungen ich auf die

Platte bekam, um so lukrativer war das Geschäft. Die Fotos fanden reißenden Absatz, auch wenn die Köpfe nicht viel größer als Schrotkugeln waren. Erstaunlich dabei war, daß ich zu einer Zeit, in der es kaum noch einen Hosenknopf zu kaufen gab, niemals Mühe hatte, mir Platten und Chemikalien zu besorgen. In der Weißgerberstraße gab es ein kleines Spezialgeschäft, das über unerschöpfliche Vorräte zu verfügen schien. In meiner winzigen Kammer entwickelte ich hinter dem verhängten Fenster im Schein einer kleinen Petroleumfunzel mit einem Zylinder aus Rubinglas die Aufnahmen und war dann noch tagelang voll beschäftigt, Blatt für Blatt in den Kopierrahmen zu legen, zwei Minuten lang ins Sonnenlicht zu halten, zu fixieren, zu wässern und zu trocknen. Mit dem Preis von zwanzig Pfennig pro Bild machte ich ein Geschäft, das mir hundert Prozent Gewinn brachte. Da es sonst nichts zu kaufen gab, legte ich das gewonnene Kapital in Foto-Artikeln an, einer Vorsatzlinse, die den Bildwinkel erweiterte, und einem leichten Metallstativ, denn das hölzerne hatte das Gewicht eines mittleren Baumstamms.

Die neue Leidenschaft für Theater und Kintopp, die Entdeckungsfahrten mit dem Fernglas über den Himmel und schließlich die Fotografie nahmen mich so in Anspruch, daß die Leistungen in der Schule einen bedrohlichen Tiefstand erreichten. Ein ›Mangelhaft‹ in Latein und ein ›Ungenügend‹ in Mathematik führten im vorletzten Quartalszeugnis zu der peinlichen Fußnote: »Wenn sich seine Leistungen in diesen Fächern nicht bessern, ist die Versetzung gefährdet.« – Nun, Latein war eine Sache, die sich durch strammes Büffeln leicht bewältigen ließ. Anders war es mit der Mathematik, für die mein Kopf vernagelt war und vernagelt blieb. Daß ich es dieses Mal zum ersten und einzigen ›Gut‹ in einem Versetzungszeugnis brachte, hatte einen besonderen Grund. Unser Mathematiklehrer, der vor Verdun schwer verwundet worden war, mußte sich einer neuerlichen Operation unterziehen. An seiner Stelle übernahm ein junger Studienrat, Dr. Egon Metzger, den Unterricht, ein blonder, gutaussehender Schwabe, der nach Ostpreußen verschlagen worden war und irgendein Leiden gehabt haben muß, das ihn vor dem Einrücken zur Truppe bewahrte. Nicht nur, daß er in sportlich eleganten Anzügen stets wie aus dem Ei gepellt vor der Klasse erschien und am linken Handgelenk ein goldenes Armband trug, er war auch ein ausgezeichneter Sportler und der erste Mensch, den wir auf Skiern – damals sagte man Schneeschuhe dazu – die Hänge des Galtgarben in unnachahmlich eleganten Telemarkschwüngen herabgleiten sahen. Klar, daß diese neue Sportart auch einige von uns begeistert hätte, wenn es eine Möglichkeit gegeben hätte, sich Schneeschuhe zu beschaffen. Die Skier, die ich mir in der Werkstatt von Tischlermeister Piontek aus zollstarken Buchenbrettern selber zurechtzuschnitzeln versuchte, erwiesen sich als völlig untauglich, genauso wie die Bindung aus Tapeziergurten, da Lederriemen nirgends aufzutreiben waren. Wenn also auch das richtige Material fehlte, so fiel mein sportlicher Eifer und Ehrgeiz Herrn Dr. Metzger doch angenehm auf, ebenso wie der Eifer meines Banknachbarn und Freundes Alfred Kleiber, dessen Begabung für Mathematik genauso gering entwickelt war wie die meine. Als wir ihm eines Tages eine völlig verbogene Klassenarbeit ablieferten, stand, als er uns die Hefte anderntags zurückgab, unter der Arbeit nicht die erwartete Fünf – er gab uns die Hefte unzensiert zurück. Aber nach dem Pausenläuten winkte er uns beide zu sich heran: »Was ihr zwei Buben da geliefert habt«, sagte er in seinem in unseren Ohren sehr komisch klingenden Schwäbisch, »ischt

einfach indischkutabel. Darüber werde mer privat miteinander dischkutiere. Sage mer um fünf in meiner Wohnung. Die Hefte bringt ihr mit.«
Pünktlich um fünf rückten wir mit unseren Heften bei ihm an. Er hauste auf dem Vorderen Roßgarten in zwei Zimmern mit separatem Eingang, öffnete uns auf unser Klopfen und führte uns durch einen endlosen Flur in sein Arbeitszimmer. Was uns den Atem verschlug, waren mindestens fünfzig Paar Schuhe, die tadellos geputzt und sauber ausgerichtet zu beiden Seiten des langen Korridors auf dem blanken, grünen Linoleumboden standen. Erstklassige, teure Lederschuhe, nagelneu oder so gut wie neu, wie es sie bei Gronwald oder bei Tack in der Kneiphöfschen Langgasse schon längst nicht mehr gab. Wir liefen auf Holzsandalen mit einer Fersenkappe, die aus ›Leder mit Pappe verstärkt‹ bestand. So las man es auf der Preistafel im Schaufenster. Das Preisschild war von den Farben Schwarz-Weiß-Rot umrahmt, und über den Worten ›Leder mit Pappe verstärkt‹ stand in fetten Druckbuchstaben der innige Wunsch von Herrn Tack: GOTT SCHÜTZE DEUTSCHLAND! – Die Schuhparade, die wir hier sahen, machte auf uns einen überwältigenden Eindruck. Und wenn wir bis dahin befürchtet hatten, im Arbeitszimmer von Herrn Dr. Metzger für unsere miserablen Leistungen gerüffelt zu werden, so erlebten wir eine sehr angenehme Überraschung. In einer Ecke des Zimmers stand eine Liege mit vielen bunten Kissen, und davor ein niedriger Tisch, und auf dessen ziselierter Messingplatte eine weiße Porzellanplatte mit appetitlich angerichteten Broten.
»Nun wolle mer erscht mal futtere«, sagte Herr Dr. Metzger und lud uns ein, auf der Liege Platz zu nehmen. Er selber setzte sich uns gegenüber in einen kleinen Sessel. »Es

ischt mein Abendbrot, aber ich meine, es langt für uns drei – und nun laßt es euch schmecken, Buwe.« Es war wie im Schlaraffenland, und nach so freundlicher Aufforderung genierten wir uns auch nicht lange, sondern griffen tüchtig zu. Sein Appetit schien nicht besonders groß zu sein, er plauderte, während wir futterten, über alle möglichen Dinge, kam bald auf unsere Leistungen im Sport zu sprechen, zeigte großes Interesse für unsere Arm- und Bein-Muskulatur und meinte, nachdem er unsere Muskeln abgedrückt hatte, er sei mit unserer ›Muschkulatur‹ recht zufrieden – und ob wir uns wohl getrauten, zu zweit gegen ihn im Ringkampf anzutreten. Und ob wir uns getrauten! Sein burschikoser Umgangston, durch den er sich von unseren andern Lehrern aufs vorteilhafteste unterschied, nahm uns alle Scheu, und wir machten es ihm gar nicht leicht, uns auf den Rücken zu legen und mit seinem Gewicht durch Schultersiege zu bezwingen. Er mußte richtig keuchen, bis er uns aufs Kreuz legen konnte.
Und hinterher war er ganz erschöpft, aber doch nicht so sehr, daß er uns nicht empfehlen konnte, die Seite mit der unzensierten Klassenarbeit aus dem Heft zu reißen. Dann ließ er uns die Aufgaben noch einmal schreiben, diktierte uns die richtigen Lösungen, griff nach der roten Tinte und zensierte die Arbeiten mit einer glatten Zwei. Wir schieden als gute Sportfreunde von ihm, blieben gute Sportfreunde und brauchten uns um das Versetzungszeugnis nach Tertia keine Sorgen mehr zu machen.
»Mönsch, die Schuhe ...!« sagte Alfred auf dem Heimweg. »Einen Schuhfimmel hat er auf jeden Fall, aber schwül ist er, glaub ich, nicht ...«
»Der und schwül, nie im Leben!« meinte ich sachverständig, »die wo so sind, ziehen den Jungen die Hosen runter und knutschen sie ab. Nee nee, das ist ein Sportler!«

Daß es ›Schwüle‹ gab, darüber waren wir in einer Naturkundestunde von Herrn Reuter aufgeklärt worden, dem das Thema sehr peinlich zu sein schien. Er nannte diese Herren allerdings Urninge und hatte uns vor diesen Unholden eindringlich gewarnt. Das war im Zusammenhang mit jener unangenehmen Affäre mit dem schweißfingrigen Sekundaner in der Sammelstelle geschehen, der nun wirklich ein übler Bursche gewesen war.
Es dauerte merkwürdigerweise lange Jahre, bis man dahinterkam, daß die Spiele, die Herr Dr. Metzger mit seinen Schülern trieb, doch nicht so harmlos waren – vielleicht aber waren sie inzwischen auch weniger harmlos und weniger sportlich geworden –, und ihn aus seinem Lehramt entfernte.
Von seinen 260 Pfund, die Vater 1914 auf die Waage gebracht hatte, waren ihm im letzten Kriegsjahr weniger als die Hälfte geblieben. Aus dem zweiundsechziger Kragen ragte ein dünnes Kinderhälschen, und die Haut schlotterte genauso um seinen Körper wie die viel zu weit gewordenen Anzüge. Wenn er im Hammerteich zum Baden erschien, verdrückte ich mich aus seiner Nähe, weil ich mich fürchterlich genierte, solch eine Jammergestalt zum Vater zu haben. Alfred Kleiber ging es nicht anders; sein Vater, den wir in den voraufgegangenen Jahren nie anders als ›Kugelmann‹ genannt hatten, weil er ebenso breit wie hoch gewesen war, sah wie ein alter Elefantenbulle kurz vor dem Hungertod aus. Die Haut hing ihm in schlaffen Wülsten am Leibe und über die Badehose wie eine scheußliche Schürze herab. Von dem Globus war nichts als die Achse übrig geblieben.
Wir hatten für den Winter 17/18 im Keller zwölf Zentner Kartoffeln, mehrere Zentner Rüben und Karotten und ein großes Faß voll Sauerkohl eingelagert, den ich gehobelt

und mit den Füßen eingestampft hatte. Wir wurden mit diesen Vorräten zu dritt spielend fertig. Aber die ungeheuren Kartoffelportionen, die Vater täglich in sich hineinschlang, um wenigstens ein Gefühl der Sättigung zu verspüren, vermochten seinen körperlichen Verfall nicht aufzuhalten. Und Mutter seufzte oft genug, was für herrliche Bratkartoffeln sie auf den Tisch stellen könnte, wenn sie nur das Fett hätte, das Vater früher, wenn er sich zu den Thüringer Klößen das Fett von dem ausgelassenen Räucherspeck mit dem Suppenlöffel in den Teller geschöpft hatte, aus dem Schnurrbart getropft war. Im Frühjahr 1918 klappte er auf dem Heimweg vom Landgericht vor Schwäche in der Brahms-Straße zusammen und wurde von zwei hilfsbereiten Passanten in unsere Wohnung hinaufgeschleppt. Mutter bekam bei Vaters Anblick das große Zittern und glaubte, nun ginge es mit ihm zu Ende. Ich rannte zu unserm Hausarzt Dr. Landmann, einem ehemaligen Militärarzt, der eigentlich nicht mehr praktizierte, aber kam, wenn er gerufen wurde, und nie ein Honorar verlangte. Ein Gläschen Schnaps schlug er nicht ab, und das konnte Mutter ihm anbieten, denn Tante Elma zwackte ihrem Aurelius Piepus hin und wieder ein Fläschchen Apothekersprit ab, den sie einfach mit Wasser verdünnte. Dr. Landmann nahm einen zur Brust, fühlte Vaters Puls, horchte sein Herz ab und erklärte schließlich, Vater sei gesund wie ein junges Pferd und brauche nichts weiter als vier Wochen Urlaub bei gutem fettreichem Essen. Denn der Mensch sei leider keine Sau, die von Kartoffeln allein fett würde.

»Sie haben leicht reden, Herr Doktor«, sagte Mutter verzagt, »gutes Essen! Woher soll ich es nehmen?«

»Ich habe im letzten Winter meine goldene Uhrkette verfressen«, sagte Dr. Landmann, »Glied für Glied. Aber die hat Ihr Mann, wie ich sehe« – und er klimperte auf Vaters flachem Bauch mit dessen eiserner ›Gold zur Wehr – Eisen zur Ehr‹ Kette – »fürs Vaterland geopfert. Das war zwar patriotisch gehandelt, aber dumm. Vielleicht aber haben Sie noch ein paar silberne Löffel im Schrank...«

Mutter hatte nicht nur silberne Löffel, sie besaß ein ganzes vierundzwanzigteiliges Silberbesteck, das sie lange vor dem Krieg von einer vermögenden Tante geerbt hatte. Dazu gehörten ein Tranchierbesteck und ein schwerer Schöpflöffel; alles lag wohlverwahrt, aber kaum benutzt, in Seidenpapier gehüllt im Büfett. Leichten Herzens trennte sich Mutter von diesen Schätzen nicht, aber es ging um Vaters Gesundheit. Er merkte wohl selber, daß mit ihm etwas geschehen mußte, was ihn wieder zu Kräften brachte, und so ließ er sich von Mutter ohne große Widerstände dazu überreden, den Sommerurlaub an der Ostsee in Kranz zu verbringen. Ihn lockten nicht so sehr Strand und Badeleben als vielmehr die Aussicht, dort von Mutter mit Fischgerichten traktiert zu werden, frischen und geräucherten Flundern, grünen Heringen und delikaten Haffzandern, die es in der Stadt schon lange nicht mehr gab. So fuhr er also an einem freien Nachmittag mit Mutter nach Kranz, mietete am Ortsende, wo es durch die parkähnlichen, aber ziemlich mückenverseuchten Anlagen nach Sarkau ging, eine von jenen Sommerwohnungen, die es in fast jedem Kranzer Hause gab. Zwei Zimmer mit einer winzigen Küche und einer geräumigen Glasveranda, in der man sich tagsüber aufhielt. Natürlich mußten das Bettzeug und das Geschirr mitgebracht werden. Mutter packte, was wir zu dritt benötigten, in den großen, aus Weidenruten geflochtenen Reisekorb, der als Frachtgut auf dem Kranzer Bahnhof aufgegeben wurde. Das ererbte Silberbesteck nahm sie in ihrer Handtasche mit.

Natürlich kannte ich die Ostseeküste zwischen Rossitten und Brüsterort recht gut, aber sie war mir durch Vaters Gewaltmärsche mit dem verdammten Passometer verleidet worden. Nun war zu hoffen, daß Gewichtsverlust und Kräfteschwund bewirken würden, was in früheren Jahren nur der inbrünstig herbeigesehnte, aber nie erfolgte Beinbruch geschafft hätte, daß auch wir tun würden, was andere weniger bewegungsfreudige Väter seit je getan hatten, nämlich nichts zu tun, zu baden, zu faulenzen und sich im Strandkorb von der Sonne braten zu lassen. Ich hätte mir denken können, daß Vater keinen Strandkorb mietete. Er warf doch sein Geld nicht für etwas hinaus, wenn man es anders billiger und besser haben konnte. Er ließ mich eine Riesenburg schaufeln, in der er windgeschützt vom frühen Morgen bis zum Abend schmorte. Außerdem aber verzichtete er auch auf den Strandkorb, weil Mutter sehr wenig Gelegenheit fand, das Strandleben zu genießen. Die arme Mutter, im letzten Jahr schon zum Schatten ihrer selbst abgemagert, war am Ende des Urlaubs auch am Ende ihrer körperlichen und seelischen Kräfte. Daheim hatte sie die praktisch eingerichtete Küche mit Herd, Gaskocher, Bratrohr, Spüle und einem reichen Bestand an Töpfen und Geschirr. Hier mußte sie in einer winzigen Küche, in der der Wasserhahn bisweilen nur spärlich tröpfelte, auf einem Spirituskocher die Riesenportionen zubereiten, die Vater und ich in uns hineinschlangen, denn auch ich war inzwischen ins Freßalter geraten und konnte zum Frühstück ein halbes klitschiges Dreipfundbrot mit Kunsthonig oder Marmelade spielend verdrücken. Dr. Landmann aber hatte Mutter keinen schlechten Rat gegeben, es war das reine Löffelwunder, das uns widerfuhr. In der Gegend zwischen Laptau und Dudau nämlich heiratete die Tochter eines Bauern den in Schaaksvitte stationierten Gendarmen. Sie brachte eine hübsche Aussteuer an Möbeln und Wäsche mit, nur das Besteck fehlte noch. Da kam Mutter mit dem vierundzwanzigteiligen Erbstück von Tante Rhode gerade recht. Die Brautmutter erkundigte sich bei einem Königsberger Juwelier genau, was solch ein Besteck in gutem Geld gekostet habe, und belieferte Mutter fast ein Jahr lang mit dem genauen Gegenwert in Naturalien, Eiern, Butter, Mehl, Milch, Schweinefleisch und Räucherspeck. Von dem kostbaren Erbe behielt Mutter nur den schweren Schöpflöffel und das Tranchierbesteck zurück – für kommende Notzeiten. Und diese Notzeiten kamen, wenn auch erst dreißig Jahre später. Auf dem Schiff, das sie und den dreiundachtzigjährigen Vater nach der strapaziösen Flucht über die Frische Nehrung endlich von Danzig, durch Minen und russische U-Boote bedroht, nach langer Fahrt nach Lübeck brachte, herrschte solche Hungersnot, daß der alte Mann zu delirieren begann. Und Mutter versuchte den silbernen Suppenlöffel wenigstens für ein Stück Brot einzutauschen. Ein Heizer erbarmte sich ihrer schließlich und drückte ihr einen Knust Schwarzbrot in die Hand, den Suppenlöffel aber gestattete er ihr großzügig irgendwohin zu stecken. Er sagte es überdeutlich, aber Mutter hatte das Damenhafte in Königsberg zurückgelassen oder auf der Flucht verloren, stammelte einen tränenfeuchten Dank und tunkte das steinharte Brot in Wasser, um es Vater in den Mund zu stopfen.

In Kranz lebten wir dank des Löffelwunders herrlich und in Freuden. Fische aus der See und aus dem Haff gab es in den Kranzer Läden auch ohne Marken zu kaufen oder direkt von den Fischern in Saarkau und Kranzbeek, von wo Mutter zuweilen sogar noch warme, fetttriefende Räucherflundern heimbrachte. Vater erholte sich zusehends, für meinen Geschmack fast allzu schnell. Die Bäder und die gute Meeresluft steigerten seinen Appetit ungemein. Als guter Futterverwerter nahm er rasch an Gewicht zu, und mit der Gewichtszunahme stellte sich auch sein Bewegungsdrang wieder ein. Aber als er Mutter zu Märschen nach Rossitten und Neukuhren ermuntern wollte, biß er bei ihr auf Granit. Nein, wenn sie hier schon unter primitiven Bedingungen wirtschaften und für drei Mahlzeiten am Tag sorgen mußte, dann wollte sie wenigstens am Nachmittag für ein paar Stunden Ruhe haben, baden und sich am Strand sonnen. Denn seit wir in Kranz lebten und zur Nacht in die von der Seeluft klammfeuchten Betten krochen, spürte sie es im Kreuz und in den Gliedern. Ich selber vermied es tagsüber nach Möglichkeit, mich in Vaters Nähe aufzuhalten. Ich hatte einen Haufen neue Freunde gefunden, die hier mit ihren Eltern in ähnlichen Sommerquartieren wie wir lebten und mit denen ich mich am Strand und in den Dünen mit viel Geschrei zu Wasser und zu Lande herumbalgte.

Kranz war eigentlich ein ziemlich langweiliges Nest mit flachem Strand, einer langen Seepromenade und flachem Hinterland, durch dessen sumpfige Gründe man schon bei der Bahnfahrt zuweilen mächtige Elche ziehen sah. Als Motiv für die Landschaftsmaler von der Kunstakademie hochwillkommene Objekte. Aber selbst wenn Vater für den ersten Urlaub an der See Rauschen, Warnicken oder Neukuhren an der bezaubernden, traumhaft schönen Bernsteinküste mit ihrem glitzernden Strand, der hochaufragenden, schluchtenzerschnittenen und von Lupinen blau und gelb überschäumten Steilküste gewählt hätte, ich weiß nicht, ob diese verlorene und unvergessene Traumlandschaft auf einen Jungen meines Alters einen sonderlichen Eindruck gemacht hätte. Was Kranz bot, genügte mir vollauf, es war die Erfüllung eines Ferientraums, der seine höchste Vollendung fand, als ich mich mit einem von den Kranzer Fischern anbiederte und von ihm zum Auslegen der Köderleinen für Aale und Lachse mitfahren durfte. Es war ein wortkarger alter Mann, klein und stämmig, mit langen Armen, an denen zwei verhornte Fäuste hingen, einer dicken Nase, hellen, ständig verkniffenen Augen und einem kurzen Bart von der Farbe einer Torfasche, in der noch ein paar Funken glühten. Ich durfte Köder schneiden und die Haken bestecken. Groß war die Beute, mit der wir heimfuhren, nie, und er trauerte den alten Zeiten nach, in denen die Fänge das Boot jedesmal fast zum Kentern gebracht hätten.

»Na und denn, Heinrich?« fragte ich und war mit dem mageren Fang, der das Boot nicht zum Kentern brachte, ganz zufrieden, »denn wärst abjesoffen...« Er konnte nämlich nicht schwimmen. Es war fast unglaublich, aber von den Fischern, sogar von den jungen, hatte kaum einer schwimmen gelernt.

»Schwimmen?« sagte er und schob den Priem in die andere Backe, »wozu soll ich mir lange abzappeln. Nei, nei, da machst noch einen Schnapper und bist wech. Seemannsdot, das darfst mir glauben, Jung, dat is der scheenste Dot, wo jefft.« Es war eine der längsten Reden, die Heinrich je von Stapel gelassen hatte. Zu überzeugen vermochte er mich trotzdem nicht. Zu der Überzeugung, daß er wie immer recht gehabt hatte, kam ich knapp vier Wochen später. Wir schwammen daheim im Hammerteich auf das Floß zu, das in der Mitte des Teiches verankert lag. Eine Gruppe von etwa einem Dutzend Jungen hielt es besetzt, und recht viele mehr konnte es auch nicht tragen. Wie immer kam es zu einer Balgerei, wir wollten hinauf, die andern stießen uns zurück, mit den Füßen, mit den Fäusten und mit dem Wriggruder, das immer auf dem Floß parat lag. Und dabei bekam ich zunächst einen Hieb über den Schädel und wurde von einem Jungen, der über meine Schultern aufs Floß klettern wollte, unter dessen Rundstämme gedrückt. Ich machte, wie Heinrich sich ausgedrückt hatte, noch einen Schnapper und ›war wech‹. Das heißt, in den wenigen Sekunden, in denen ich noch halb bei Bewußtsein war, zog lebhaft und gestochen scharf eine Filmszene an mir vorüber, in der ich mit den Eltern und Großeltern daheim am Kaffeetisch saß, dick mit Zucker bestreute Waffeln aß und dazu Kakao trank, bis der Film sich verdunkelte und in einen purpurnen Nebel auflöste. Ich glitt ganz schnell und ohne die geringste Spur von Angst hinüber. Zum Glück fiel einem Jungen von meiner Bande mein Verschwinden auf, sie tauchten, holten mich unter dem Floß hervor, hievten mich herauf und schrien, als ich wie eine ersoffene Katze auf den Bohlen lag, nach dem Bademeister. Der verstand etwas von der Sache und pumpte mich nach einiger Zeit ins Leben zurück. –

Als die Ferien zu Ende gingen, war Vater braun wie ein Neger und hatte einige Kilo heraufgepackt. Auch mir stachen die Rippen nicht mehr so jämmerlich durch die Haut. Nur Mutter schwor grimmig, daß sie sich so etwas nie wieder im Leben antun werde, und wenn wieder normale Zeiten kämen, dann wolle sie noch fürs Frühstück und fürs Abendbrot sorgen, aber zu Mittag werde im Lokal gegessen. Dabei zitterten ihr die Lippen, und sie machte ein Gesicht, als würden ihr im nächsten Augenblick die Pferde durchgehen. Sie war mit den Nerven wirklich fertig. Es passierte höchst selten, daß sie mit Vater in die Wolle geriet, aber wenn es geschah, hatte Vater nichts zu lachen und bewegte sich auf leisen Sohlen durch die Wohnung. So murmelte er denn leicht betreten, er sähe ja ein,

daß sie es nicht gerade leicht gehabt habe, und das nächstemal – wenn es für ihn überhaupt noch ein Nächstesmal und einen nächsten Urlaub gäbe – nun ja, man werde schon sehen ... Das machte er sehr effektvoll, sozusagen mit einem Trauerflor um die Stimme, und er erreichte damit genau, was er wollte, denn jetzt begann Mutter zu schnuffeln und seufzte: »Julchen, das wirst du mir doch nicht antun!« – Nein, er tat es ihr nicht an, und als er es ihr antat, da war er immerhin dreiundneunzig Jahre alt, und sie überlebte ihn um mehr als zehn Jahre. –
Unsere Rudauer Bauersfrau stotterte die Bezahlung des Silberbestecks in Naturalien bis ins nächste Frühjahr hinein ab. Es war nicht ganz ungefährlich, die guten Sachen abzuholen und per Bahn heimzubringen, denn die Kontrollen wurden immer strenger, auch auf der Kranzer Bahn. Wenn wir unsere Bäuerin besuchten, stiegen wir immer auf der letzten Station vor Königsberg aus, wo es keine Sperren und keine Kontrollen gab, und marschierten die letzten vier Kilometer zu Fuß nach Hause.

Die Versetzung nach Untertertia hatte für mich und auch für Alfred Kleiber mit der Hilfe unseres Sportsfreundes Dr. Metzger großartig geklappt. Ich war mit der einzigen guten Note meines Schülerlebens in den Rechenkünsten in die nächste Klasse gerutscht. Aber Vaters Mienen erhellten sich nicht, als ich ihm das gute Versetzungszeugnis stolz vorzeigte. Seine Stimmung verdüsterte sich von Tag zu Tag, denn von der Westfront kamen schlimme Nachrichten. Als Hindenburg und Ludendorff im Westen das Oberkommando übernahmen, da hatte er fest daran geglaubt, daß es nun vorangehen werde. Aber der Einsatz des Siegers von Tannenberg hatte nichts genützt. Und dann überstürzten sich die bösen Nachrichten. Matrosen-Meuterei in Kiel. Meutereien in den Garnisonen der großen Städte. Aufstand in Berlin. Und schließlich das Extrablatt der ›Allgemeinen Zeitung‹, daß der Kaiser abgedankt habe und nach Holland geflohen sei. Diese Nachrichten, besonders die letzte von der Flucht des Kaisers, die meine Klassenkameraden und mich nicht sonderlich erschütterte, machten Vater so krank, daß er sich ins Bett legte und tagelang nicht ansprechbar war. Dem Vater von Kurt Gronwald, der kaiserlicher Hoflieferant gewesen war, ging die Abdankung des Kaisers auch furchtbar an die Nieren. Aber der Vater von den Zwillingen Wallowitz sagte, er habe den Wilhelm immer für ein Großmaul und für einen Feigling gehalten und habe von Anfang an gewußt, daß dieser Krieg ein schlimmes Ende nehmen werde. Als ich ihn dann fragte, ob er mir deshalb meine Berliner Renommier-Uhr nicht repariert hätte, blinzelte er mich an und sagte: »Du bist ein Aff, und deine Scheißuhr gehörte genauso auf den Misthaufen wie der Wilhelm mit seinem Säbelgerassel. Und wer das Schwert zieht, der wird durch das Schwert umkommen, jawoll!« – Er war nämlich, genau wie die Eltern vom Alfred Kleiber, Blaukreuzler oder so etwas Ähnliches und verfügte über einen reichen Vorrat an Bibelsprüchen. Vater hätte ich das nicht erzählen dürfen, der hätte mir den Umgang mit den Zwillingen sofort verboten, von denen mir besonders Walter imponierte, der eine halbe Stunde vor Paul auf die Welt gekommen war. Wenn es damals schon Quiz-Spiele gegeben hätte, wäre er als Karl-May-Experte zu Ansehen und Vermögen gekommen. Außerdem war er ein leidenschaftlicher Sammler, kein öder Spezialist für Briefmarken oder Stollwerkbildchen, er sammelte einfach alles, Stanniolpapier, Zinnsoldaten, Bücher, Mineralien, Ansichtskarten,

Stempelmarken, Notgeld, ausländische Münzen, kurzum, er war ein vielseitig interessierter Knabe. In meinem ersten Tagebuch, dessen erste Eintragung vom 10. 4. 1917 stammt, sind mit dem Datum des 9. August unter der Überschrift ›Deutsche Giftpflanzen‹ vom Adonisröschen bis zum Zwergholunder 42 Giftkräuter aufgeführt. Und darunter steht: »Walter W. und ich sammeln Fläschchen. Werden Gift bereiten!« – Einige Tage später scheinen wir die Giftbereitung bereits aufgegeben zu haben, denn darüber findet sich keine weitere Notiz, dafür aber ist am 20. August vermerkt: »Mit W. W. gekuppelt, gab ihm den Blauen Methusalem von Karl May, er mir Unter Pampasindianern von Gerstäcker und ein Kamerad-Buch Der Buschläufer. Ziemlicher Mist. W. hat mich begaunert.« Wenn ich heute in diesem rührend komischen Bubentagebuch blättere, so erscheint es mir höchst merkwürdig, daß da von Tauschgeschäften, Prügeleien, Feindschaften und Versöhnungen, nie aber vom Krieg die Rede ist, der uns doch bewegt haben muß. Spielte er sich zu weit entfernt ab? Oder war er zu einem Zustand geworden, an den wir uns so sehr gewöhnt hatten, daß wir ihn gar nicht mehr bemerkten? Was dachten wir uns, wenn ein Klassenkamerad einige Tage fehlte und dann mit einer schwarzen Armbinde in die Schule kam, weil der Vater gefallen war? Etwa Armin Bender; er hatte seinen Vater vier Jahre lang kaum gesehen, und wenn er dann einmal auf Urlaub kam, dann hatte er am Sohn so viel auszusetzen gehabt und ihm wahrscheinlich auch dann und wann das Fell gegerbt, daß der Armin froh war, wenn der Alte wieder verschwand. Und dann gab es diesen merkwürdig harmlosen Ausdruck für den Tod vor dem Feind: gefallen ... Lieber Gott, wie oft fielen wir, schlugen uns die Knie blutig und standen jedesmal wieder munter auf. Aber das sind wohl sehr abwegige Gedanken... Der Armin jedenfalls keilte sich gleich am ersten Tag mit der Schwarzen Binde am Arm mit dem Helmut Chrysant in der Zehn-Uhr-Pause auf dem Schulhof, wie er sich vordem mit anderen Jungens geprügelt hatte. Die Lehrer behandelten ihn vierzehn Tage lang wie ein rohes Ei, und der sonst recht strenge Dr. Buttersack gab ihm eine total verbogene Französisch-Arbeit unzensiert mit den Worten zurück: »Nun, du hast jetzt wohl andere Gedanken im Kopf als die verbes irréguliers, mein Junge...« Es war fast beneidenswert, was solch eine schwarze Armbinde alles zuwege brachte. –

Kurz vor Beendigung unseres Herbst-Schuljahres erneuerten wir die Bekanntschaft mit unserem alten Vorschullehrer Hoffmann, den ich so sehr geliebt hatte. Er brachte uns mit seiner schönen Handschrift die griechischen Buchstaben bei, die wir beim Eintritt in die Tertia beherrschen mußten. Obwohl wir mit ihm drei Jahre lang nichts zu tun gehabt hatten, kannte er uns alle noch beim Namen. Als er mich entdeckte, grinste er in der Erinnerung an den Heiratsantrag, den ich ihm für meine Schwester Else gemacht hatte, freundlich und sagte: »Na, und was macht dein großer Bruder, der Cimber?« – Als ich ihm sagte, daß Ernst bei Cambrai gefallen sei, verschwand das Lächeln aus seinem Gesicht, er legte mir die Hand auf die Schulter und murmelte: »Entschuldige, Jungchen, das habe ich nicht gewußt.« – Bald kam der letzte Schultag mit der Aushändigung der Versetzungszeugnisse, es kamen die Kartoffelferien, und dann gab es gleich nach Schulbeginn eine hochnotpeinliche Untersuchung, mit der der Geheimrat Herrn Hoffmann betraute, wahrscheinlich, weil der uns am längsten und am besten kannte.

Am letzten Tag der Kartoffelferien war nämlich unser Klassenkamerad Herbert Harder gestorben, vielleicht an

der gerade herrschenden Grippe, vielleicht aber auch an einer Meningitis. Was er in den Fieberdelirien seines Todeskampfes erzählt hat, scheint seine Eltern, wohlhabende Leute, denen eine Villa in Maraunenhof gehörte, tief verstört zu haben. Jedenfalls bestand der Vater Harder darauf, daß der oder die Verführer seines Sohnes von der Schule entfernt würden. Zum Glück gehörte ich nicht zum engeren Freundeskreis des Toten, an dessen Grab auf dem Neurossgärter Kirchhof wir das bereits eingeübte ›Integer vitae‹ singen sollten, was dann aber der Vater sich verbat. Nun ja, inzwischen trieben wir alle – oder fast alle – mit mehr oder weniger Hingabe jenes Spielchen, zu dem mich Rudi Gutbrod schon vor langer Zeit zu animieren versucht hatte und von dem er behauptete, daß man dabei ganz wunderbare Gefühle verspüre. Damals hatte ich mich vergeblich bemüht, was den Rudi zu der Bemerkung veranlaßt hatte, daß ich dafür wohl noch zu blöd sei.
Jetzt also machte man diese heimlichen Spiele für den Tod von Herbert Harder verantwortlich und versuchte in Verhören, die sich über Tage erstreckten, die Verführer und Schuldigen an diesem Todesfall zu überführen. Und weil es bei diesen Untersuchungen keine offene und natürliche oder auch nur halbwegs offene Sprache gab, wanden sich die Inquisitoren wie die Schlangen um das heikle Thema herum oder bohrten die zu den Verhören beorderten Jungen mit Fragen an, als gelte es, einen verbogenen Korkenzieher durch einen allzu engen Flaschenhals zu treiben. Unser neuer Klassenleiter, Dr. Conradi, ein jovialer Mann mit einem zerhackten Corpsstudentengesicht, sah in seinen Stunden mit steinernen Augen über uns hinweg, als stände er vor einer Horde von Schwerverbrechern. Herr Hoffmann aber, von den Ergebnissen seiner Untersuchung völlig entmutigt, da die Verhörten sich taub und

stumm stellten, beschwor uns in den vielen Leerstunden, die es durch den Ausfall einiger Lehrer infolge der Grippe gab, inständig und mit echten Tränen in den Augen, dieses entsetzliche Laster aufzugeben. Er empfahl uns kalte Waschungen, mäßiges Essen – als ob einer von uns gevöllert hätte! – Turnen, Hanteln, Sport und – in der Anfechtung das Gebet. Er brachte ein Buch mit, sein Verfasser war ein Medizinalrat namens Damm, und der Titel des Werkes, das zu lesen und zu beherzigen uns Herr Hoffmann eindringlich empfahl, hieß: ›Die Krankheit der Welt‹. Darin wies der gelehrte Verfasser mit seinem fundierten medizinischen Wissen nach, daß alle Krankheiten und Übel, von denen die Menschheit geplagt würde – vom Haarausfall bis zur Rückenmarksschwindsucht –, auf nichts anderes als auf Masturbation zurückzuführen seien. Nachdem wir von den bösen Urningen auch schon vernommen hatten, wurde unser Wortschatz in dieser außerplanmäßigen Sexualkunde um ein neues Wort bereichert. »Von jetzt an«, sagte der Alfred Teschenmacher, der zu uns gestoßen war, weil er das Klassenziel wieder einmal nicht erreicht hatte, »wird also nicht mehr gewichst, sondern masturbiert. Also, munter, Leute!« Dieser Teschenmacher war, als er zu uns kam, fünfzehn oder sogar schon sechzehn Jahre alt und wurde von uns sofort als eine bedeutende Führerpersönlichkeit anerkannt. Er stammte vom Lande und nahm es an Kräften mit jedem Primaner auf. Von ihm hörten wir die ersten Frau-Wirtin-Verse, und er vermittelte uns auch erste Kontakte mit der Bonifatius-Kiesewetter-Poesie, deren moralische Zweizeiler uns hell entzückten. Das Einjährige schaffte er nicht, aber dann ging er doch zum Hunderttausend-Mann-Heer, brachte es bis zum Feldwebel und muß das Masturbieren wohl aufgegeben haben, denn er brachte es im deutschen

Heer zu dem Soldaten mit den höchsten und meisten Alimentenzahlungen. Vielmehr zahlte Väterchen Staat für ihn. Es waren achtzehn oder noch mehr Kinder, die von ihm in Allenstein und Umgebung herumliefen. Aber dann ereilte ihn ein furchtbares Schicksal. Eines der Mädchen, dem er wie auch allen anderen die Ehe versprochen hatte, bat ihn zu einem letzten Rendezvous, trug aber im Handtäschchen ein Rasiermesser bei sich, mit dem sie ihn beim letzten Liebesdienst aus Rache oder Eifersucht jenes männlichen Details beraubte, das ihm so viel Vergnügen und dem Staat so hohe Kosten gemacht hatte.

Wie gesagt, die lange und gründliche Untersuchung des Falles Harder brachte kein Ergebnis, niemand mußte die Schule mit Schimpf und Schande verlassen, und schließlich wuchs, wie immer im Leben, Gras über die leidige Geschichte. Die wissenschaftlichen Erkenntnisse des Medizinalrates Damm aber bewirkten, daß ich meinen Vater, dessen Scheitel im Verlauf der Jahre einem spärlichen Haarkranz rund ums Hinterhauptsloch Platz gemacht hatte, mit neuen Augen ansah, denn auf den Haarverlust hatte der Medizinalrat besonders ausdrücklich hingewiesen. Erheiternd dabei war auch, daß Herr Hoffmann, der noch immer einen vollen braunen Scheitel trug, auf den Haarausfall als Folgeerscheinung der Krankheit der Welt immer wieder zurückkam: »Zum Donnerwetter, wollt ihr denn später mit Glatzen herumlaufen?« – während Dr. Winter mit seinem blank polierten Schädel den Haarausfall nie erwähnte, sondern Erkankungen des Rückenmarks, Lähmung, Erblindung und Einweisung ins Irrenhaus als schreckliche Folgen heraufbeschwor.

Vielleicht aber bewirkten auch die während dieser Verhöre eintretenden politischen Veränderungen, daß Herr Medizinalrat Damm mitsamt seinen idiotischen Gruselgeschichten endlich unter den Teppich gekehrt wurde. Wenige Tage vor dem Ausbruch der Revolution schickte Mutter mich zu der kleinen Holzbude am unteren Ende der Tiergartenstraße, in der ein Pferdemetzger markenfreie Leberwurst verkaufte. Sie war sehr dunkel und sah nicht besonders appetitlich aus, und Mutter deklarierte sie vor Vater als Leber-Ersatz-Wurst, denn er wäre eher Hungers gestorben, als daß er bewußt Pferdefleisch gegessen hätte. Dabei hatte es bei uns schon manchen Schmorbraten gegeben, an dem Vater sich delektiert hatte, obwohl der Braten noch kurz zuvor auf eisenbeschlagenen Hufen gelaufen war. Mutter machte Vater einfach weis, daß das Fleisch aus Rudau stammte, und Vater glaubte fest daran, wieder einmal ein silbernes Kaffeelöffelchen zu verzehren. Als ich an jenem Nachmittag mit Mutters Markttasche in der Hand vor der Verkaufsbude erschien, drängte sich dort schon eine Stunde vor der üblichen Öffnung des Ladens eine Traube von mehr als hundert Menschen, zumeist Frauen und einigen alten Männern, gegen die Eingangstür. Die Leute waren wütend, denn der Roßschlächter hatte den Laden schon eine Stunde vorher aufgemacht und bereits so viele von seinen Würsten verkauft, daß die noch Wartenden befürchten mußten, leer auszugehen. So drängten und drückten die stärkeren die alten und schwachen Leute von der Tür weg, um doch noch zu ihrem Teil zu kommen. Es gab einen richtigen Tumult, den ein gerade des Weges kommender ›Blitzkopp‹ in der üblichen barschen Art der Schutzleute zu beheben versuchte, indem er die Leute von der Tür wegdrängte und ihnen befahl, sich in Schlange anzustellen. Aber die Zeiten, in denen allein das Auftauchen eines Blauen genügte, um der Staatsgewalt Respekt zu verschaffen, waren vorbei. Plötzlich war er von einer Meute wütender Weiber umringt, die mit Schirmen und Handtaschen auf ihn einschlugen, ihm den Helm vom Kopf rissen und ihn, als er blank zu ziehen versuchte, kurzerhand entwaffneten. Helm und Säbel flogen in die Büsche der noch zum Tiergarten gehörenden Schlucht, der Schutzmann wurde niedergerissen und niedergetrampelt und sah, als die wütende Menge sich plötzlich verflüchtigte und er von dem Roßschlächter in den Laden gezerrt wurde, blutverschmiert und mit zerfetzter Uniform gar nicht mehr würdig und respekteinflößend aus. Ich lief mit leeren Händen ziemlich aufgeregt nach Hause, um Mutter zu berichten, was ich erlebt hatte. Daheim lag die Abendausgabe der ›Allgemeinen‹ auf dem Tisch mit der dicken Überschrift: »Kaiser Karl geflohen! Revolution in Wien und Budapest!« – Mutter war völlig niedergeschlagen und weinte, hauptsächlich aber wohl deshalb, weil sie nicht wußte, was sie Vater zum Abendbrot vorsetzen sollte. Sie seufzte, das sei der Anfang vom Ende ...

Und damit behielt sie recht. Mit einem entwaffneten Schutzmann auf den Hufen und ähnlichen kleinen Revolten in den anderen Stadtteilen, vor allem auf dem Sackheim, ging die Wilhelminische Aera zu Ende. Seltsam, daß in der Schule niemand von dem Zusammenbruch all dessen, was man uns gelehrt hatte und wofür wir erzogen worden waren, sonderlich Notiz zu nehmen schien. Anders kann ich es mir nicht erklären, daß mein Tagebucheintrag vom 9. 11. 1918 lautet: »Bin Obergeograph geworden!!! Freue mich sehr! In den Stunden von Dr. Hüttermann (Geschichte, Erdkunde, Latein) sitze ich ganz vorn und habe jede Stadt und jedes Land, von dem gerade die Rede ist, auf der Karte aufzuzeigen. Als Obergeograph kriegt man meistens eine Eins. (Natürlich nicht in Latein.)«

Es war der Tag, an dem Extrablätter mit der Nachricht von der Abdankung des Kaisers und seiner Flucht nach Holland erschienen. Es war der Tag, an dem überall in den Straßen Aufrufe verteilt wurden, der sozialdemokratischen Partei beizutreten. Es war der schwarze Tag, an dem Vater mit einer roten Rosette im Knopfloch vom Dienst heimkehrte, weil er ohne dieses Abzeichen vom Straßenpöbel verprügelt worden wäre. Er riß das rote Ding aus dem Knopfloch und feuerte es in den Abfalleimer, und dann setzte er sich ins Wohnzimmer und starrte mit blinden Augen gegen die Decke und murmelte, jetzt wäre alles aus und jetzt werde er sich wohl um eine Stellung als Nachtwächter umsehen müssen. Am Nachmittag waren Soldaten mit roten Armbinden ins Landgericht eingedrungen, hatten den Präsidenten verhaftet und einen Gerichtsschreiber zum Präsidenten ernannt. Andere Soldaten hatten kurz zuvor das Hauptpostamt am Gesekusplatz gestürmt, den Postdirektor seines Amtes enthoben und einen Schalterbeamten namens Steinkopf auf den Direktorensessel gesetzt. Es war der schwarze Tag, an dem ein Soldatenrat von vier Infanteristen und einem Matrosen den Kommandierenden General verhaftet, sich in seinem Palais auf dem Vorderen Roßgarten etabliert und die oberste Gewalt übernommen hatte. Es war der schwarze Tag, an dem Offizieren, die sich auf die Straße wagten, die Kokarden von den Mützen gerissen und die Waffen abgenommen wurden. Es war der Tag, an dem es zu wilden Schießereien zwischen Kaisertreuen und roten Soldaten kam, Schießereien, die sich über eine Woche fortsetzten. Ich sah, wie ein Matrose, der auf dem Turm der Schloßkirche eine rote Fahne hissen wollte, abgeschossen wurde und, sich in der Luft mehrmals überschlagend, schließlich mit zerschmetterten Gliedern auf dem Dach des Schlosses liegenblieb. Tagelang zogen schwer bewaffnete Streifen durch die Straßen, um Plünderungen der Geschäfte zu verhindern. Sie erschossen auf der Stelle, wen sie beim Plündern erwischten. Lange gab es weder Brot noch Mehl noch Milch noch irgendwelche anderen Lebensmittel. Wovon Mutter uns satt zu kriegen versuchte und wohl auch halbwegs satt machte, vermag ich nicht mehr zu sagen.

Wegen der Schießereien, wegen der Lebensmittelknappheit und wegen der allgemeinen Unsicherheit gab es ein paar schulfreie Tage. Vielleicht schwänzten wir den Unterricht auch ohne viel zu fragen, denn um eine Entschuldigung wäre, wenn man sie verlangt hätte, keiner verlegen gewesen. Natürlich trieben wir uns auf den Straßen herum, die Gutbrodjungen und ich zusammen mit ganzen Horden von Bengeln unseres Alters. Wo es was Eßbares zu klauen gab, klauten wir, und wenn es knallte, verzogen wir uns in Haustore oder fanden einen anderen Unterschlupf, einmal in der alten Steindammer Kirche und einmal im ausgeplünderten Hollando-Laden am Rollberg, aber solche Schießereien waren recht selten, für unseren Geschmack fast zu selten. An vielen Häusern wehten rote Fahnen. Manche waren so schmal, daß man ihnen ansah, die schwarzen und weißen Streifen waren gerade erst abgetrennt worden. Aber das Rot, selbst wenn es schon ein wenig verwaschen und durch die vielen Siege ausgebleicht war, gab der grauen Stadt unter dem grauen Novemberhimmel in meinen Augen eine festliche Note.

Auch am Himmel über der Stadt war etwas los. Dort kreisten unentwegt Flugzeuge, die große Mengen von Flugblättern mit den unterschiedlichsten Parolen abwarfen. Da wurde zum Festhalten an den Errungenschaften der Revolution aufgerufen, und zum Widerstand gegen die roten

Banditen, die den Kaiser und die Front schmählich verraten hatten. Wir sammelten die Flugblätter in Massen ein, denn Papier war knapp. Einseitig bedruckt waren sie Vater als Lokuspapier hochwillkommen, besonders die von der roten Partei. Der Walter Wallowitz, Sammler aus Leidenschaft, raffte zusammen, was er nur erwischen konnte, aber nicht zu hygienischen Zwecken, sondern für ein Revolutionsarchiv. –
Auf den Straßen schien mit Ausnahme von Königsbergs High Society das ganze Volk zu sein. Die Leute waren in einer freudig erregten Stimmung, fast wie zu Kriegsbeginn, als man die ins Feld rückenden Truppen mit Blumen, Hurrageschrei und ›Es braust ein Ruf wie Donnerhall‹ zum Bahnhof begleitet hatte. Wo ein freier Platz war, auf dem Altstädtischen Markt, auf dem Roßgarten oder auf dem Münzplatz, hielt jemand von einer Brunnenschale oder von einem Denkmalssockel herab flammende Reden ans Volk, daß der Krieg nun zu Ende sei, daß es bald wieder Brot geben werde und daß die Zeit von Gleichheit, Freiheit und Brüderlichkeit angebrochen sei. Es gab Tränen und Umarmungen und viel Begeisterung. Dann hieß es wieder: Auf zum Paradeplatz, wo um drei der Kochran reden wird! – Die Massen setzten sich in Bewegung, wir Jungen rannten mit und grölten mit:

Wem haben sie die Krone geklaut?
Dem Wilhelm dem Doofen
dem Oberganoven
dem hamse die Krone geklaut!
Wer hat ihm die Krone geklaut?
Der Ebert der helle
der Sattlergeselle
der hat ihm die Krone geklaut!

Lieber Gott, wenn Vater mich gehört hätte, der Knüppel wäre aus dem Sack gefahren und hätte mir den Hintern verbläut. Die Flucht des Kaisers brachte Vaters Treue zum Hause Hohenzollern nicht ins Wanken. Das Kaiserbild mit der eigenhändigen Unterschrift, das mir der Adjutant nach dem Vortrag des Gedichts und der Überreichung des künstlichen Kornblumenstraußes aus Mutters Hut unter den blitzenden Augen Sr. Majestät überreicht hatte, hatte Mutter allerdings vorsichtshalber von der Wand genommen, denn Hausdurchsuchungen nach versteckten Vorräten und Revolutionsfeinden waren an der Tagesordnung. Das Kaiserbild, um dessen obere linke Ecke der Vater einen Trauerflor geschlungen hatte, hätte für ihn üble Folgen haben können. Er war schließlich kein Selbstmörder ...

Die feinen Leute rührten sich in diesen Tagen nicht aus ihren Wohnungen. Frau Kallweit und ihre Tochter, die sonst von ihrem Fensterplatz im ›Spion‹ das Kommen und Gehen auf der Straße vom Morgen bis zum Abend beobachtet hatten, zogen tagelang nicht einmal die Vorhänge auf. Auch Onkel Fritz, der den Chinafeldzug als Major mitgemacht hatte, getraute sich nicht auf die Straße. Er schickte die alte Tante Elma mit ihrem schiefen Mund hinaus, wenn es etwas zu besorgen gab. Und der Aurelius Piepus hatte sich in seiner Wohnung über der Apotheke richtig verbarrikadiert und erwartete stündlich, daß der Pöbel von Ratshof die Storchen-Apotheke stürmen werde. Aber es wurde niemandem ein Haar gekrümmt. Uns Jungen, die wir von der Französischen Revolution, von der Guillotine und vom blutigen Sturm auf die Bastille gehört hatten, kam diese Revolution fast zu friedlich und harmlos vor. Nicht einmal das Denkmal von Wilhelm I. wurde vom Sockel gerissen. Vielleicht hätte man den zweiten Wilhelm nicht ungeschoren gelassen, aber den hatte die Stadt noch nicht mit einem Denkmal geehrt. Es wurde nicht einmal jener Denkstein in der Nähe von Rominten zerstört, auf dem die Worte eingemeißelt waren: »An dieser Stelle erlegte Se. Majestät höchstdero 50 000ste Kreatur.« –

Die Stadt stand nicht lange unter der Herrschaft der Arbeiter- und Soldatenräte. Aber es muß noch zu ihrer Zeit gewesen sein, als die Dritten Kürassiere, aus dem Felde heimkehrend, in geschlossener Formation mit den Kesselpauken und dem Spielmannszug voran, vom Bahnhof zu ihrer Kaserne in der Wallstraße am Tragheimer Tor ritten. Am Münzplatz kam es zu einem großen Auflauf. Zusammengeströmtes Volk versuchte, die Kürassiere, die starr geradeaus blickten und sicherlich ungeduldig auf den Befehl warteten, blank ziehen und dreinhauen zu dürfen, von den Pferden zu zerren, besonders den Mann an den Kesselpauken, der zu ›Preußens Gloria‹ die Schlägel rührte und, ohne sich aus dem Takt bringen zu lassen, seine Schlägel auf die Köpfe wirbeln ließ, wenn es ihm zu dumm wurde. Ich habe das leider nicht miterlebt, aber der Alfred Kleiber, der in der Nähe wohnte und neben der Regimentsmusik herrannte, hat es mir erzählt und auch erzählt, daß sich die Revolte in diesem Augenblick in einem Riesengelächter auflöste. Und so war es wieder einmal ein preußischer Trommler, der wie sein durch Kleist zu Ruhm gelangter Tambour-Kollege eine unerschütterliche Gelassenheit bewies.

Für unseren Geschmack jedenfalls kehrten Ruhe und Ordnung viel zu früh ein. Vaters Befürchtung, durch die Revolution Amt und Einkommen zu verlieren, bestätigte sich nicht. Auch der Landgerichtspräsident hatte seinen Posten wieder bezogen, und der Schreiber, den die Roten auf seinen Sessel gehoben hatten, kopierte wieder Akten. In der Schule ging der Unterricht weiter, als ob nichts geschehen sei, im Gegenteil, wir wurden ziemlich scharf herangenommen, denn die Herren Oberlehrer, denen die Revolution den Titel ›Studienrat‹ beschert hatte, heil von der Front zurückgekommen und den überalterten Lehrkörper auffüllend, stellten zu ihrem Entsetzen fest, daß wir eine völlig verlotterte Bande geworden waren, und zeigten sich fest entschlossen, uns wieder Purschundek zu lehren. Zu den Sanften gehörte unser Deutschlehrer Kowalewski, ein Romantiker, der Kipling schätzte und ein besonders inniges Verhältnis zur deutschen Balladendichtung hatte. Wenn er besonders gut gelaunt war, gelang es uns leicht, ihn zur Rezitation des »Tauchers« oder des »Gang zum Eisenhammer« zu bewegen. Wenn er uns freie Wahl gab, verlangte die ganze Klasse stürmisch nach Bürgers »Lenore«. Herr Kowalewski konnte nämlich das R nicht sprechen, und so wurde aus der Lenore eine Lenowe von Gottfwied August Büwger, und die höchste Spannung galt den Versen, in die er sich besonders hineinlegte:

Und huwwe, huwwe hopp hopp hopp
Fowt gings im sausenden Galopp
Daß Kies und Funken stoben
Und Wwoss und Wweiter schnoben...

Das waren aber auch wirklich die einzigen Lichtpunkte. Was außerhalb der Schule geschah, schien sich auf einem fernen Planeten abzuspielen. Vielleicht war es in den höheren Klassen anders, wir Tertianer waren wohl für Fragen der Tagespolitik und der Ereignisse, die sich um uns herum abspielten, noch nicht reif genug. Wir waren es tatsächlich nicht, denn was uns vom Morgen bis zum Abend bewegte und plagte, war der Hunger und die Frage, womit unsere Mütter uns den Bauch füllen würden. Als Mutter mich eines Tages mit einem mit Kunsthonig bestrichenen Brot in der Küche erwischte, brach sie in Tränen aus, weil sie glaubte, ich hätte ihr den kleinen Margarinerest weggefressen, den sie für die Bratkartoffeln zum Abendbrot aufgehoben hatte. Und dann machte sie sich tagelang bittere Vorwürfe, daß sie mir das bißchen Margarine nicht gegönnt hatte, denn bei mir bildeten sich seit einiger Zeit merkwürdige Knorpelauswüchse unterhalb der Knie an beiden Schienbeinen und auch auf den Schlüsselbeinen. Als sie mich ins Stadtkrankenhaus am oberen Schloßteich führte, erklärte ihr der Professor achselzuckend, damit kämen nun täglich Dutzende von Kindern zu ihm, und es handle sich fraglos um eine rachitische Erscheinung, und dagegen gäbe es nur ein Mittel, aber das könne er ihr nur verschreiben und nicht geben, nämlich gutes Brot, frische Butter, Eier und Milch von der Kuh und nicht das blaue Wasser, das jetzt als Milch verkauft würde.

In diesem ersten Nachkriegswinter begann die große Grippeepidemie, die bis zu ihrem Abklingen im Jahre 1922 in Europa zwanzig Millionen Menschen das Leben kostete. In unserem Haus raffte sie die Witwe Kallweit und ihre Tochter hinweg. In der ersten Etage starb der Amtsrichter Simoneit. Dann starb meine Großtante Emilie, jene mit dem schiefen Mund, und wenige Tage später folgte ihr Onkel Fritz, der alte Chinakämpfer, von dem es hieß, er hätte ein kleines Vermögen an Goldstücken über den Krieg hinweggerettet. Aber so emsig wir auch den Nachlaß der alten Leute durchwühlten, wir fanden nichts, was einer Goldmünze auch nur ähnlich sah. Und das ganze Chinazeug, das er mitgebracht hatte? In unserer

Wohnung war für die kostbaren alten Vasen aus Porzellan und für die Vitrinen mit den Figürchen aus Jade und Elfenbein kein Platz. Mutter behielt zum Andenken zwei Wandbehänge aus gelber Seide, in feinster Arbeit mit bunten Blumen, exotischen Vögeln und Affen bestickt, die sie mir später schenkte, als ich am Stadtrand von München mein erstes kleines Haus bezog. Ein Händler in der Türkenstraße, auf chinesische und japanische Kunst spezialisiert, bekam bei ihrem Anblick runde Augen und einen geilen Zug um den Mund und fragte mich, wie ich zu diesen Kostbarkeiten käme, die fraglos aus dem Kaiserpalast in Peking stammten. Sollte ich ihm sagen, daß ein alter Onkel von mir sie dort höchstwahrscheinlich gestohlen hatte? – Der Nachlaß von Onkel Fritz kam unter den Hammer, und der Auktionator, Herr Tarray, hatte Mühe, den alten Kram loszuwerden. Es waren einige hundert Mark, die er Mutter schließlich auf den Tisch legte.

Uns verschonte die Grippe. Wir hatten aber auch das Rezept von Oma Gutbrod, stets eine oder zwei Kreidenelken im Mund zu tragen, nicht vergessen. Das bißchen Sommerspeck aus den Kranzer Tagen war inzwischen wie Märzenschnee an der Frühlingssonne von Vaters Rippen geschmolzen. Als meine Schwester Lotte, Lehrerin in Sonnenborn, einem Dorf in der fetten Mohrunger Gegend, zum Weihnachtsfest nach Hause kam, dieses Mal allerdings ohne das halbe Schwein, das wir vor zwei Jahren glücklich durch die streng bewachte Bahnhofssperre geschmuggelt hatten, aber immerhin doch mit einem Stück Fleisch, einem faustgroßen Klumpen Butter, einem Glas voll Gänseschmalz und einem Säckchen voll weißem Mehl, da starrte Vater am ersten Feiertag düster auf den Kartoffelberg, den er sich, von einer fast friedensmäßig fetten Bratensoße umspült, auf den Teller gehäuft hatte. Dann lehnte er sich in seinen Stuhl zurück, ließ den Blick um den Tisch wandern und verkündete, daß er die Nase von Königsberg voll habe, gestrichen voll, übervoll! Und, zum Teufel, er habe nicht die Absicht, hier zu verhungern! Und er habe schon mit dem Präsidenten gesprochen, der ihn nicht gern gehen lasse, aber sein Gesuch um Versetzung schließlich doch befürwortet habe...

»Wohin?« schrien wir, denn von solchen Absichten hatte er bis zu jenem Tag kein Wort laut werden lassen, und wenn er Mutter gegenüber davon auch gesprochen haben mochte, so hatte sie es nicht ernst genommen.

»Nach Bartenstein«, sagte er schlicht, »das ist eine solide kleine Stadt mit gutem Hinterland, Weizenboden und Weidewirtschaft...« Er sah uns an und schien begeisterte Zustimmung zu erwarten.

»Wie kommst du gerade auf Bartenstein?« fragte Lotte, »kennst du das Nest überhaupt?«

»Wozu soll ich es kennen?« fragte Vater ungnädig, daß der erwartete Applaus ausblieb, »aber ob Osterode, Tilsit, Rössel oder Bartenstein, das ist Jacke wie Hose. Aber eins kann ich euch sagen, die Kollegen aus diesen Nestern, die mich hin und wieder dienstlich besuchen, die sehen nicht so verhungert aus wie ich!«

»Schon wieder ein Umzug!« seufzte Mutter, »wo wir in dieser Wohnung gerade warm geworden sind. Wann soll es denn überhaupt losgehen?«

»Je früher, desto besser!« sagte Vater und lud sich den Teller zum zweiten Mal bis zum Rande voll. »Gleich zu Anfang des neuen Jahres fahren wir hin und suchen uns eine hübsche Wohnung. Ein bißchen außerhalb der Stadt, mit einem Garten! Jawohl, mit einem großen Garten, in dem wir unseren eigenen Kohl anbauen!«

»Wer soll den Kohl anbauen?« fragte Mutter mit flatternden Augenlidern, »ich vielleicht?«
»Davon habe ich kein Wort gesagt, Linchen«, sagte Vater leicht geduckt, »im Gegenteil, wir nehmen uns wieder eine Marjell, damit du ein bißchen ausspannen kannst.«
Und der Gedanke, wieder ein Mädchen für den Haushalt zu bekommen, schien Mutter mit dem Wohnort- und Tapetenwechsel so auszusöhnen, daß sie nichts mehr gegen Vaters Vorschlag einzuwenden hatte.
»Vielleicht könnten wir sogar Mama zu uns nehmen, wenn die Wohnung geräumig genug ist«, meinte sie, »die alte Frau lebt in Lyck seit dem Tod vom Alten doch sehr einsam.«
»Warum eigentlich nicht?« sagte Vater, »sie ist ja noch ganz rüstig . . .« Es klang, als ob er sich dabei überlege, daß man die ›Marjell‹ unter diesen Umständen einsparen könne.
»Und was soll mit mir werden?« fragte ich.
»Was soll mit dir schon werden? Du wechselst eben die Schule, und damit basta.«
»Du vergißt bloß dabei, daß ich Michaelis nach Tertia gekommen bin und daß die in Bartenstein bestimmt nur Klassen mit Osterversetzung haben. In ganz Königsberg hat ja auch nur das Friedrichskolleg Michaelis-Klassen.«
Vater starrte mich leicht betroffen an. »Daran habe ich nicht gedacht«, gab er schließlich ungnädig zu.
»Soll ich vielleicht auf die Quarta zurückgehen? Oder bildest du dir ein, daß die mir ein halbes Jahr Tertia schenken werden und mich zu Ostern gleich in die Obertertia übernehmen?«
»Sag einmal, Lina, wie redet der Lümmel eigentlich mit mir?« knurrte Vater. »Als ob ich mit dem im gleichen Pisskaulchen gespielt hätte!«

»Ich habe ja nur gefragt, und fragen wird man doch wohl noch dürfen!«
»In dem Ton hätte ich mit meinem Vater reden sollen!« sagte Vater verkniffen, »der hätte den Riemen schon vom Bauch geschnallt, bevor ich das Maul aufgemacht hätte!«
»Er hat ja wirklich nur gefragt ...«, meinte Mutter begütigend. »Und wie ist das nun mit ihm?«
»Ich glaube nicht, daß ich hier vor Ostern wegkomme«, sagte Vater. »Und dann melde ich ihn in Bartenstein für die Untertertia an. Ein halbes Jahr hin, ein halbes Jahr her, davon wird die Welt nicht untergehen. Punktum!«
Das war alles, was er dazu zu sagen hatte. Tatsächlich fuhren die Eltern an Vaters nächstem dienstfreien Nachmittag gleich in den ersten Tagen des neuen Jahres nach Bartenstein, um sich dort nach einer passenden Wohnung umzusehen. Sie kamen am späten Abend von ihrer Exkursion müde und auch ein wenig niedergeschlagen zurück. Die Stadt selber hatte ihnen recht gut gefallen, wenn sie auch nach Mutters Meinung keinen Vergleich mit Lyck aushielt. So etwas wie die gemütlichen Konditoreien von Strauss und Cabalzar hatte sie nirgends entdecken können. Viel unangenehmer aber war, daß sie in der ganzen Stadt keine Wohnung hatten finden können, die Mutters Wünschen auch nur annähernd entsprach. In einem Neubau am Bahnhof war noch eine Wohnung frei gewesen, aber die war so neu, daß das Wasser von den Wänden lief, und von Wohnzimmer und Balkon genoß man den öden Anblick eines Güterschuppens, von Abstellgeleisen und jenseits des Schienenstrangs der Gasanstalt. Mit einem Wort – eine Zumutung!
»Und dann wurde uns noch eine Wohnung angeboten«, erzählte Mutter mit einem Ausdruck, als liefe ihr noch nachträglich ein Frösteln über den Rücken, »in einer

Straße, wo es zum Friedhof rausging, ich kenne mich da nicht so aus. Eine Fünfzimmerwohnung in einem älteren, aber recht hübschen Haus. Im Vorgarten Fliedersträucher und Jasmin, und hinten Obstbäume... Und wie Vater und ich mit den Leuten, die zum ersten März ausziehen wollen, noch verhandeln und gerade einig werden, daß wir die Wohnung nehmen, da läuft doch auf dem Sofa, auf dem ich sitze, so ein kleines, flaches, braunes Käferchen auf mich zu. Nanu, denke ich, das wird doch nicht etwa... Und schwupp, greife ich zu und hab das Tierchen zwischen Daumen und Zeigefinger. Ich brauchte gar nicht daran zu riechen. Eine Wanze so groß wie eine Flunder! Und weißt du, Jungchen, was die Frau mir in aller Seelenruhe sagt? – ›Also meinem Mann und mir tun sie nichts, nur die Kinder kriegen von den Stichen so'ne Quaddeln – aber dafür ist die Miete sehr billig, nur fünfundvierzig Mark!‹ Hast du Worte?«

Mit Tapetenflundern hatte Mutter ihre Erfahrungen. Als ich nämlich für die Wiege zu groß geworden war, hatte Mutter sich auf den Weg gemacht, um mir ein Kinderbett zu kaufen. Dabei war sie meiner Patentante Giersberg begegnet, jener, die mir alljährlich zum Geburtstag und zu Weihnachten drei Paar schrecklich kratzende braune oder schwarze Wollstrümpfe schenkte. Diese nun hatte noch ein Kinderbett auf dem Dachboden stehen, war froh, es loszuwerden, genauso froh wie Mutter, die für einen Taler zu einem tadellosen Kinderbett samt Matratze kam. Ich wurde noch am gleichen Tag umquartiert, muß aber am nächsten Morgen einen so erschreckenden Anblick geboten haben, daß Mutter in der Furcht, ich könnte die Masern bekommen haben oder von einer scheußlichen Hautkrankheit befallen sein, den alten Sanitätsrat Wollschläger ins Haus rief; dem genügte ein kurzer Blick, um die

Krankheit zu diagnostizieren. »Seit wann hat der Junge denn das?« fragte er. – »Seit heute früh, Herr Sanitätsrat.« – »Und seit wann hat er das Bett?« – »Seit gestern!« »Und wo haben Sie das Bett gekauft?« – »Das hat mir Frau Giersberg überlassen.« – »Was haben Sie dafür bezahlt?« – »Drei Mark«, antwortete Mutter verunsichert, denn die Fragen kamen ihr merkwürdig vor. – »Da haben Sie aber entschieden zu teuer eingekauft«, sagte der alte Wollschläger, »denn jetzt brauchen Sie noch einen oder zwei Liter Petroleum, und wenn die besorgt sind, dann stellen Sie das Bett mitten auf den Hof, schütten das Petroleum rüber und zünden es an. Das ist der beste Rat, den ich Ihnen geben kann – und den gebe ich Ihnen ausnahmsweise umsonst. Und bestellen Sie vorsichtshalber den Kammerjäger, denn so wie ich die lieben Tierchen kenne, wird ein Bataillon Wanzen schon auf Erkundung unterwegs sein, an wem es hier sonst noch was zu schnabulieren gibt.« – Mutter war es schrecklich peinlich, aber was blieb ihr anderes übrig, als den Rat zu befolgen. Das Autodafé auf dem Hof unterblieb der Nachbarschaft wegen. Ernst zog bei Nacht und Nebel mit einem Handkarren los und überantwortete Bett und Wanzen irgendwo draußen auf freiem Feld der reinigenden Kraft des Feuers. Und bei Nacht und Nebel hielt der Kammerjäger Einzug und räucherte das Schlafzimmer der Eltern mit bestem Erfolg aus.

Die erste Wohnungssuche in Bartenstein war also danebengegangen, und genauso erfolglos blieben die Fahrten, die die Eltern in den kommenden Wochen unternahmen. Auch eine Anzeige, die sie in der Bartensteiner Zeitung aufgaben, brachte nichts ein. Vater wurde ziemlich nervös, denn der Termin seiner Versetzung rückte immer näher. Schließlich, nach langem Hin und Her, kam er eines Tages mit der Nachricht zurück, man habe ihm angeboten, uns im Amtsgericht selber eine Flucht von drei oder vier zusammenhängenden Räumen als Wohnung herzurichten, ohne Badezimmer allerdings, aber mit Gasanschluß in der Küche. Und vielleicht könne später, wenn das Leben wieder normal liefe, sogar im Keller ein Bad eingerichtet werden. Er machte dazu ein Gesicht, als ob die Wohnungsfrage nunmehr eine ideale Lösung gefunden habe, aber ganz wohl fühlte er sich dabei unter Mutters verkniffenem Blick nicht.

»Das sehe ich mir erst einmal an!« sagte sie hüstelnd. »Eine Wohnung im Amtsgerichtsgebäude ... Na, ich weiß nicht recht ... Also ich würde die Leute, die da wohnen, für das Hausmeister-Ehepaar halten ...«

»Entschuldige schon, Lina«, konterte Vater empört und legte den Akzent deutlich auf die zweite Silbe von Mutters Namen, was er nur tat, wenn zwischen ihnen der Sturmball hochgezogen war, »es handelt sich um eine Wohnung im Hochparterre! Der Hausmeister wohnt im Landgericht, und zwar im Souterrain! Und niemand wird mich für den Hausmeister und dich für die Hausmeistersfrau halten!«

»Noch habe ich die Wohnung nicht gesehen«, sagte Mutter kühl, »und noch haben wir sie nicht bezogen!«

»Auf jeden Fall sehen wir uns die Sache an«, entschied Vater, »und wenn wir im Augenblick nichts Besseres finden, dann nehmen wir die Wohnung eben als Provisorium.«

Die Besichtigung fand am nächsten Sonntag statt, und es gelang mir, die Eltern zu beschwatzen, mich auf die Reise nach Bartenstein mitzunehmen. Es war ein sonniger, aber bitterkalter Februartag, als der Zug nach einstündiger Fahrt über Tharau, Preußisch Eylau und Glommen in Bartenstein einlief. Trotz der Kälte ging es auf dem Bahnhof vor dem roten Stationsgebäude, in dessen linkem Flügel ein Restaurant untergebracht war, recht lebhaft zu. Da promenierten eine Menge Volk, hauptsächlich junge Leute, viele von ihnen mit verschiedenfarbigen Mützen auf den Köpfen, die Mädchen zu dritt oder zu viert untergehakt und eng aneinander gedrängt. Ankunft, Aufenthalt und Abfahrt des Zuges schien für die jungen Leute ein spektakuläres Ereignis zu sein. – Mutter war trotz Muff und Skunkboa in dem ungeheizten Zug durchgefroren und wünschte etwas Warmes zu trinken. Vater spendierte uns in der Bahnhofswirtschaft einen mit Sacharin gesüßten Pfefferminztee, dazu verzehrten wir die Schmalzbrote, die Mutter mitgebracht hatte. Erwärmt und gestärkt machten wir uns bald auf den Weg durch die Stadt, die wir in einer knappen Viertelstunde von einem Ende bis zum andern durchquerten, denn beim Bahnhof begann die Stadt, und nicht sehr weit hinter den Gerichtsgebäuden lief die Heilsberger Straße auch schon ins freie Feld hinaus. Ich trabte neben den Eltern her und konnte rechts und links vom Wege nichts entdecken, was mich gereizt hätte, Königsberg mit Bartenstein zu vertauschen. Es war um die Mittagszeit, und die kleine Stadt schien ausgestorben oder von ihren Bewohnern verlassen worden zu sein. Der Wind fegte über den großen Marktplatz, wirbelte uns pulverigen Schnee entgegen und riß Vater in der engen Durchfahrt eines hohen, gotischen Backsteintores den breitrandigen schwarzen Bismarckhut vom Kopf. Ich mußte ihm über den halben Markt hinterherrennen, bis ich ihn endlich erwischte. Ich konnte nur hoffen, daß mich dabei keiner meiner zukünftigen Mitschüler beobachtete, denn die letzte, sehr erheiternde Vorstellung dieser Art hatte ein Clown im Zirkus Sarrasani vorgeführt. Was mußte der Alte bei diesem Stiemwetter auch den Hut aufsetzen!

Sonst trug er die Mütze aus Biberfell bis in den Frühling hinein.
Bald hinter dem hohen Tor mit den spitzbogigen Blindfenstern lief die Straße in einem scharfen Bogen nach links, dann wieder nach rechts und stieg so kräftig hügelan, daß sie von einem Dutzend rotznäsiger und blaugefrorener Kinder als Rodelbahn benutzt wurde. Und am höchsten Punkt, wo die Kinder ihre Schlitten zur Talfahrt anschoben, standen wir endlich vor unserm Ziel, einem großen, U-förmig angelegten und aus roten Ziegeln aufgeführten Gebäudekomplex. Im linken Flügel befand sich das Amtsgericht, im rechten das Landgericht, und dazwischen hinter einem hohen Zaun aus roten Ziegelsäulen und schweren gußeisernen Lanzen erblickte man hinter kahlem, schneebestäubtem Gesträuch und kahlen Bäumen ein schamhaft verstecktes, langgestrecktes Rückgebäude, das die beiden Gerichtsflügel miteinander verband. Die vergitterten Fenster dieses Hauses ließen keine Zweifel darüber aufkommen, worum es sich handelte. Nur Mutter schien, was sonst gar nicht ihre Art war, ein wenig begriffsstutzig zu sein.
»Was ist denn das, da hinten?« fragte sie.
»Was wird es schon sein?« brummte Vater, »das Landgerichtsgefängnis natürlich! Was auch sonst? Das gehört nun einmal dazu.«
Mutters Zähne klapperten hörbar aufeinander, doch das kam nicht von der Kälte, und sie brachte das, was sie zu bemerken hatte, auch nicht gleich heraus. Aber es dauerte nur Sekunden, bis sie ihre Sprache wiederfand: »Nein, Julius!« sagte sie und schlug mit den Knöcheln auf einen nicht vorhandenen Tisch, »da bringst du mich nicht hinein! Das wirst du mir nicht antun! Mit Dieben und Mördern unter einem Dach? Da mache ich nicht mit! In dieses

Haus bringen mich keine zehn Pferde rein, keine zehn Pferde, hast du mich verstanden!!«

»Ich habe verstanden!« schnaubte Vater erbittert. »Die Versetzung aber kann ich nicht rückgängig machen. Ich werde mir also in Bartenstein ein möbliertes Zimmer nehmen, und ihr bleibt in Königsberg. Schluß! Aus! Kein Wort mehr darüber!« Er stürmte davon und ließ uns einfach auf der Straße stehen. Wir sahen ihn im Landgerichtsgebäude verschwinden.

»Wenigstens ansehen hättest du dir die Wohnung ja können«, maulte ich und stampfte die Füße aufs Pflaster, denn die Kälte begann mir bis zum Hintern hochzukriechen.

»Ich bin ein friedfertiger Mensch«, sagte Mutter mit bebender Stimme und wickelte sich die lange Skunkboa zweimal um den Hals, so daß nur noch die blau gefrorene Nasenspitze zu sehen war, »aber das kann mir kein Mensch zumuten, mit Dieben und Mördern unter einem Dach zu leben. Ich hätte keine ruhige Minute...«

Wir standen noch nicht lange auf der Straße, da kam aus der Tür des Landgerichts, in ein großes gestricktes Umschlagtuch gehüllt, eine weißhaarige alte Dame auf uns zu. Sie sah so würdig und vornehm aus, daß ich sie für die Frau vom Landgerichtspräsidenten hielt.

»Ach, bitte«, sagte sie zu Mutter, »Sie frieren sich hier ja zu Tode, und Ihr Jungchen sieht schon ganz blaß aus. Mein Name ist Ewert, und mein Mann verwaltet hier die Gebäude. Ihrem Herrn Gemahl habe ich schon ein Glas heißen Tee vorgesetzt, mit einem kleinen Schuß Schnaps... Ein Vetter von mir hat in der Nähe einen Hof – und das Brennrecht dazu. Es ist zwar nur ein Rübenschnaps, aber er wärmt, und ein bißchen Wärme werden auch Sie brauchen können...«

Mutter zögerte, aber nicht lange, und dann folgten wir

Frau Ewert über eine überdachte Halbtreppe und durch eine hohe Doppeltür in einen langen, hallenden Gang, bis wir zu einer Treppe kamen, auf der man über wenige breite Stufen ins Erdgeschoß gelangte. Es war keine richtige Kellerwohnung, in die uns die alte Dame führte, denn die Fenster lagen einen guten halben Meter über dem Erdboden, gerade, daß die Dielen sich ein wenig unter dem Straßenniveau befanden. Es war eine gemütliche Wohnung, und der weiße Kachelofen strahlte behagliche Wärme aus. Neben dem Ofen lag der Tagesbedarf an Torf sauber aufgeschichtet in einer flachen Kiste. Vater saß mit offenem Mantel auf einem Sofa mit geschwungener Lehne, vor sich einen runden Tisch, auf dem über einer blauen Spiritusflamme ein blankgeputzter Samowar aus Messing summte, aus dessen Hähnchen Herr Ewert Vaters Teeglas zum zweiten Mal füllte. Herr Ewert trug, wahrscheinlich noch vom sonntäglichen Kirchenbesuch her, einen schwarzen Gehrock und sah mit seinem vollen, schneeweißen Scheitel und der fülligen, großen Figur noch würdevoller und respekteinflößender aus als unser Hausmeister vom Friedrichskolleg, Herr Seyfried, dem wir fast mit der gleichen Ehrfurcht begegneten wie unserm Geheimrat. (Merkwürdig – oder gar nicht merkwürdig –, daß ich in späteren Jahren vielen Hausmeistern begegnet bin, die ihren Vorgesetzten von der Würde des Gebarens bis zur sprachlichen Ausdrucksform nicht nur nacheiferten, sondern sie in ihren Manieren zuweilen sogar übertrafen.)
Der von Frau Ewert erwähnte Vetter vom Lande schien die beiden jedenfalls gut über die Hungerjahre gebracht zu haben. Wir wurden genötigt, auf Polsterstühlen Platz zu nehmen, Frau Ewert eilte mit zwei Teegläsern herbei, schenkte uns dampfend heißen Tee aus dem Samowar ein, würzte Mutters Tee mit einem Eßlöffel voll Schnaps, süßte

mein Glas mit einem Schuß Kirschsaft und stellte einen Teller mit Streuselkuchen auf den Tisch, den sie kurz zuvor aus dem Rohr genommen hatte, denn er war noch warm. Mutter zierte sich ein bißchen, ehe sie zugriff. Mich brauchte niemand zu nötigen. Solch einen guten Streuselkuchen hatte es nicht einmal bei Frau Kallweit gegeben; die knusprige Streuselschicht war aus echter Butter zubereitet! Vater warf mir scharfe Blicke zu, mich zu mäßigen und den Teller nicht ratzekahl leer zu fressen, doch bei diesem Kuchen konnten mich Blicke allein nicht ducken. Und als dann Frau Ewert einen Teller mit kalten Bratklopsen auf den Tisch stellte, da wäre es an mir gewesen, Vater mit drohenden Blicken zur Mäßigkeit zu mahnen, aber Frau Ewert verstand es, wie es bei der breiten ostpreußischen Lebensart Gästen gegenüber üblich war, ihn so herzlich zu nötigen, daß er zwar murmelte, nun sei es aber wirklich genug – bis er den letzten von den fünf Klopsen intus hatte.

Wenn Vaters Blick zu Mutter hinüberirrte, dann schien dieser Blick jedesmal zu sagen: Sieh dir nur an, wie die Leute leben! – Ob auch Mutter durch die freundliche Bewirtung zur Einsicht gelangt war, daß das Bartensteiner Pflaster recht nahrhaft zu sein schien, ist nicht auszuschließen, denn nachdem wir uns bei Philemon und Baucis Ewert eine halbe Stunde lang erwärmt hatten, meinte Mutter plötzlich zu Vaters und auch zu meiner nicht geringen Überraschung, sie möchte nun doch nicht heimfahren, ohne sich die Räume im Amtsgericht angesehen zu haben. Man hätte es über einen langen Flur durch den Gefängnistrakt erreichen können, aber Herr Ewert unterließ es taktvoll, uns auf diesem Wege zu führen. Er begleitete uns über die Straße zum anderen Flügel und sperrte dort die schwere Doppeltür aus Eichenholz auf. Die Luft, die uns aus dem endlosen, breiten und halbdunklen Flur entgegenschlug, der sein Licht nur von einem schmalen Glasschlitz über der Haustür und von einem weit entfernten Fenster am Ende des Korridors empfing, war nicht die beste. Es roch miefig nach kaltem Rauch, Aktenstaub, feuchten Klamotten und Katzendreck, und kaum erschnüffelt, kam uns auch schon ein riesiger schwarzer Kater entgegen und schnurrte um die Beine von Herrn Ewert herum. Uns schenkte er keine Beachtung.

»Es ist unser Katerchen, der Moritz«, stellte Herr Ewert vor, »wir haben ihn bald zehn Jahre...«

»Gibt es hier etwa Mäuse?« fragte Mutter ängstlich.

Da könnte sie ganz beruhigt sein, meinte Herr Ewert, seit niemand mehr sein Frühstück liegenlasse, gäbe es auch keine Mäuse mehr; die einzigen Mäuse wären Fledermäuse, aber die hielten jetzt oben auf dem Boden ihren Winterschlaf. Und während er das sagte, sperrte er die Tür links hinter dem Windfang der Eingangstür auf. Wir traten in einen großen, hallenden Raum, durch dessen hohe Bogenfenster man auf die Straße blickte. Eine Verbindungstür führte in ein etwas kleineres, aber immer noch riesiges Zimmer mit normalen, rechteckigen Fenstern, dann gings durch eine schmale Kammer – »Hier könnte das Dienstmädchen schlafen, wenn Sie eins kriegen«, meinte Herr Ewert – und dann standen wir in einem Zimmer, an dessen Längswand einsam und überraschend ein schwarzer eiserner Küchenherd mit einer blanken Nickeleinfassung stand.

»Die Küche«, sagte Herr Ewert schlicht und deutete auf zwei Eisenstopfen an der Wand, »Wasser- und Gasanschluß sind auch vorhanden.«

Mutter war zwischen Vater und Herrn Ewert stumm durch die saalartigen Zimmer mit den riesigen weißen Ka-

chelöfen gewandert. Nun stand sie stumm und mit schmalen Lippen vor dem erbärmlichen Herd.
»Das ist aber noch nicht alles«, sagte Herr Ewert, der Mutters Schweigen für innere Ergriffenheit vor der Größe dieser Räume zu halten schien, »ja, gnädige Frau, da hat man Luft zum Atmen! Es gehören nämlich noch zwei Zimmer zu Ihrer Wohnung, kleinere Zimmer allerdings, und sie liegen auf der anderen Seite des Korridors.«
Mutter stieß die Luft mit kurzen, harten Stößen durch die Nase: »Was Sie nicht sagen, Herr Ewert – auf der anderen Seite des Korridors! Und nun erzählen Sie mir, bitte, noch, wo das Klo ist.«
»Tcha«, antwortete Herr Ewert in einiger Verlegenheit, »mit dieser Frage berühren Sie sozusagen einen wunden Punkt, die beiden Aborte liegen nämlich am andern Ende des Korridors, aber man könnte einen davon absperren und für Ihren Privatgebrauch reservieren. Einer muß für die Herren, die hier arbeiten, und auch für's Publikum offen bleiben.«
Mutter reichte Herrn Ewert die Hand: »Danke, Herr Ewert, es war sehr freundlich von Ihnen, uns herumzuführen. Und grüßen Sie Ihre liebe Frau von mir und sagen Sie ihr, daß wir uns für den Tee und für die reizende Bewirtung ganz herzlich bedanken. – Und nun wird es wohl Zeit für uns, zu gehen.« Und damit raffte sie den Rock, mit dem sie dicke Staubwolken aufgewirbelt hatte, und rauschte davon. Vater sah ihr mit einem verzagten Blick nach, lüftete den Hut und verabschiedete sich seinerseits von dem netten Herrn Ewert.
»Nu ja, eine Stadtwohnung, wie Ihre Frau Gemahlin sie gewöhnt ist, ist das hier natürlich nicht«, sagte der bedauernd, »aber Sie werden sich schwer tun, Herr Rat, hier was Passendes zu finden.«

»Das habe ich schon gemerkt«, murmelte Vater bedrückt. Das Schweigen, mit dem die Eltern den Rückweg zum Bahnhof antraten, war so eisig wie der Wind, der uns in den Rücken blies. In den Straßen und auf dem Markt war nicht viel mehr Leben als in der Mittagszeit. Kälte und Wind hielten die Leute am warmen Ofen. Und dann saßen wir bei einem Gesöff, das sich Kaffee nannte und mit Kaffee nichts gemein hatte als die braune Farbe, wieder in der Bahnhofswirtschaft und hatten mehr als zwei Stunden bis zur Abfahrt des Zuges vor uns.
Mit dem Versprechen, pünktlich eine halbe Stunde vor Zugabfahrt auf dem Bahnhof zu sein, konnte ich mich von den Eltern losmachen und trabte auf dem gleichen Weg, den wir nun schon zweimal zurückgelegt hatten, zum Marktplatz zurück. Am Ausgang der Bahnhofstraße, in der Nähe des Kriegerdenkmals, einem Obelisk, der an die Gefallenen von 1870/71 erinnerte, sah ich einen Jungen meines Alters mit ausgeprägten O-Beinen daherkommen, dem zwei Schlittschuhe an einem Riemen über die Schulter baumelten. Eine Weile lief ich in drei Schritt Abstand hinter ihm her.
»He, du«, redete ich ihn schließlich an, »kann man hier Schlittschuh laufen?«
Er sah mich an und zog ein schiefes Maul: »Denkst du vielleicht, daß ich die Dinger zum Auslüften herumschleppe, du Knallkopp?« Er trug eine Pelzmütze mit heruntergeschlagenen Ohrenklappen, deshalb war ich nicht sicher, ob er das Gymnasium besuchte.
»Ich gehe in Königsberg aufs Friedrichskolleg, du Pomuchelskopp«, sagte ich nicht unfreundlich. »Wir tragen grüne Mützen. Von der Nona bis zur Prima. Habt ihr hier etwa noch Klassenmützen?«
»Das ist ja die Scheiße«, sagte er und warf die Schlittschuhe

auf die andere Schulter, »da weiß es gleich die ganze Stadt, wenn man klebengeblieben ist.«

»Was für 'ne Klasse bist du?«

»Und du?« fragte er zurück. Sehr gesprächig fand ich ihn nicht.

»Untertertia, aber das nützt mir nichts, wenn ich herkomme. Mein Vater will sich nämlich hierher versetzen lassen. Ich bin auf einer Michaelis-Klasse und müßte hier noch mal von vorn anfangen.«

»Dann kämen wir zusammen«, sagte er, »wenn das Scheiß-Latein nicht wäre. Und dann noch Griechisch! Das wird mir das Genick ganz bestimmt brechen. Da nützt mir die ganze Mathe nichts. Aber wie kommst du überhaupt her? Bist du allein?«

»Nee, ich bin mit meinen Eltern mitgekommen. Sie suchen eine Wohnung, aber damit sieht es ziemlich beschissen aus.« Das schien ihn nicht sonderlich zu interessieren. Ich deutete mit dem Kinn auf seine Schlittschuhe: »Das ist ja wenigstens etwas, daß man im Winter schlittschuhlaufen kann. Und was ist im Sommer?«

»Fußball«, sagte er und bekam einen richtig verklärten Zug ins Gesicht, »ich stürme rechts außen.« Dabei tippte er mit dem Handschuhfinger auf ein kleines, blau-weiß geteiltes Emailwappen, das er am Revers seiner Jacke trug. »Die Nadel von Bartolonia, unserm Pennal-Club.« Er schien mächtig stolz darauf zu sein, diesem Club anzugehören.

»Ich bin Schlagballer«, sagte ich und fügte, um ihm zu imponieren, hinzu: »Vorne-Mitte oder Mitte-Mitte!« Aber das machte auf ihn nicht den geringsten Eindruck.

»Schlagball«, sagte er verächtlich und zog wieder sein schiefes Maul, womit er den Diphthong in seinem Lieblingswort ganz lang gezogen herausbrachte, »das ist doch

Oberscheiße, davon redet doch kein Mensch mehr!« Aber dann musterte er mich mit einem Viehhändlerblick von oben bis unten und fügte gönnerhaft hinzu: »Na, wenn du wirklich herkommst, dann werden wir mal sehen, was man aus dir machen kann. Wir könnten einen guten Läufer brauchen – auch einen Verteidiger – aber dafür bist du zu mickrig ...«

»Zu mickrig!« giftete ich ihn an und hob die Fäuste, »wir können ja gleich ausprobieren, wer hier mickrig ist!«

»Na, na«, sagte er und schniefte ein bißchen, »man immer langsam mit die jungen Pferde! Wer wird denn gleich? Zu mickrig als Verteidiger, habe ich gesagt. Aber wenn du durchaus willst, daß ich dir die Fresse poliere – von mir aus kann's losgehen.« – Sekundenlang standen wir uns wie Kampfhähne gegenüber, dann ließ ich die Fäuste sinken und meinte, das könnten wir uns für später aufheben, aber er möge mir seinen Namen sagen, damit ich ihn mir für unsere nächste Begegnung notieren könne. Darauf meinte er, ich solle ihm zuerst einmal meinen Namen nennen, damit er wüßte, auf wen der Totenschein auszustellen sei – und mit seiner großen Schnauze brachte er mich zum Lachen. Wir schüttelten uns die Hände, ich nannte meinen Namen und er seinen: Kurt Reske. Und damit begann eine lebenslange Freundschaft, die vor zehn Jahren endete, als er nach einem Besuch bei mir bald darauf mit seiner Frau mit dem Auto tödlich verunglückte. –

Im Bahnhofsrestaurant saßen die Eltern vor einem Kartoffelgulasch. In der Soße schwammen ein paar winzige Fleischbröckchen. Vater bestellte auch mir eine Portion davon. Dann löffelte er schweigend weiter. Auch Mutter sagte kein Wort, aber ab und zu salzte sie das Gulasch mit einer kleinen Träne. Um etwas zur Unterhaltung beizutragen, erzählte ich, daß ich einen Jungen getroffen hätte,

mit dem ich, falls er wegen Latein nicht klebenbliebe, nach Ostern in die gleiche Klasse kommen würde. Vater blies in den Löffel, denn das Gulasch war glühend heiß: »Falls du kommst!« sagte er düster.
Mutter schnuffelte ein bißchen. Sie blickte dabei starr in ihren Teller: »Er kommt!« sagte sie mit einem kleinen Schluchzen in der Stimme.
Vater hob den Kopf, als hätte er nicht recht gehört: »Was hast du da gesagt, Linchen?«
»Daß er hier in die Schule gehen wird.«
»Nein!« sagte Vater entschieden, »ihr beide bleibt in Königsberg! Ihr bleibt dort so lange, bis ich eine Wohnung für uns gefunden habe. Und wenn das ein Jahr oder noch länger dauert! Ich sehe es selber ein, die Wohnung im Amtsgericht ist keine Wohnung, sondern eine Zumutung. Das sind keine Zimmer, das sind Verhandlungssäle. Wir könnten sie gar nicht möblieren. Und was die Öfen an Torf fressen, da müßten zwei Mann von früh bis spät unterwegs sein, um den Torf aus dem Keller raufzuschleppen.«
»Das wäre nicht das Schlimmste, wenn ich ein Mädchen bekäme«, sagte Mutter; »aber der Gedanke, da vielleicht in der Nacht mit einer Kerze in der Hand durch den stockdunklen Korridor aufs Klo zu müssen, wo hinter jeder Tür ein Mörder lauern könnte . . .!« sie griff sich an den Hals und schloß die Augen, als spüre sie die Mörderklauen bereits an ihrer Kehle.
»Aber Linchen«, sagte Vater mit einer Baß-Stimme wie der Weihnachtsmann, »da sitzen doch nur ein paar kleine Halunken ihre Strafe ab, die man wegen Diebstahl oder wegen irgendwelcher Betrügereien hinter Gitter gesperrt hat, aber doch keine Mörder und sonstigen Schwerverbrecher. Die kommen nach Insterburg ins Zuchthaus. Aber

was machst du dir darüber überhaupt Gedanken? Was ich gesagt habe, habe ich gesagt: ihr beide bleibt in Königsberg!« Es klang unwiderruflich, aber die Schwermut in Vaters Stimme war auch nicht zu überhören. Ich weiß nicht, ob Vater sonst viel diplomatisches Geschick besaß, ich möchte es eher bezweifeln, aber Mutter gegenüber zeigte er sich als ein Meister diplomatischer Künste.
»Du als möblierter Herr ...«, sagte sie und schneuzte den letzten Rest von Tränen und anderer Feuchtigkeit in ihr Taschentuch, »in einem fremden Bett und auf den Gasthausfraß angewiesen, der einem heute vorgesetzt wird«, sie schob den kleinen Gulaschrest, der noch auf ihrem Teller lag, angewidert von sich fort, »nein, das kommt überhaupt nicht in Frage! Hier würdest du mir eingehen, und ich habe keine Lust, den Rest meiner Tage als Witwe zu verleben! Also sorge dafür, daß die Dielen und Wände gestrichen werden, und wenn es soweit ist, kannst du den Möbelwagen bestellen.«
Vater zog die Pfeife aus der Tasche und füllte den Kopf mit dem Steinklee, den wir im Sommer geerntet hatten, eine Spur von Tabak war auch dabei: »Also, Linchen, wenn du durchaus willst«, sagte er aus einer blauen, aromatischen Rauchwolke heraus, »dann in Gottes Namen. Aber mach mir später keine Vorwürfe, wenn du in der Suppe Haare findest.«
Nun, die Haare waren schon in der Suppe, bevor sie auf dem Feuer stand. Auf Mutter kamen eine Menge Probleme zu. Womit sollte man die Riesenzimmer möblieren? Woher die Gardinen für die breiten und überhohen Fenster nehmen? Ans Tapezieren der Wände war überhaupt nicht zu denken. Und wo war der Maler, der noch gute Ölfarben für den Anstrich der seit undenklichen Zeiten nicht mehr gestrichenen Dielen besaß? Mutter pendelte in

den folgenden Wochen ständig zwischen Königsberg und Bartenstein hin und her. Den Eintopf kochte sie in Töpfen vor, die Hotel-Küchen-Format besaßen; ich brauchte das Essen nur anzuwärmen und für Vater und mich auf den Tisch zu stellen. Einmal fuhr Mutter auch nach Lyck, und sie hatte keine große Mühe, Großmutter zu überreden, ihre kleine Wohnung in Lyck aufzugeben und mit den wenigen Möbeln, die sie noch besaß, zu uns zu ziehen. Großmutter war damals vierundsechzig, in meinen Augen eine uralte Frau, aber sie war mobil wie eh und je. Hunger und Grippe hatten viele ihrer alten Freunde und Bekannten hinweggerafft, nicht aber Herrn Cabalzar, den Fleischer Turek und den Kaufmann Wrobel. In dem Reisekorb, mit dem sie bald nach unserer Übersiedlung nach Bartenstein zu uns stieß, befanden sich ein kleiner Sack mit Zucker, ein größerer mit gutem Weizenmehl und – wir bestaunten ihn wie das Wunder zu Kana – ein mächtiger geräucherter Schweineschinken. Vater aber überreichte sie mit einem Gruß von Herrn Cabalzar mit dessen besten Wünschen zum Einstand als altem, hochgeschätztem Stammkunden eine Flasche Jamaica-Rum. Da wurden Vaters Augen feucht...

Am letzten Schultag vor den Osterferien nahm ich von den Freunden und von den Brüdern vom Excentric-Club Abschied. Er fiel mir nicht leicht. Wir erneuerten die Blutsbrüderschaft, rauchten das letzte Calumet miteinander und schworen feierlich, treu über die Trennung hinweg zusammenzuhalten. Kurz vor Ostern fand der Umzug statt. Dieses Mal nicht mit Gefangenen, sondern mit einem richtigen Möbelwagen und mit richtigen Packern, die unsere Möbel und den Trautwein in der Tiergartenstraße einluden und am nächsten Tag in Bartenstein vor dem Amtsgericht ausluden und nach Mutters Anweisungen in die Zimmer verteilten. Jetzt, da die Wände gestrichen waren und die Dielenbretter im Glanz der hellbraunen Lackfarbe schimmerten, sahen die Räume gar nicht mehr so düster und behördlich aus wie bei der ersten Besichtigung. Auch der Mief hatte sich daraus verflüchtigt. Nur kleiner geworden waren sie inzwischen leider nicht. Das große Büfett und die rote Plüschgarnitur mit dem runden Mahagonitisch wirkten darin wie Puppenmöbel. Aber die Wohnung war warm. Der gute Herr Ewert hatte die Kachelöfen schon seit Tagen heizen lassen, und zwar von einem Kalfaktor, den ihm die Gefängnisverwaltung zum Heizen der zahllosen Öfen in beiden Gerichtsgebäuden und zur Reinigung der Räume zur Verfügung stellte. Er hieß Gustav Bradzio und war ein freundlicher und ruhiger älterer Mann, der wegen Brandstiftung und versuchtem Versicherungsbetrug vier Jahre abzubrummen hatte. Mir schwor er hoch und heilig, was er auch in der Verhandlung beschworen hatte, daß ihm beim Futterholen vom Heuboden für seine zwei Kühe eine Leitersprosse durchgebrochen sei, daß er beim Sturz die Stallaterne verloren hätte und daß der Brand so schnell um sich gegriffen habe, daß er gerade noch Zeit gefunden hätte, die Kühe aus dem Stall zu zerren. Das Gericht hatte ihm das nicht abgenommen, aber ich glaubte ihm aufs Wort. – Geld durften wir ihm nicht geben. Für seine Dienste entrichtete Vater monatlich einen kleinen Betrag an die Gefängnisverwaltung. Mutter, die ihm anfänglich mit größter Zurückhaltung und Skepsis begegnete, wurde er bald unentbehrlich, denn er verstand sich auf alles; ob es da etwas zu streichen, zu leimen, zu nageln oder zu kitten gab, unser Bradzio brachte die Sache in Ordnung. Und Großmutter las er jeden Wunsch von den Augen ab. Für sie wäre er durchs Feuer gegangen. Sie steckte ihm allerdings auch immer etwas zu, ein Stück Brot, einen Wurstzipfel, einen Kuchenrest oder eine Zigarre, die sie weiß Gott wo aufgetrieben hatte. Denn nicht Mutter, sondern Großmutter war es, die die ersten Fäden und Verbindungen zu den Bartensteiner Kaufleuten und zu den Bauernhöfen in der engeren Umgebung der Stadt spann.

Von den beiden Zimmern auf der anderen Korridorseite richtete Großmutter sich in einem ein. Meine Hoffnung, die Eltern würden mir erlauben, das andere zu beziehen und nach meinem Geschmack einzurichten, erfüllte sich leider nicht. Sie befürchteten wohl, daß ich ihrer Aufsicht dort allzu weit entzogen sei. Mir stellten sie ein eisernes Bett und den alten Schreibtisch von meinem Bruder Ernst in das schmale, einfenstrige Durchgangszimmerchen, das zwischen der Küche und dem Wohnzimmer lag, in dem wir unsere Mahlzeiten einnahmen. Heizbar war die kleine Bude nicht, und um sie im Winter ein wenig zu erwärmen, blieb die Tür zum Wohnraum tagsüber offen. Sie hatte nicht einmal einen Anschluß für Gasbeleuchtung. Ich bekam eine kleine Petroleumlampe mit einem Schirm aus grünem Glas und zugleich die Ermahnung, mit dem Petroleum äußerst sparsam umzugehen. Das brachte mich bald auf den Gedanken, mir eine Karbidlampe zu besorgen, denn Karbid gab es in jeder Menge zu kaufen; die Schwierigkeit war dabei nur, die Karbidmenge für die Dauer einer Lesestunde abzumessen, denn man konnte die Flamme ja nicht einfach ausblasen. Das Gas zischte weiter aus der Düse und stank zum Gotterbarmen. Es roch auch sonst nicht gut. Ja, die schönen Königsberger Zeiten, wo man das Licht an- und ausknipsen konnte, waren vorbei. Wir waren zur Gasbeleuchtung zurückgekehrt. In der Küche schloß der Bradzio Mutters Bratröhre und den zweiflammigen Gaskocher mit Gummischläuchen an das

Leitungsrohr an, und Mutter konnte uns als erste Mahlzeit in der neuen Wohnung Griesbrei mit Himbeersoße vorsetzen. Es waren wahrhaftig zwei Gummischläuche mit Gummimuffen, die Mutters Kochgeräte mit der Rohrleitung verbanden. Ein wenig nach Gas roch es immer in der Küche, und daß ich diese Zeilen überhaupt schreiben kann, verdanke ich fraglos einem besonders tüchtigen Schutzengel.

Am Oster-Sonnabend steckte der Bradzio die Gardinen auf, und am Ostersonntag war die Wohnung komplett eingerichtet. Um den Schinken, den Großmutter aus Lyck vom Fleischer Turek mitbrachte, hatte es ein langes Palaver gegeben. Mutter rechnete uns vor, wie lange sie uns davon nahrhafte und leckere Gerichte vorsetzen könnte, wenn wir nur sparsam wären, aber sie wurde von uns überstimmt; der Schinken sollte am ersten Feiertag als Schmandschinken mit geschmortem Sauerkohl auf den Tisch kommen. Aus dem guten Weizenmehl backte Mutter zwei Napfkuchen und einen Rosinenfladen, und der kam am Ostermorgen auf den mit dem guten Berliner Porzellan gedeckten Kaffeetisch.

Ach, wie lange hatte ich mich auf diese Feiertage und auf das gute Essen gefreut, auf den Schinken, auf den Berg mehliger Kartoffeln, von der fetten Sahnesoße lieblich umspült... Wahrscheinlich konnte auch Vater die Genüsse, die auf uns zukamen, kaum erwarten, denn er trieb mich nach den alten Osterbräuchen schon am frühen Morgen mit dem Ruf ›Schmack Oster – schmack Oster!‹ und mit Rutenstreichen auf den nackten Hintern aus dem Bett. Es war noch kalt, die Birkenzweige ließen ihr grünes Laub nicht einmal ahnen und brannten wie Feuer auf der Haut. Aber das gehörte nun einmal zum Fest. Ich hätte ja nur früher aufstehen und Vater zu schmackostern brauchen ... Ich zog den guten blauen Anzug an, den mir ›Onkel Richard‹ gütig überlassen hatte, als seine Knie durch die Hosenbeine schimmerten. Auf meine Größe umgearbeitet sah er wie neu aus. In der Küche summte das Kaffeewasser im Kessel. Großmutter erschien feierlich in ihrem schwarzen Taftkleid mit der Gemme auf der Brust und überreichte jedem von uns als Ostergeschenk ein hartgekochtes, bunt eingefärbtes Ei, auf dem in feiner Kratzzeichnung und von Blumengirlanden umrahmt ›Frohe Ostern!‹ zu lesen war.

Bevor Mutter die Kaffeekanne auf den Tisch stellte, kam mir der Einfall, diese festliche Tafel und ihre Teilnehmer zu fotografieren.

»Ja, Jungchen«, sagte Vater, »das erste Osterfest seit 1916, an dem es uns wieder gut geht. Das muß im Bilde für alle Zeiten festgehalten werden!«

Für Aufnahmen, auf denen ich dabei sein wollte, hatte ich mein eigenes Patent. Wenn der Apparat fest auf dem Stativ stand, steckte ich eine große Stecknadel, in die ich eine Schlaufe gebogen hatte, unterhalb des Apparates fest in den Fußboden, knüpfte einen Zwirnsfaden um den kleinen Auslöserhebel, zog den Faden unten durch die Schlaufe der Stecknadel und konnte dann, wo ich auch stand, den Auslöser durch einen leichten Zug zur Öffnung der Blende bringen. Das hatte ich schon oft mit Erfolg ausprobiert. Als Mutter die Kaffeekanne auf den Tisch stellen wollte, fiel es ihr plötzlich ein, daß sie den Filzuntersatz für die Kanne mitzubringen vergessen hatte. Ich war gerade dabei, die Nadel für die Gruppenaufnahme in den Boden zu drücken, als sie mir zurief, ich möge doch rasch in die Küche laufen und den Untersatz aus dem obersten Fach des Küchenschranks holen.

»Oben linkerhand!« rief sie mir noch nach.

Ich hatte die krumme Nadel zwischen die Lippen geklemmt, lief in die Küche, griff ins Schrankfach und rief – oder wollte rufen – daß ich den Untersatz nicht finden könne, als es passierte. Wie es geschah, ob ich Luft holte, ob ich die Nadel zwischen den Lippen vergessen hatte, oder ob ich plötzlich husten mußte, ich weiß nicht, wie es geschah, jedenfalls hatte ich die Nadel plötzlich verschluckt. Ich spürte sie in der Kehle, ziemlich schmerzhaft, versuchte sie herauszuwürgen, steckte mir den Finger in den Hals, um mich zu übergeben und die Nadel vielleicht auf diese Weise loszuwerden... Alles Würgen war umsonst, und ich schlich, blaß im Gesicht, zu der festlichen Tafel zurück.

»Ich habe die Nadel verschluckt...« stammelte ich abgewürgt.

»Was für eine Nadel?« fragte Vater und legte das Stück Rosinenfladen, das er in der Hand hielt, auf den Teller zurück.

»Mein Gott«, ächzte Mutter, »die große Nadel, die er immer nimmt, wenn er mit aufs Bild kommen will!«

»Sowas Idiotisches!« zürnte Vater, »eine Nadel in den Mund zu nehmen!« Er schien nicht abgeneigt, mir eine zu kleben. Auf diese Weise hatte er seine Besorgnisse um mich schon öfters abreagiert. Ich spürte die Nadel noch immer im Hals. Sie schien sich im Schlund verfangen zu haben, aber zu tief, als daß ich sie mit den Fingern hätte erreichen können.

Großmutter war die einzige, die die Ruhe bewahrte.

»Kannst du atmen, Jungchen?« fragte sie.

Ich atmete ihr etwas vor...

»Dann steckt die Nadel wenigstens nicht in der Luftröhre«, sagte sie. »Wo wohnt hier der nächste Arzt?«

Das vermochte ihr niemand zu sagen.

»Los, Lina, schnell! Hol mir meinen Mantel!« befahl sie resolut, und Mutter war auch schon unterwegs, um den Mantel zu bringen. Das Kopftuch aus schwarzer Chenille brachte sie auch mit, denn das Osterwetter war alles andere als freundlich, und Großmutter hatte es immer ein bißchen mit den Ohren. Und während sie in den Mantel schlüpfte und das Kopftuch umband, sagte sie, wir würden schon unterwegs erfahren, wo der nächste Arzt zu finden sei. Und dann liefen wir los, und ich bemerkte, daß Großmutter noch erstaunlich gut auf den Beinen war.
Der Arzt wohnte gleich hinter dem Heilsberger Tor am Markt und hieß Dr. Höfer. Die Nadel schien unterwegs tiefer gerutscht zu sein, denn ich konnte sie nicht mehr spüren. Wir störten den Doktor gerade beim Frühstück, und er war von unserm Osterbesuch sichtlich nicht beglückt, aber die Unmutsfalten glätteten sich rasch, als er erfuhr, worum es ging.
»Eine große Stecknadel mit einer Schlaufe, sagst du«, murmelte er und schob die goldgefaßte Brille auf die Stirn, »hm, das klingt nicht besonders gut. Mit Stecknadeln ist das so eine Sache, des Kopfes wegen. Eine Nähnadel wäre mir lieber gewesen. Die gehen gewöhnlich glatt durch. Aber nun laß den Kopf nicht hängen, Bürschchen. Vielleicht kriegen wir die Geschichte hin.« Er ließ die Brille wieder auf die Nase fallen und drehte sich zu Großmutter um: »Was hätte es denn heute zu Mittag gegeben, Oma?«
»Schmandschinken, Herr Doktor«, antwortete Großmutter leicht verwirrt, da sie mit dieser Frage nun wirklich nichts anzufangen wußte.
»Das nenn ich Pech, mein Junge«, sagte Dr. Höfer mit dem Anflug eines kleinen Grinsens, »du wirst jetzt schön nach Hause gehen, und deine Oma wird dir einen großen Topf voll Kartoffelbrei kochen, und zwar sofort! Und mit

dem Kartoffelbrei – aber ohne Milch und ohne Fett! – wirst du dir den Bauch vollstopfen, unaufhörlich, Tag und Nacht! In der Nacht mindestens alle zwei Stunden, verstanden? Und das wirst du drei oder vier Tage lang tun, so lange, bis die Nadel am anderen Ende wieder herauskommt. Und alles, was da rauskommt, das rührst du ab übermorgen durch ein Sieb. Das ist wichtig. Damit wir nämlich wissen, ob die Nadel dabei ist oder nicht. Und wenn du sie gefunden hast, dann kommst du zu mir und zeigst mir deine Patentnadel. Ich fotografiere nämlich auch ein bißchen, und ich habe immer Mühe, bevor der Blitz hochgeht, ins Bild zu springen...«

»Und wenn sie nicht rauskommt, Herr Doktor?« fragte Oma.

»Dann sehen wir weiter«, antwortete er; »aber machen Sie sich zu früh keine Sorgen. Mit dem Kartoffelbrei habe ich die besten Erfahrungen gemacht.«

Mein Gott, das war ein Osterfest! Mir wird noch heute übel, wenn ich in der Fernsehreklame auf dem Bildschirm den Herrn sehe, der mit verzückten Blicken Kartoffelbrei in sich hineinstopft und entsetzt erleben muß, wie andere Löffel in den Brei fahren, um ihm die Köstlichkeit wegzufressen. Drei Nächte und dreieinhalb Tage habe ich, während die andern in Schinkenorgien schwelgten und zum Kaffee Mutters goldgelben Napfkuchen vertilgten, dikken, kaum mit Wasser angerührten Kartoffelbrei in mich hineingewürgt. In den Nächten weckte mich Großmutter alle zwei Stunden und stopfte mich wie eine Mastgans. »Ess, Jungchen, ess!« flehte sie mich an, wenn ich den Löffel in die Ecke feuern wollte. Und ich schluckte, schluckte, schluckte... Das Rührgeschäft mit dem Sieb besorgte Großmutter, Gott sei Dank, denn Kartoffelbrei, in welcher Form auch immer, hätte ich nicht mehr sehen können. Sie hätte sich der Mühe nicht zu unterziehen brauchen. Denn um die Mittagszeit des vierten Tages schrie ich plötzlich: »Oma, es spickt!« und da hatte ich die verfluchte Nadel auch schon zwischen Daumen und Zeigefinger ...

Noch am gleichen Nachmittag rannte ich zu Dr. Höfer, um ihm die Nadel zu zeigen und ihm von dem Erfolg seiner Kur zu berichten. Er sah sich die Nadel lange an.

»Daß die so glatt durchgegangen ist!« sagte er respektvoll, »da hast du Glück gehabt, Bürschchen. Ehrlich gesagt, habe ich mir um dich schon Sorgen gemacht und gefürchtet, daß wir dir den Bauch aufschneiden müssen. – Na, hat man dir vom Osterschinken wenigstens etwas zurückgelassen?«

Ich nickte sparsam. Ja, sie hatten mir zwei Portionen zurückgelegt, aber mir war die rechte Freude am Essen für einige Zeit vergangen. Die Nadel behielt der Doktor, um sie zu der Sammlung von Dingen zu legen, die er schon aus menschlichen Leibern herausoperiert hatte. Und als Großmutter nach einigen Tagen bei ihm vorsprach, um zu fragen, was wir ihm schuldeten, da sagte er, für den Rat, Kartoffelbrei zu kochen, könne er nichts aufrechnen, denn das Rezept stände schließlich in jedem Kochbuch. So war Dr. Höfer. Wir hätten ihn in den folgenden Jahren gern konsultiert, um uns zu revanchieren, aber für die Krankheiten, die sich bei uns einstellten, genügte die Hausapotheke.

Ein guter Einstand in Bartenstein war das nun wirklich nicht gewesen. Ich konnte nur hoffen, daß es besser weitergehen würde. Von der Nadel erlöst, begann ich mich wieder für das Leben zu interessieren. Das Wetter blieb kalt, regnerisch und unfreundlich. Das Fest war auf einen frühen Termin gefallen und der Frühling noch fern.

Trotzdem zog es mich auf die Straße, schon, um die neue Umgebung kennenzulernen und vielleicht Kurt Reske wieder zu begegnen. Ich stromerte eine Weile durch die Stadt, entdeckte hinter einem Vorplatz mit kahlen Kastanienbäumen das Gymnasium und sah mir den Eingang und die Fensterfront mißtrauisch an, denn weiß der Himmel, was es mir bringen mochte. Einen Dr. Metzger, der für schlechte Arbeiten gute Noten verteilte, gab es hier bestimmt nicht...

Das Wasser des kleinen Sees hinter der Molkerei trug noch eine Eisschicht, aber das Eis war grau, brüchig und trug nicht mehr. Auf dem Weg über den Anger entdeckte ich in einem Rondell mit Bänken einen merkwürdigen Steintisch und zwei seltsame, kegelförmige Steinfiguren. Sie trugen spitze Mützen, und darunter konnte man, flach gemeißelt, Augen, Nase und Mund erkennen. In der Nähe stand ein einsames Haus, niedrig, geduckt, mit einem roten Walmdach. Und über den Zaun des Hauses hinweg beobachtete mich ein Junge, der eine nagelneue grüne Mütze trug. Er stieß zwischen den Zähnen einen gellenden Pfiff aus, der mir zu gelten schien.

»He..?« machte ich.

Da setzte er mit einer Hocke aus dem Stand über den Vorgartenzaun und kam langsam auf mich zu: »Bist du vielleicht der Neue, von dem der Reske erzählt hat?«

»Der Reske... ist er versetzt worden?«

»Mit Hängen und Würgen«, sagte er, »und wenn du den Reske kennst, dann bist du also der Neue. Ein Dünner, Blasser hat er gesagt, na, und direkt ausgefressen siehst du ja wirklich nicht aus.«

»Kunststück«, sagte ich, »nach drei Tagen Kartoffelbrei...« Und erzählte ihm meine Leidensgeschichte. Er wollte sich halbtot lachen: »Ach du liebe Scheiße!« schrie er, »drei Tage nuscht als Kartoffelbrei? Da hast du ja allerhand nachzuholen. Wir haben vor Ostern ein Schwein geschlachtet. Wenn du Hunger hast, komm zu uns rein, die Wurschtsuppe steht immer auf dem Feuer ...«

Ich ließ mich nicht lange nötigen, aber zuerst wollte ich von ihm wissen, was das drüben für komische Steinfiguren waren.

»Das kriegst du hier in der esten Stunde Heimatunterricht eingetrichtert. Um Bartenstein herum, das war doch früher, als hier noch die alten Pruzzen Kohl bauten, der Bartengau. Und die ollen Steinfiguren sollen zwei Götzenbilder sein, der Barto und seine Frau Guste Balde. Und vor den Götzen haben sie auf dem steinernen Tisch Gefangene als Opfer geschlachtet. Ob sie die hinterher gefressen haben, weiß ich nicht ...«

»Wurstsuppe ist mir lieber ...«

»Mir auch. Also komm schon.« Er hieß Alfred Klahr und ging mir durch eine breite Einfahrt auf einen großen Hofplatz voran, auf dem einige Schuppen und ein halbes Dutzend Kastenwagen und Handkarren standen.

»Habt ihr Landwirtschaft?« fragte ich. Die Frage lag nahe an dem geschlachteten Schwein. Aber sie betrieben keine Landwirtschaft. Der Vater hatte die Straßenmeisterei vom Landkreis unter sich, und die Wagen wären für das Streugut da. Aber es wäre früher einmal ein kleiner Bauernhof gewesen, bevor der Staat Haus und Anwesen für das Bauamt übernahm.

»Du wirst es im Hause merken«, sagte er, »es stinkt noch immer ein bißchen nach Kuhstall ...«

Ich roch davon nichts. Was ich in die Nase bekam, war der dumpfe Geruch nach Kesselfleisch und Wurstsuppe, von der mir Alfreds Mutter einen randvoll geschöpften Teller vorsetzte. Sie war eine kleine, rundliche Frau, trug den

braunen Zopf als Kränzchen um den Kopf und sprach in dem breiten Tonfall der Zintener Gegend, wo man ein kleines i vor die Vokale und Konsonanten setzt: »Na, djenn laßt es euch man gut schmiecken ...« Eine herzensgute Frau, die mir jedesmal, wenn ich den Alfred besuchte – und das geschah nicht gerade selten –, irgend etwas Nahrhaftes aus der Speisekammer in den Mund steckte.
»Kannst du eigentlich Skat spielen?« fragte Alfred, während wir die Suppe mit dem dicken Inhalt von geplatzten Leber- und Grützwürsten löffelten.
»Ob ich Skat spielen kann? Mann, Skat habe ich von meinem Großvater gelernt, als ich noch kaum übern Tisch kieken konnte!«
Er schien von meinen Skatkünsten weniger überzeugt zu sein als ich: »Wenn du willst, können wir ja nachher zum Reske gehen, und dann wird sich zeigen, ob du die Schnauze nicht allzu voll genommen hast. Der Kurt Reske hat schon, als einmal der dritte Mann fehlte, mit dem Rektor Schmittat Skat gespielt und ihm einen Grand mit zweien abgenommen!«
Rektor Schmittat schien der Bartensteiner Skat-Matador zu sein. Er war wirklich ein Skat-Genie. Und daß Kurt Reske mit dem Meister spielen durfte, geschah nur einmal und war eine einmalige Ausnahme, weil ein dritter Mann nicht aufzutreiben war. Denn mit Schnoddernasen spielte der Rektor nicht. Nun, Kurt Reske war zum mindesten ein Skat-Talent, und er zeigte mir bald, daß ich ein blutiger Anfänger war, vom Ausreizen eines Blattes keine Ahnung und überhaupt noch viel zu lernen hatte. Hier wurde mit Schikanen gespielt, die ich nicht einmal vom Hörensagen kannte. Da gab es nicht nur Contra und Re, sondern Hirsch, Hund, Kaiser, Papst und Oberpostsekretär und Schieberramsch und das Auslegen von Patrouillen. Solide

Spieler meinten allerdings, damit würde der Skat zum Hazardspiel entwürdigt...

Die Eltern von Kurt Reske besaßen in der Königsberger Straße ein Hutgeschäft. Das kleine Schaufenster war bis auf ein handgeschriebenes Schild, daß Hüte zum Reinigen und Fassonieren angenommen würden, leer, und leer war auch das hohe Regal im Laden. Seit dem Kriege war ein knappes halbes Jahr vergangen, und die Hutfabriken besaßen noch kein Material, um die Betriebe wieder anlaufen zu lassen. Es ist anzunehmen, daß die Eltern von Kurt einige magere Jahre zu überstehen hatten, bis das Geschäft wieder in Schwung kam. Aber das ließen sie sich nicht anmerken. Besonders der Vater Reske besaß einen unverwüstlichen Humor, den ich bei meinem Vater so sehr vermißte. Und wieder einmal mußte ich feststellen, wie jung doch die Eltern meiner Mitschüler im Vergleich zu meinen Eltern, vor allem zu Vater, waren, der mit seinem schneeweißen Vollbart noch älter wirkte, als er mit seinen knapp sechzig Jahren in Wirklichkeit war. So alt wie er waren sonst die Großväter meiner Freunde; aber das hatte auch einige Vorteile, denn er war mit den Jahren doch bedeutend ruhiger geworden, seine Zornesausbrüche kamen seltener und klangen, als hätte er auf die Stimmbänder eine Sordine gesetzt. Auch imponierten mir die Väter der Freunde mehr als der eigene Vater, weil die meisten von ihnen den Krieg an der Front mitgemacht hatten, Narben und Orden vorweisen konnten, von den Grabenkämpfen in Frankreich erzählten und es, wie der Vater von Walter Tichauer, obwohl er ›mosaischen Glaubens‹ war, in der Rangordnung bis zum Hauptmann gebracht hatten. Weniger imponierte mir allerdings, daß diese Väter, die ihre Söhne vier oder fünf Jahre lang der mütterlichen Erziehung hatten überlassen müssen, sich nun vor die Aufgabe gestellt sahen, die in den meisten Fällen reichlich verwilderten und der Autorität entwöhnten Knaben wieder zur Raison zu bringen. Bei meinem Vater hatte sich im Lauf der Zeit ein kleiner Wandel vollzogen, er appellierte an mein Verantwortungsbewußtsein oder versuchte wenigstens, es zu wecken, indem er mehr als einmal sagte: »Tu, was du nicht lassen kannst, aber friß das, was du dir in der Schule oder außerhalb der Schule einbrockst, gefälligst selber aus und verschon mich mit solchen Querelen.« – Das tat ich denn auch in Zukunft nach bestem Vermögen, unterschrieb blaue Briefe, die gelegentlich eintrafen, mit seiner ganz ausgezeichnet nachgeahmten Unterschrift selber und ersparte mir und ihm dadurch viel Ärger.

Vater hatte mich bereits in den letzten Tagen des alten Schuljahres im Bartensteiner Gymnasium angemeldet und dabei den Direktor der Schule, Professor Dr. Kröhnert, kennengelernt, einen Mann, von dessen weltläufig jovialer Art er sehr angetan schien. Mir kam das wenig geheuer vor, denn es geschah zum ersten Mal, daß Vater einen ›Schulmeister‹ sympathisch fand. Vielleicht hatten die Herren deshalb aneinander Gefallen gefunden, weil beide Bismarckverehrer waren und ihre Verehrung durch das Tragen breitkrempiger Hüte nach außen hin dokumentierten. Nun, noch waren Ferien, und ich nutzte sie aus, um in der kleinen Stadt herumzustrolchen und mich mit den zukünftigen Klassenkameraden gegenseitig zu beriechen. Aus der Großstadt mit ihren vielfältigen Unterhaltungsmöglichkeiten kommend, konnte mir das kleine Nest nicht sonderlich imponieren. Für Sehenswürdigkeiten war ich noch nicht aufgeschlossen, an den alten Pruzzensteinen ging man bald achtlos vorüber, und ob das Heilsberger Tor nun Backsteingotik oder sonst was war, bewegte mich nicht im mindesten. Die Stadt war eine

Gründung des Ritterordens und hatte einst unter dem Schutz einer Burg gestanden, aber sie war längst geschleift worden. Auf ihren Grundmauern erhob sich, im romantisierenden Schauerstil des neunzehnten Jahrhunderts erbaut, mit gotischen Fenstern, romanischen Portalen und vielen Erkern und Türmchen das Landratsamt, in dem ein Herr v. Gottberg residierte. Die Alle schlug um die Stadt einen weiten Bogen, ein klarer, sanft dahinströmender Fluß, der heimliche Anglerfreuden versprach. Am meisten versöhnte mich noch mit dem Ortswechsel der idyllisch gelegene Sportplatz im Schützenpark. Wenn man die eiserne Allebrücke überquert und bald darauf die hohen Bögen des Eisenbahnviaduktes passiert hatte, erblickte man in dem Flußtal, rechterhand von der Alle und links von der begrünten, ziemlich steil ansteigenden Moräne umschlossen, die Tennisplätze und den Spielrasen mit den beiden Fußballtoren. Linden und Kastanien säumten und überschatteten einen breiten Spazierweg, der am Fluß entlanglief und sich in parkähnlichen Anlagen verlor.

»Mann!« sagte ich ehrlich begeistert zu Kurt Reske, der neben mir hertrabte, und dachte dabei an den staubigen, sonnendurchglühten Walter-Simon-Platz auf den Hufen. »So was haben wir in ganz Königsberg nicht gehabt, daß man nach dem Spiel gleich ins Wasser springen kann...«

»Und während des Spiels!« grinste er. »Denn was glaubst du wohl, wie oft man hier, wenn ein Paß danebengeht, dem Ball nachschwimmen muß.«

Ich tippte auf die blauweiße Anstecknadel an seiner Jacke: »Daß ich bis jetzt nicht Fußball gespielt habe, weißt du ja, aber könnte ich trotzdem in euren Verein eintreten?«

»Ich werde mal mit unserem Präsidenten reden. Er heißt Nietzki. Sein Alter ist unser Superintendent...« Ich sah ihn fragend an, denn dieser Titel begegnete mir zum ersten Mal.

»Stell dich doch nicht so dämlich an«, sagte er, »das ist der öberste Pfarrer im Landkreis. Er wohnt in dem großen Pfarrhaus neben der Kirche. Du bist doch evangelisch, oder?«

»Klar, daß ich evangelisch bin, aber mit der Kirche haben wir eigentlich nicht viel zu tun...«

»Wir auch nicht, mein Alter überhaupt nicht, nur die Mutter schleppt uns manchmal hin. Mann, wenn der Super nicht zu predigen aufhört, und draußen scheint die Sonne, nee, das is nuscht für meinem Papa sein' Sohn!«

Die wenigen verbleibenden Ferientage genügten vollauf, die kleine Stadt gründlich und einen Teil meiner zukünftigen Klassenkameraden wenigstens dem Namen nach und oberflächlich kennenzulernen. Walter Tichauer, dessen Vater das Eisengeschäft am Markt gehörte, Bruno Terzenbach und Gerd Grawert, beide begeisterte ›Wandervögel‹, die Brüder Bachler, Zwillinge wie meine Freunde Wallowitz, aber ohne deren Unternehmungslust, Benno Stärker, der im Fußballclub Bartolonia Mittelstürmer spielte, und Johannes Thiergart, der die Schule früh verließ, Banklehrling wurde und in der Inflation das Glück hatte, in die Devisenabteilung seiner Bank zu kommen. Dort spekulierte er so geschickt, daß er, während wir uns mit der Anabasis plagten, mit ein paar Dollar in der Tasche Häuser und Grundbesitz erwarb. Natürlich kniete ich Vater auf der Brust, auch mich in die Banklehre zu schikken, biß aber bei ihm auf Granit und mußte, als der Traum des Banklehrlings Thiergart, ein reicher Mann zu sein, über Nacht wie eine Seifenblase zerplatzte, kleinlaut eingestehen, daß Vater wieder einmal recht gehabt hatte.

Ein großer Teil der Klasse trudelte erst am letzten Ferien-

tag ein. Es waren Gutsbesitzerssöhne, die ihre Ferien daheim verbracht hatten. Unter ihnen der lange Heinz v. Messling und Graf Mortimer zu Eulenburg-Prassen, ein mädchenhaft zarter Junge, der mit wahrer Leidenschaft an seinen Fingernägeln knabberte und es fertigbrachte, sie bis zu den Möndchen abzukauen. Seinem Vater, dessen weißer Mercedes mit Außenkupplung zuweilen vor dem Hotel ›Bartensteiner Hof‹ stand, gehörten zwischen Bartenstein und Rastenburg nicht weniger als sechzigtausend Morgen Land. Den Grund zum Bau der Eisenbahnstrecke hatte der Graf seinerzeit abgetreten, ohne eine Entschädigung zu beanspruchen. Dafür aber mußte jeder Zug im Bereich Eulenburgschen Bodens halten, sobald ein Diener an der Strecke mit einer Fahne das Signal gab, daß der Graf den Zug zu benutzen wünsche. Das imponierte mir mächtig und ließ in mir – wohl zum ersten Mal im Leben – ein Gefühl aufsteigen, in der Wahl meiner Eltern ein wenig danebengegriffen zu haben. Später verflüchtigte sich dieses Gefühl allerdings rasch, als ich erfuhr, daß mein Klassenkamerad Mortimer im Schloß zu Prassen von frühester Kindheit an ziemlich scharf herangenommen worden war und auch an den Ferien keine ungetrübte Freude hatte, denn daheim warteten ein Hauslehrer und eine Gouvernante auf ihn, um sein Englisch und Französisch auf Hochglanz zu bringen. Die Revolution hatte nichts daran geändert, daß die Zukunft eines Eulenburg nur die militärische oder diplomatische Karriere sein konnte.
Als unsere Klasse einmal bei einem Schulausflug in die Nähe des Schlosses kam, wurden wir zu einem Imbiß eingeladen. Das gräfliche Schloß hatte ich mir, von den Dimensionen des Königsberger Schlosses verwöhnt, etwas größer vorgestellt, aber es war nur eine kurze Enttäuschung, denn der ›kleine Imbiß‹ übertraf die kühnsten Er-

wartungen. Im Freien unter schattigen Bäumen war eine lange Tafel aufgestellt, und zwei livrierte Diener trugen mächtige Platten mit delikat belegten Broten, einen Berg in handliche Portionen zerlegten Geflügels und große Kannen mit Limonade herbei. Es war ein heißer Sommertag, und wir fielen nach der kurzen, freundlichen Begrüßung durch Mortimers junge und schöne Mutter, die das Haar wie die Kronprinzessin Cäcilie trug, mit ungeheurem Hunger über die Platten her. Es muß unserem Ausflugsleiter, Studienrat Kuhn, einem sehr gepflegten Mann mit vorbildlichen Manieren und einer selbst in der Erregung gewählten Ausdrucksweise, scheußlich peinlich gewesen sein, uns zu beobachten; denn während wir die Schüsseln leerfegten, lustwandelte er an der Seite der Gräfin in einiger Entfernung in artiger Unterhaltung begriffen auf und ab. Und dann war es der Dettki, der das Ansehen und die Ehre der Klasse rettete. Denn als der dicke Bronsert nach dem allerletzten Käsebrot griff, schnappte Dettki sich eine Gabel und nagelte mit ihr Bronserts Hand, die sich schon gierig um das Käsebrot krallte, mitsamt dem Brot auf der Platte fest. »Du kannibalisches Schwein!« zischte er, »hast du denn überhaupt keinen Benimm?! Das letzte Brot bleibt liegen, verstanden! Das gehört sich so!« – Und so blieb durch Dettkis Eingreifen das Anstandsbrot auf der Platte liegen. Es sah nicht gerade appetitlich aus, denn Bronsert hatte ziemlich viel Blut verloren.

Mortimer zu Eulenburg war übrigens nicht bei uns. Studienrat Kuhn hatte ihm gestattet, derweil ›dem Herrn Papa seine Aufwartung zu machen‹. Bei diesem war er nämlich in höchste Ungnade gefallen. Da war am Ende der letzten Sommerferien etwas Schreckliches passiert. Mortimer hatte zum Geburtstag seine erste Jagdflinte bekommen und damit, allen waidmännischen Ehrbegriffen Hohn sprechend, einen Storch geschossen. Dazu hatte er noch behauptet, er sei des Glaubens gewesen, auf einen Reiher angelegt zu haben. Nun, wenn das schon dem Sohn eines stinknormalen bürgerlichen Jägers ein paar saftige Ohrfeigen eingetragen hätte, wie mußte da erst ein blaublütiger Graf auf solch eine Todsünde reagieren! Eben wie ein Graf. Ohne körperliche Züchtigung, aber durch Einschließen der Flinte auf die Dauer von zwei Jahren, Verkürzung des Taschengeldes auf die Hälfte und Anweisung an das Forstpersonal, den Übeltäter wie einen Aussätzigen zu behandeln. Das war natürlich hart, viel härter als ein Tritt in den Hintern, und es führte dazu, daß das nervöse Nägelkauen des jungen Grafen Ausmaße annahm, die Studienrat Westphal veranlaßten, Eulenburg während seiner Französisch-Stunde eindringlich zu bitten, das Frühstück zu beenden, wenn er die Finger bis zu den Knöcheln abgenagt habe ...

Auch Studienrat Westphal war ein Mann von feinsten Manieren. Wir nannten ihn ›Dittchengent‹, weil er stets helle Hundedeckchen über den Schuhen trug und immer eine Spur zu elegant daherkam. Er galt als Lebemann, vielleicht, weil er sich oft ein Monokel ins linke Auge klemmte, dessen Pupille ein wenig zur Seite abirrte. Seine Frau, einen guten halben Kopf größer als er, war mit ihrem kupferroten Haar eine ausgesprochene Schönheit und der heimliche Schwarm aller jungen Männer, auch vieler Primaner. Jedenfalls paßte er nicht in das kleine Nest, und wahrscheinlich empfand er seinen Beruf und sein Studienratsgehalt als allzu eng und drückend. Und ihr – die der Fama nach aus einem erstklassigen Berliner Stall kam – muß Bartenstein schrecklich aufs Gemüt gegangen sein. Er verließ den Schuldienst bald, beide wandten Bartenstein den Rücken, und wenige Jahre später erlebte ich ihn im Hotel Monopol in Kranz mit einer roten Nelke im Knopfloch in einer äußerst heiteren Gesellschaft, deren Mittelpunkt er mit seiner schönen Frau war. Er entdeckte mich und kam mit einem: »Hallo, was machen Sie hier?« auf mich zu. Ich erlaubte mir, ihm die gleiche Frage zu stellen. Daß ich ihn dabei mit ›Herr Studienrat‹ ansprach, schien ihm einen Schock zu versetzen.

»Um Himmels willen!« zischte er mir ins Ohr, »lassen Sie keinen Menschen wissen, daß ich mal Steißtrommler war! Aber man würde es Ihnen sowieso nicht abnehmen.« Und dann erzählte er mir, daß er Generalvertreter einer großen und sehr renommierten Sektkellerei sei und damit für sich und seine Frau den Rahmen gefunden habe, in dem es sich leben lasse. Aber das ist sehr weit vorgegriffen. Vorläufig ließ Herr Westphal seinen hübschen Tenor, mit dem ich ihn in Kranz im Monopol seine kleine Gesellschaft mit dem Schlager der Saison »Was eine Frau im Frühling träumt« unterhalten hörte, noch für eine Weile bei Schulfeiern erklingen. Bei solchen Anlässen waren seine Paradestücke das seriöse »Herr, deine Güte reicht so weit« – und das weniger seriöse, bei Kommersen vorgetragene Lied »Wenn ich einmal der Herrgott wär« …

Die Osterferien gingen bald zu Ende, und der Ernst des Lebens begann wieder einmal. Das Gymnasium hinter dem Kiesplatz mit den kahlen Kastanien hielt natürlich keinen Vergleich mit dem Riesenkomplex des Friedrichskollegs aus. Dort waren die Abortanlagen fast so groß wie hier der ganze Bau. Die Klassenzimmer wurden wahrhaftig noch durch mächtige Kachelöfen beheizt. Dieses mühselige Geschäft besorgte der Hausmeister Folgmann, dessen Säbelbeine darauf schließen ließen, daß er aktiv bei der Kavallerie gedient hatte. Er wohnte mit seiner Familie im Parterre der Schule, und sein Sohn, ein großer, kräftiger

Junge mit einem kühnen Adlerprofil, saß in meiner Klasse. Sein Tag begann im Winter um vier Uhr morgens, und wenn wir aus den Federn krochen, dann hatte er bereits einige Zentner Torf und Briketts aus dem Keller zu den Öfen geschleppt. Zwei Brüder Brusdeilins, im Memelland zu Hause und glühende litauische Nationalisten, wohnten bei der Familie Folgmann in Pension. Der ältere, ein weizenblonder, ungeschlachter Bursche, saß drei Bänke hinter mir. Wenn er von Professor Krieger, dessen Sohn ebenfalls die Bänke der Untertertia drückte, zur Rezitation des ›Tauchers‹ oder der ›Glocke‹ aufgerufen wurde, bekamen wir jedesmal, da er mit der deutschen Sprache erhebliche Schwierigkeiten hatte, eine fast kabarettistische Vorstellung: »Hochch im Boggen spriezen Gwällen Wosserwoggen und als wohlte sie im Wächen mietzich furt derr Ärrde Wuucht ...« – Der Professor Krieger machte dabei ein Gesicht, als quäle ihn ein Furunkel im Ohr, und murmelte: »Armer Schiller, armer, gemarterter Schiller ... Nun, Brusdeilins, fürs brave Lernen muß ich dir wohl oder übel eine zwei geben ...« – Der jüngere der Brüder Brusdeilins war klein, aber so breit wie hoch und wurde ›Propeller‹ genannt; in der Fußballmannschaft von Bartolonia spielte er als rechter Verteidiger, quirlig niedersäbelnd, was gegen das Tor anstürmte.

Meinen Klassenkameraden Brusdeilins hatte ich fast fünfundzwanzig Jahre aus den Augen verloren, nicht aber aus dem Sinn, weil er immer bereit gewesen war, meine litauischen Sprachbrocken aufzubürsten, die mir unsere verflossene Anna beigebracht hatte. Wenn er litauisch sprechen durfte, leuchtete sein Gesicht auf, und es war nichts Tölpelhaftes an ihm.

Im Frühsommer 1945 stand ich ihm vor dem Traunsteiner Rathaus, das die amerikanische Militärpolizei gleich nach dem Einzug der Amerikaner beschlagnahmt hatte, plötzlich gegenüber. Ich trug die schäbige, von der Frau eines Bekannten auf Zivil zurechtgeschneiderte Uniform, die ich mir, während die Amerikaner sich Traunstein näherten, noch rasch in der Kleiderkammer der Badenweiler-Kaserne organisiert hatte. Die prächtige Uniform, die Herr Brusdeilins trug, kannte ich nicht; amerikanisch war sie auf keinen Fall. Wahrscheinlich war es die Uniform irgendeiner jener zahlreichen Militär-Missionen, die die Stadt nach flüchtigen polnischen, serbischen oder rumänischen Landsleuten durchkämmten, die keine Lust verspürten, in die von den Russen besetzten Länder zurückzukehren.

»Hallo, Menschenskind, Brusdeilins! Mann, wie kommst du nach Traunstein?«

Er blickte, einsneunzig hoch, über mich hinweg. Sein Begleiter, nicht ganz so prächtig uniformiert wie er, trat zwischen uns, ein Brocken von einem Kerl und sichtbar bereit, mir die Faust ins Gesicht zu pflanzen. Herr Brusdeilins, starr über mich hinwegblickend, sagte zwei kurze Sätze auf litauisch, die sein Begleiter wortgetreu ins Deutsche übersetzte: »Der Herr Major kennt Sie nicht und wünscht von deutschen Schweinen nicht belästigt zu werden!« – Hoch im Boggen spriezen Gwällen Wosserwoggen... Armer, gemarterter Schiller... Da bekam ich nun die Quittung für unser Gelächter.

Da ich mich nun schon einmal so weit von Bartenstein und ins Futurum verirrt habe, will ich noch eine andere Geschichte erzählen, die mir bald nach der Begegnung mit Herrn Brusdeilins einen echten und viel schlimmeren Schock versetzte. Wie soeben erwähnt, befanden sich in

Traunstein eine Menge Ausländer. Viele von ihnen waren den Konzentrationslagern entronnen, andere kamen aus Kriegsgefangenenlagern, vor allem Polen und Jugoslawen, denen es nicht schlecht ging, da sie den Schwarzen Markt beherrschten. Es hielten sich aber auch viele Ungarn in Traunstein auf, die auf unserer Seite gekämpft hatten; unter ihnen eine große Zahl Akademiker, Ärzte, Juristen, Volkswirte und Lehrer, die zu den Amerikanern gute Beziehungen angeknüpft hatten und mit Hilfe der amerikanischen Freunde Visa für die Staaten zu bekommen hofften. Einer von ihnen, ein blonder Hüne, hatte für Ungarn bei den Olympischen Spielen in Berlin im Speerwerfen einen beachtlichen Platz erkämpft. Nun saß ich eines Tages beim Härtl in der ›Traube‹ mit einigen Bekannten beim Mittagstisch über meinem Stammgericht, einem Kartoffelpampf mit einem Löffel Bratensoße darüber, als ich bemerkte oder von einem meiner Tischnachbarn darauf aufmerksam gemacht wurde, daß mich jemand von der Theke her unaufhörlich und intensiv anstarre. Ein gutangezogener und gutaussehender Mann von südländischem Typ. Unsere Blicke trafen sich, er schien mich zu kennen, aber ich konnte ihn nicht unterbringen und war sicher, ihn noch nie gesehen zu haben. Er nippte an einem kleinen Bier und fixierte mich beim Trinken und Niedersetzen des Glases unentwegt. Die Sache wurde mir allmählich lästig, aber in dem Augenblick, in dem ich aufstehen wollte, um ihn zu fragen, was sein merkwürdiges Verhalten zu bedeuten habe, kam er langsam auf mich zu und sagte, den Blick starr in meine Augen gerichtet: »Guten Tag, Herr Obersturmbannführer Berger! Welche Freude, Sie gesund wiederzusehen! Ich darf doch hoffen, daß es Ihnen gut geht?« Er sprach ein ausgezeichnetes Deutsch mit einem kaum wahrnehmbaren Akzent. Ich sagte ihm, daß er sich irren müsse, denn ich sei nie im Leben Obersturmbannführer gewesen, trage auch nicht den von ihm genannten Namen und hätte es in meiner militärischen Laufbahn genau bis zum Obergefreiten gebracht. Er blieb stur.

»Natürlich kennen Sie mich nicht. Und selbstverständlich haben Sie auch meinen Namen vergessen – Nikolaus Jokay...«

»Entschuldigen Sie, Herr Jokay, zwischen mir und dem von Ihnen erwähnten Obersturmbannführer scheint eine Ähnlichkeit zu bestehen, aber ich versichere Ihnen, daß ich der Mann, den Sie vor sich zu haben glauben, wirklich nicht bin!«

»Dann will ich Ihrem Gedächtnis nachhelfen, Herr Obersturmbannführer: Budapest, 25. November 1944! Sagt Ihnen dieses Datum wirklich nichts? Gar nichts?«

»Es sagt mir wirklich nichts!« antwortete ich und verlor allmählich die Geduld. »Und wenn Sie es ganz genau wissen wollen, so habe ich Budapest im Jahre 1926 zum ersten Mal besucht und seitdem nie wiedergesehen. Genügt Ihnen das?«

Er verzog das Gesicht zu einem kleinen, aber sehr bösen Lächeln: »Nun, Herr Obersturmbannführer Berger, ich beobachte Sie jetzt seit einer halben Stunde, und nun stehen Sie mir sogar Auge in Auge gegenüber und sprechen mit mir, wie Sie mir am 25. November des vergangenen Jahres gegenüberstanden, um mir mein Todesurteil zu verkünden! Glauben Sie, daß man den Mann, von dem man tagelang verhört, von dessen Kreaturen man geprügelt und gefoltert wurde und der einem schließlich das Todesurteil verlas, mit irgend jemand verwechseln kann?«

Die Sache wurde ungemütlich. Ich hatte das unglaubliche Glück gehabt, die beiden letzten Kriegsjahre auf einem angenehmen Druckposten unter den angenehmsten Vorgesetzten als Oberschnapser im Wehrmeldeamt zu überleben, mit der Erlaubnis, privat zu wohnen und im Gasthaus zu essen. Die ›Traube‹ war mein Stammlokal geworden. Sollte ich mir jetzt wegen einer blöden Verwechslung eine Kugel in den Schädel jagen lassen? Es kam in den ersten Nachkriegswochen nicht gerade selten vor, daß jemand mit eingeschlagenem Schädel oder erschossen aufgefunden wurde. Die Militärpolizei kümmerte sich wenig darum, da sie wichtigere Dinge zu tun hatte, zum Beispiel Leute einzusperren, die die ›curfew‹ um einige Minuten überschritten.

Meine Tischgenossen, die mein Gespräch mit Herrn Jokay zuerst amüsiert verfolgt hatten, mischten sich ein und versuchten, Herrn Jokay davon zu überzeugen, daß er sich irre, daß mein Name nicht Berger sei, daß ich nie Obersturmbannführer sondern Obergefreiter gewesen sei und daß ich seit gut zwei Jahren täglich mittags und abends an dem runden Stammtisch gesessen habe. Herr Jokay lächelte böse und meinte, das hätten wir gut einstudiert, aber auf dieses Alibi sei er vorbereitet gewesen. Es nützte nichts, daß der Traubenwirt, Herr Härtl, ihm hoch und heilig beteuerte, daß ich bei ihm seit zwei Jahren Stammgast sei, und es nützte nichts, daß Fräulein Emma, unsere nette Bedienung, die uns manchmal ein paar Fleischmarken heimlich zuschob, alles, was ihr Chef sagte, Wort für Wort bestätigte. Herr Jokay blieb stur dabei, daß wir eine verschworene Bande alter Nazis wären, denn je länger er mir gegenüberstände, je länger er meine Gestik beobachte, sich mein Mienenspiel anschaue, und je länger er mich sprechen höre, um so mehr wachse seine Überzeugung, daß ich jener Obersturmbannführer Berger sei, der ihn wenige Stunden vor der Befreiung Budapests zum

Tode verurteilt habe. Sein Leben aber habe er nur der deutschen Gründlichkeit zu verdanken, daß die Erschießungen im Hof der Burg in alphabetischer Reihenfolge vorgenommen wurden und bei dem Buchstaben F aufhörten, als die Spitzen der Roten Armee bereits in die Burg eindrangen.

Um es kurz zu machen: Ich ließ mein Stammgericht stehen und ging mit Herrn Jokay ins Rathaus zur MP. Dort saßen als Hilfspolizisten zwei ehemalige Oberfeldwebel, die mich beide gut kannten. Sie führten Herrn Jokay und mich zu ihrem Vorgesetzten, einem unfreundlichen, aber gut deutsch sprechenden Captain, der sich die Geschichte zunächst gelangweilt, dann aber in der Hoffnung, mit mir einen üblen Kriegsverbrecher geschnappt zu haben, interessiert anhörte. Die strammen Aussagen meiner beiden ehemaligen Oberfeldwebel, daß ich ihnen seit langer Zeit bekannt sei und im Traunsteiner Wehrmeldeamt Dienst gemacht habe, wischte er knurrend vom Tisch. Auch er schien allem, was deutsch war, zutiefst zu mißtrauen. Aber schließlich, nach stundenlangem Verhör, und nachdem ich mein Soldbuch und meinen Wehrpaß herbeigeschafft hatte, schien er doch davon überzeugt zu sein, daß ich nicht jener Obersturmbannführer Berger sein könne. Herrn Jokay sah ich deutlich an, daß er davon nicht überzeugt war – aber er war doch unsicher geworden. »Und trotzdem möchte ich schwören ...«, murmelte er kopfschüttelnd. Und mit diesem Kopfschütteln verfolgte er mich noch einige Tage, bis ich meine ungarischen Bekannten, unter ihnen den Olympioniken von 1936, bat, ihrem Landsmann auf ungarisch klar zu machen, was er in deutscher Sprache nicht zu begreifen schien. Was sie ihrem Landsmann gesagt haben, weiß ich nicht, aber es muß sehr deutlich gewesen sein, denn kurz darauf war Herr Jokay aus Traunstein und aus meinem Leben verschwunden. Aber den Alpdruck dieser Begegnung bin ich lange nicht losgeworden. –

Aber wohin habe ich mich da, durch die Erinnerung an den Namen meines ehemaligen Klassenkameraden Brusdeilins verführt, verirrt? Also zurück nach Bartenstein und zurück zum ersten Schultag nach den Osterferien, an dem ich mich eine Viertelstunde vor Beginn der Morgenandacht bei dem neuen Chef, Dr. Kröhnert, zu melden gedachte. Ich klopfte ziemlich schüchtern an die Tür des Direktoratszimmers, hörte ein barsches ›Herein‹ und dachte mir, ganz so liebenswürdig, wie Vater ihn mir geschildert hatte, schien der Chef nicht zu sein. Aber die Aufforderung zum Eintreten kam auch gar nicht von ihm, sondern von Herrn Folgmann, dem Hausmeister, der gerade dabei war, auf die ersterbende Glut im Kachelofen neue Torfstücke zu schichten. Ich erfuhr, daß der Herr Direktor noch in seinem Hause beim Frühstück sei und erst zur Morgenandacht erscheinen werde. Von einem hohen Regal an der hinteren Längswand des Zimmers blickten links aus blinden Augen Homer und rechts Sokrates auf mich herab. Eine dicke Schicht von rötlichem Torfstaub auf dem kahlen Schädel des Philosophen täuschte einen wolligen Haarwuchs vor. Herr Folgmann gab mir den Rat, zunächst in meine Klasse am anderen Ende des Korridors zu gehen, die Andacht mitzumachen und mich später wieder im Direktorat zu melden. So trottete ich denn an vier oder fünf lärmerfüllten Klassenzimmern vorüber, kam vor die Tür mit der Aufschrift U III und hängte Mantel und Mütze zu den Mänteln, die dort schon an den Knaggen hingen. Ich drückte die Türklinke mit einem bangen Gefühl im Herzen herunter. Das Klassenzimmer war über dem mannshohen Sockel aus grauer Ölfarbe weiß getüncht. Dem Katheder gegenüber hing schwarzgerahmt ein Öldruck, ›Siegfrieds Tod‹ von Schnorr von Carolsfeld. Im Friedrichskolleg hatte das gleiche Bild an der Wand des Klassenzimmers der Quinta gehangen. Es schien sich um ein Standardwerk für die Unterstufen der preußischen Gymnasien zu handeln, das vom Provinzial-Schulkollegium in größerer Stückzahl eingekauft worden war. Vor den hohen Rundbogenfenstern, die einen Ausblick auf den Vorplatz mit den kahlen Kastanien gewährten, standen in kleinen Gruppen ein Dutzend Jungen herum, unter denen ich Alfred Klahr entdeckte. Er kam auf mich zu, schlug mir auf die Schulter und schrie viel zu laut, denn der Lärm war plötzlich verstummt und ein Dutzend Augenpaare musterten mich kühl, daß ich der Neue aus Königsberg sei, von dem er schon erzählt habe. Und während ich mich zu seiner Gruppe gesellte und mir neue Namen einzuprägen versuchte, tröpfelte nach und nach der Rest der Klasse herein, unter ihnen Reske, Tichauer und Stärker, die ich schon kannte. Der Lärm schwoll wieder an, die Gespräche drehten sich um Namen, die ich nicht kannte, und es sagte mir auch nichts, als ich erfuhr, daß wir als Klassenleiter den ›Eigens‹ bekämen, eine Nachricht, die mit freudigem Geheul begrüßt wurde. Herr Eigens schien demnach ein recht patenter Mann zu sein.

»Was ist das für einer, der Eigens?« fragte ich Reske. Zunächst drehte er vor seiner Stirn an einer imaginären Kurbel, und dann sagte er: »Er heißt in Wirklichkeit Heinrichs. Alle Schrauben sind bei dem nicht fest angezogen...«

»Und weshalb nennt ihr ihn Eigens?«

Der Reske wuchs in die Höhe, bekam nervöse Gesichtszuckungen und sagte mit einer sanften, aber merkwürdig hohen Stimme: »Gebt acht, Buben, für die heutige Stunde habe ich eigens eine Zeichnung angefertigt...«

So war das also. – Während die Strategen noch an den letzten Finessen der Sitzordnung feilten, um die Asse in den einzelnen Fächern auf die günstigsten Positionen zu verteilen, läutete draußen Herr Folgmann mit einer schweren Stielglocke zur Andacht. Die Klassen ordneten sich zwanglos, und ich schob mich zwischen den neuen Freunden Reske und Klahr über die breite Treppe zur Aula empor, in der die vorderen Bankreihen bereits von den unteren Klassen besetzt waren. Wir zwängten uns hinter ihnen auf die langen Bänke, nach uns kamen die Obertertianer, die Sekundaner und schließlich auch die Primaner, sieben an der Zahl, zum Teil ältere Herren, von denen der eine, ein v. Saint-Paul, noch in den letzten Kriegsmonaten zum Leutnant befördert worden war. Er trug Reitstiefel und seine alten Leutnantsbreeches und sah ziemlich angewidert aus, als ob er den Pennalbetrieb nicht freiwillig mitmache; seinem Vater gehörte ein Rittergut in der näheren Umgebung, und der alte Herr hatte es mit einigem Energieaufwand durchgesetzt, daß der Sohn das Abitur mit einiger Verspätung nachholte.

Die Aula war ungeheizt. Draußen trieb der April seine Scherze und wirbelte einen späten Schneeschauer gegen die Fensterscheiben. Es zog beträchtlich, und einer der Herren vom Lehrkörper, der sich auf einer niedrigen Empore auf zwei Stuhlreihen um das Katheder gruppiert hatte, drückte seinen Stuhl ans Gesäß und wanderte mit eingeknickten Knien vom Fenster weg zum Katheder hin. Es sah ziemlich komisch aus, und zweihundert Jungen trompeteten in ihre Taschentücher, bis Direktor Kröhnert zürnend den Kopf reckte, den Kneifer auf die Nase hieb und einen scharfen Blick in die Runde warf. Sein Bart reichte bis zum untersten Westenknopf, ein dünner, blonder Bart, den er häufig mit einer sanften Bewegung durch die Hand zog. Die Andacht hielt Professor Hundsdörfer. Er ließ den Harmoniumspieler den ersten Vers von »Befiehl du deine Wege« intonieren und gab das Zeichen zum Einsatz. Hinten bewegten die Herren Primaner die Lippen und brummten ein bißchen mit, die Kleinen auf den vorderen Bänken sangen laut und eifrig, denn Herr Schott, der Gesangslehrer, beobachtete sie argwöhnisch. Er war vor dem Kriege Hauptlehrer an der Dorfschule von Groß-Golupken im Landkreis Lyck gewesen, durch den Krieg nach Bartenstein verschlagen worden, hatte am Gymnasium einen neuen Wirkungskreis als Vorschullehrer gefunden und gab, da er von der Präparandenanstalt her ein wenig die Violine zu kratzen verstand, auch in den unteren Klassen des Gymnasiums Gesangsunterricht. Niemand nahm ihn ernst, wenn er notorischen Nichtsängern oder Ruhestörern ›Steine in die Schülerlaufbahn zu schmeißen‹ versprach. Und das wurmte ihn.

Auf meine Frage nach dem Eigens flüsterte mir jemand zu, daß es der Lange, Dünne mit dem schwarzen Bart sei, der in der ersten Reihe als vierter von links säße. Er überragte seine Kollegen um einen halben Kopf im Sitzen, und um einen ganzen, als er sich beim Schlußgebet erhob. Ein unendlich langer, dürrer Mann mit überlangen Armen, nervös zuckenden Händen, einem bleichen Asketengesicht und düster glühnenden Augen unter buschigen, pechschwarzen Brauen. Eine Gestalt, die sich aus einem Gemälde El Grecos in diese kalte Aula verirrt hatte.–

Nach der Andacht durften wir wieder in unsere Klassenzimmer marschieren. Dort nahmen wir unsere für das Allgemeinwohl raffiniert ausgetüftelten Plätze ein. Die Frage war jetzt nur, ob der Eigens unsere eigenmächtige Sitzverteilung über die drei Bankreihen dulden oder ob er sie umschmeißen würde. Der lange Messling, der es in Latein und Mathematik bitter nötig hatte, zwischen guten Neben- und Vordermännern zu sitzen, gab die Parole aus, dem Eigens durch anständiges Benehmen – wenigstens in den ersten Tagen – den Wind aus den Segeln zu nehmen und ihm auch nicht den geringsten Anlaß zu geben, etwas an der Sitzordnung zu ändern. – »Also, Schnauze halten, Jungs!« schloß er seine kurze Ansprache, »Schnauze halten, auch wenn es noch so schwerfällt!« – Paul Krause, ein kleines, aber blitzgescheites Bürschchen, mit einem straff an den Schädel gebürsteten weißblonden Scheitel, überwachte durch einen Türspalt den Korridor, gab uns das Zeichen, daß der Eigens im Anmarsch sei, und flitzte auf seinen Platz zurück. Wir saßen so brav und mucksmäuschenstill auf unseren Bänken, daß der Eigens wahrhaftig zögerte, die Türklinke niederzudrücken, und uns, als er dann schwarz und lang in die Klasse trat, aus seiner Höhe von einem Meter neunzig herab fast ein wenig ängstlich musterte, so als erwarte er eine besondere Teufelei. Wir sprangen auf, die Klappsitze knallten wie ein gut geübter Präsentiergriff in ihre Halterungen, und schmetterten dem Eigens einen ehrerbietigen ›Guten Morgen, Herr Professor!‹ entgegen. Er ließ den düsteren Blick mißtrauisch über unsere Gesichter wandern. So viel Wohlerzogenheit und Disziplin hatte er nicht erwartet. Er nickte uns mit eingezogenem Hals einen Gruß zu, stakte zum Katheder und drückte uns mit einer Handbewegung auf die Sitze zurück.

»Guten Morgen, Buben ... Ich kenne euch noch nicht ... bis auf zwei ...« Sein Blick richtete sich auf Wermke und

Dettki, die kleben geblieben waren und die Klasse wiederholen mußten. Die Unmutsfalten auf seiner Stirn ließen darauf schließen, daß ihn mit den beiden keine angenehmen Erinnerungen verbanden. »Wer ist hier der Primus?« Der bebrillte Röder, das Gesicht voller Pickel und im Nacken ein bepflastertes Schmalz-Stullen-Furunkel, sprang auf und krähte seinen Namen. Der Eigens beauftragte ihn, bis zur nächsten Stunde unsere Namen aufzuschreiben, von vorn rechts beginnend – nach der Sitzordnung. Ein leises Aufatmen ging durch die Klasse. Dann diktierte er noch den Stundenplan für das neue Schuljahr, und damit waren wir für heute entlassen. Der Eigens erhob sich hinter dem Katheder und stelzte mit einem Ausdruck zur Tür, als könne er es noch immer nicht fassen, daß es vierundzwanzig ›Buben‹ von unserer milden Sorte auf Erden geben könne.

»Was habt ihr eigentlich gegen den Eigens?« fragte ich, »der Mann ist doch ganz vernünftig...«

»Na, dann frage einmal den Dettki oder den Wermke, wie vernünftig der ist. Aber laß man, das kriegst du bald von selber spitz.«

Es gab Leute, die vom ostpreußischen Jahresablauf zu behaupten wagten, es gebe hier neun Monate Winter und drei Monate keinen Sommer. Eine böswillige Verleumdung! Aber dieser erste Winter in Bartenstein zog sich bis in den Mai hinein, zeigte sich von der grimmigsten Seite, und unser Kalfaktor Bradzio hatte von früh bis spät zu tun, um die Öfen mit Torf zu füttern. Die Kacheln strahlten nicht genug Wärme aus, um die großen Räume erträglich aufzuheizen. Nur in Großmutters kleinem Zimmer auf der anderen Seite des Korridors wurde es gemütlich warm; dort machte ich meine Schularbeiten, und dort hielt sich auch Mutter zumeist auf und ließ ihre Strickdecken auf der Rundnadel zu langen Schläuchen wachsen. Großmutter, seit dem Tod ihres Heinrich in ihrer kleinen Lycker Wohnung vereinsamt und vergrämt, blühte bei uns sichtlich auf. Sie entdeckte Bekannte, die der Krieg aus Lyck und aus der Lycker Umgebung nach Bartenstein verschlagen hatte, sie machte sich im Hause nützlich und war glücklich, nicht mehr vor lauter Langeweile vom Morgen bis zum Abend Patiencen legen zu müssen. Ganz anders Mutter. Zwar jammerte sie nicht und machte Vater auch keine Vorwürfe, sie in ein Nest verschleppt zu haben, in dem sie sich wie in der Verbannung fühlte; von jeher ein bißchen zu Theatralik neigend, trug sie den Kopf besonders hoch, schluckte ihr Leid tapfer herunter und spielte in Miene und Haltung die vornehme Schicksalsergebenheit Maria Stuarts kurz vor der Hinrichtung – besonders, wenn sie während des Publikumsverkehrs aufs Klo gehen mußte. Das war nun wirklich keine angenehme Sache. Zwar war eines der beiden Klos für uns reserviert worden, ein kleines Schild verkündete, daß es »privat« sei, und wir besaßen den Schlüssel dazu, der immer an der Küchentür hing. Aber es war, besonders für Mutter, doch recht peinlich, alles mitanhören und zum Teil auch mitriechen zu müssen, was sich, nur durch eine dünne Bretterwand getrennt, jenseits dieser Bretterwand abspielte. Und in der Nacht war es wirklich zum Fürchten, wenn man sich mit einer flackernden Kerze in der Hand durch den endlosen, hallenden Flur mit seinen tiefen finsteren Türnischen auf den Weg zum Örtchen machen mußte. Gegen Nachttöpfe war Vater allergisch, so was gab es bei uns nicht. Ich will gestehen, daß ich mehr als einmal aus dem Fenster meiner Bude in den Vorgarten gepinkelt habe, denn auch mir schlotterten die Knie, wenn ich nachts den unheimlichen Gang antreten mußte. Ja, Mutter fühlte sich in Bartenstein todunglücklich. Sie vermißte ihre Freundinnen und ihre Kaffeekränzchen, sie vermißte die Opernaufführungen im Stadttheater, die Konditorei von Plouda am Altstädtischen Markt, den Tiergarten, wo im Gesellschaftshaus zur Winterzeit ›Tiroler‹ mit Schwänken und Schuhplattlern gastierten, und sie vermißte auch die Kinos, die sich aus primitiven Anfängen inzwischen zu richtigen Theatern mit Parkett und Logen und komfortabler Aufmachung gemausert hatten. Zwar gab es in Bartenstein auch ein Kino, sogar in unserer nächsten Nähe in der Heilsberger Straße, aber es ähnelte noch jenen Flimmerschuppen, in denen ich mit Kurt Gronwald die Filme von hinten genossen hatte. – Aber auch Vater sah nicht gerade glücklich und zufrieden aus. Seine Erwartungen, aus dem leergefressenen Königsberg hier ins Schlaraffenland zu kommen, wurden bitter enttäuscht. Wenn auch der fette Boden der Umgebung Weizen und Korn üppig gedeihen ließ, wenn auch die Kühe bis zum Bauch im Futter standen und die Schweine in den Mästereien dicken Speck ansetzten – wir bekamen von diesem Segen nichts zu spüren. Nicht einmal in dem kleinen Laden des Landwirtschaftlichen Hausfrauen-Vereins an der Ecke Rastenburger Straße und Anger, den die Güter der Umgebung mit markenfreien Erzeugnissen belieferten, gab es außer Kartoffeln, Mohrrüben, verschrumpelten Lageräpfeln und Saatkrähen etwas wirklich Nahrhaftes zu kaufen. Die Saatkrähen brachte Mutter gelegentlich im Dutzend heim und setzte sie uns gebraten oder geschmort in pikanten Soßen als Wachteln oder als Rebhühner vor. So was Lekkeres hatten wir schon lange nicht mehr gegessen, nur Vater wunderte sich immer, wo um diese Jahreszeit Wachteln und Rebhühner geschossen würden. – Wie nahrhaft die Gegend war, sah ich an den Wurstbroten, die die Jun-

gen vom Land zum Frühstück in die Schule mitbrachten, der Brockmann, der Wermke, der Bronsert und der Dettki – nur der Graf zu Eulenburg nicht, der kam mit einem bescheidenen Schmalzbrot in die Schule, denn er hatte schon daheim gut gefrühstückt. Sein jüngerer Bruder und er waren nämlich Pensionäre unseres Superintendenten Nietzki, und der verstand etwas von Psychologie und ließ keinen Neid aufkommen.
Es dauerte lange, bis in den nächsten Winter und bis ins nächste Frühjahr hinein, bis sich ein kleiner Teil von dem großen Segen des Landes auch in Mutters Speisekammer verirrte. Durch meine Freunde, Bartensteiner Bürgersöhne, lernte Mutter nach und nach deren Mütter kennen; die nahmen sich ihrer an und forderten sie schließlich auf, sich mit ihren hochkünstlerischen Begabungen an den Veranstaltungen des Vaterländischen Frauenvereins zu beteiligen. Bei diesen Veranstaltungen gab es immer eine Tombola, deren Erlös einem wohltätigen Zweck zufloß. Mutter half nicht nur bei der Ausschmückung des Rathaussaales, in dem die festlichen Veranstaltungen stattfanden, sie stiftete großzügig drei oder vier von ihren Strickdecken. Die Damen, und vor allem die Damen vom Lande, auf die es Mutter abgesehen hatte, waren von diesen zarten Gebilden so begeistert, daß sie Mutter fragten, wo es denn diese entzückenden Strickereien zu kaufen gebe. Mutter erbot sich in schöner Hilfsbereitschaft, die Damen in die Geheimnisse der Rundnadel einzuweihen, aber die waren mit ihrer Landwirtschaft und mit ihrem Personal viel zu beschäftigt, um für Handarbeiten Zeit zu finden. Und damit begann Mutters kleine Industrie wieder zu blühen, die uns über die mageren Jahre und über die Inflation hinwegtrug. Nein, Mutter hatte es fortan nicht mehr nötig, Saatkrähen in Rebhühner zu verwandeln. Sie bewegte sich

bald auch nicht mehr wie unsere Kaiserin Auguste Viktoria im Exil, sie legte die tragische Maske ab und begann, ihren Schmerz um Königsberg zu überwinden und Bartensteins Sonnenseiten zu entdecken.
Mich hatte die kleine Stadt längst, eigentlich von Anfang an, eingefangen. Ich fühlte mich in ihr so wohl wie früher in Lyck, wenn ich dort die Ferien bei den Großeltern verbringen durfte. In der großen Stadt hatte man kaum die Namen der Leute gekannt, mit denen man in einem Haus zusammen wohnte. Hier kannte man bald die halbe Stadt, man fühlte sich dazugehörig, wie zu einer großen Familie. Wenn es in Königsberg einen großen Brand oder ein Unglück gegeben hatte, las man es anderntags in der Zeitung, und es berührte einen so wenig wie ein Erdbeben in der Türkei. Aber wenn es hier brannte, dann lief der Fleischer Schink mit dem schaurig tönenden Tutehorn durch die nächtlichen Straßen, der Spritzenwagen polterte über das Kopfsteinpflaster des Marktes, was Beine hatte, rannte zur Brandstelle, um zu helfen und zu retten, und wir Jungen hängten uns, wenn der Befehl ›Wasser – marsch!‹ erscholl, mit aller Kraft in die Pumpenschwengel.
Wenn von Zeit zu Zeit ein Brief von den alten Freunden eintraf, wenn Kurt Gronwald schrieb, daß er mit der Schriftstellerei aufgehört und zu malen angefangen habe, oder wenn Alfred Kleiber mir vermeldete, seine Alten wären total verrückt geworden und dem Orden der Guoten beigetreten, dann waren das für mich bald Nachrichten vom Mond. Ich schämte mich ein bißchen, denn wir hatten uns doch als Blutsbrüder ewige Treue geschworen, und ich hatte die alten Freunde auch nicht völlig vergessen, aber ich hatte mich von ihnen gelöst, um in neue Freundschaften hineinzuwachsen. Wenn ich mich auch nach dem Verlust eines Backenzahns und dem Bruch des linken

Knöchels für den Fußball nicht besonders erwärmen konnte, so war ich doch in den Fußball-Club ›Bartolonia‹ eingetreten und trug die blauweiße Nadel mit dem komplizierten Zirkel stolz auf der Brust. Mein Idol wurde Ernst Römer, ein geschmeidiger, schwarzlockiger Obersekundaner, der das Bartolonia-Tor hütete, die hohen Schüsse des Gegners mit wahren Panthersprüngen aus der Luft holte und die flachen Bälle in tollkühnen Robinsonaden aus den Ecken fischte. Während die Mannschaft ein blauweiß-gestreiftes Jersey trug, stand er mit einem knallroten Pullover und knallroten Stutzen im Tor, und tatsächlich schien das Rot den Ball mit magnetischer Anziehungskraft in seine Hände zu ziehen. Aber er wurde von uns nicht nur als Goalkeeper bewundert, noch höheres Ansehen genoß er, weil er zu jenem illustren Kreis von einem halben Dutzend Pennälern gehörte, die wir respektvoll ›Gymnasialreisende‹ nannten. Sie waren wegen irgendwelcher üblen Streiche in Rössel, Rastenburg oder Osterode geschaßt worden und waren von unserem milden Chef, der solche Streiche wohl nicht allzu ernst nahm, in Gnade zur letzten Bewährungsprobe aufgenommen worden. Von Römer ging die Legende, er hätte in Rössel nächtlicherweile den Direktor des dortigen Gymnasiums durch das Fenster seines Amtszimmers zu erschießen versucht. Nun, das wäre denn doch wohl auch unserm sanften Chef ein wenig über die Hutschnur gegangen. Aber eineinhalb Jahre später war es dann so weit, daß auch unser großzügiger Direx den Römer von der Schule relegieren mußte, wegen einer Geschichte, die viel Staub aufwirbelte und die Damen in den Kaffeekränzchen sehr erregte. Der großartige Goalkeeper Römer imponierte nämlich nicht nur der männlichen, sondern auch der weiblichen Jugend. Zu seinem Unheil gehörte er zu jenen Menschen, die Erinnerungen an schöne Stunden im Bilde festzuhalten lieben. Einem Klassenkameraden, der sich im Keller seines Elternhauses eine Dunkelkammer eingerichtet hatte, vertraute er die mit einem Selbstauslöser gemachten Aufnahmen seiner Liebesstunde mit Paula Reutter, einer Lycealschülerin, zum Entwickeln und Kopieren an. Leider hatte dieser Klassenkamerad eine Schwester, die aus Bosheit oder Eifersucht nichts Eiligeres zu tun hatte, als ein Dutzend dieser intimen Fotos in Umschläge zu stecken und an die Eltern der jungen Dame, an die Direktoren des Gymnasiums und Lyceums, an Bürgermeister Hofmann und einige andere Honoratioren der Stadt zu verschicken. Damit nun mußte Ernst Römer seine Gymnasialreise um eine weitere Station bereichern. Wenn wir fortan auf Ausflügen das schöne Lied von Johann Gottfried Seidelbast und seiner am Ende der tragischen Geschichte neben ihm an einem Ast baumelnden Elisabeth sangen, schwebte mir immer Römers Bild vor Augen. Den schwersten, unersetzbaren Verlust aber erlitt durch seinen Rausschmiß unsere Bartolonia. Wer sollte Römer im Tor ersetzen?

Man stellte den und jenen zwischen die Pfosten, aber einen Ersatz für Römer gab es einfach nicht, man konnte das Tor höchstens einem Lückenbüßer anvertrauen, und da ich weder als Stürmer noch als Läufer viel taugte, fiel die Wahl schließlich auf mich. Aber da hatten wir schon einige Klassen übersprungen, waren Sekundaner und trugen hellblaue Mützen mit silberner Paspelierung. Und da endete auch meine Torhüterkarriere, in der ich es ohnehin nur zu mittelmäßigen Leistungen gebracht hatte, mit einer Katastrophe, die mich um ein Haar auch den Verlust der Clubnadel gekostet hätte. Es geschah in Rastenburg. Das Rastenburger Gymnasium feierte irgendein Jubiläum, und unsere Bartolonia war zum Austrag eines Wettspiels eingeladen worden. Die Rastenburger waren uns überlegen, das wußten wir, aber wir hofften auf eine ehrenvolle Niederlage. Dann aber gab es ein Fest mit Damen. Unser Präses Nietzki hatte uns zwar verpflichtet, spätestens um zehn das Fest zu verlassen und schlafen zu gehen. Der Geist war willig, aber das Fleisch wieder einmal schrecklich schwach. Ich tanzte mit den hübschen Rastenburger Mädchen bis tief in die Nacht hinein, die Rastenburger Pennäler verwöhnten mich, die Primaner – aber nicht jene, die sich im Rastenburger Fußballclub aktiv beteiligten – prosteten mir fleißig zu, und leider nicht nur mit kühlen Bierchen, sondern auch mit härteren Getränken – mit dem Erfolg, daß ich am Morgen in meinem Privatquartier mit einem fürchterlichen Brummschädel erwachte. Ach was, von Erwachen war keine Rede, ich wurde wachgerüttelt und erfuhr, daß es für mich höchste Zeit sei, zum Spiel anzutreten. Der Rastenburger Sekundaner Holzmann, dessen Eltern mich aufgenommen hatten, ein ausgesprochener Windhund, den ich später als Leiter einer Tanzkapelle wiedertraf, tröstete mich liebreich und meinte, gegen mein Leiden gäbe es nur ein einziges probates und unfehlbares Mittel, nämlich zwei oder drei große Kognaks auf den nüchternen Magen zu kippen. Er war auch gleich mit der Flasche da, schenkte ein und behauptete kühn, nun würde ich mich gleich wie neugeboren fühlen. – Es muß eine wahre Kabarettvorstellung gewesen sein, die ich in den ersten zwanzig Minuten des Spiels zwischen den Pfosten geboten habe. Die Zuschauer quittierten meine Leistungen mit Lachsalven. Ich sah zwar den Ball aufs Tor zufliegen, leider nicht nur einen, sondern zwei oder drei, und sprang nach dem falschen. Und dann wurde mir auch noch speiübel, und ich ließ den Kognak neben dem Torpfosten aus den Zähnen fallen. Bis sie mich rausschmissen und einen Ersatzmann ins Tor stellten, hatte ich ein rundes Dutzend Bälle im Kasten, mein Nachfolger ließ auch noch vier passieren, so daß Bartolonia mit der schmählichen Packung von 16 : 0 den Rückweg antrat. Ich hörte, was die Weiber und den Suff anbetraf, nicht nur von meinen Clubkameraden, sondern auch von den Herren des Lehrkörpers zu jeder passenden und unpassenden Gelegenheit noch wochenlang anzügliche Bemerkungen. Ich schwor Abstinenz und wechselte zur Leichtathletik über ...

Doch das war wieder einmal wie schon so oft ein Vorgriff auf zukünftige Ereignisse. Vorläufig saßen wir noch auf der Untertertia, hatten den Eigens als Klassenleiter und bekamen bald die erste Vorstellung von dem, was uns von Dettki und Wermke prophezeit worden war. Wir erwarteten den Eigens zur dritten oder vierten Mathematikstunde im neuen Schuljahr. Gleich bei seinem Eintritt fiel uns sein sozusagen von innen erleuchtetes, feierliches Gesicht auf. Unser lauter Gruß zu seinem Empfang schien sein Ohr zu verletzen, und er drückte uns mit der Handbewegung eines Dirigenten, der Posaunen und Trompeten zum Pianissimo auffordert, auf die Sitze zurück.

»Still, Buben, ganz still nun!« flüsterte er mit der beschwörenden Stimme eines Magiers, »ihr werdet in dieser Stunde zum ersten Mal in euerm jungen Leben den Namen eines Mannes vernehmen, den ich nur mit größter Ehrfurcht zu nennen wage. Es gibt in der Geschichte der erlauchtesten aller Wissenschaften, der Mathematik, nicht viele Namen von solcher Größe und Bedeutung ...« Und nun wehte seine Stimme nur noch wie ein Hauch über unsere Köpfe hinweg: »Ich nenne euch die hehren Namen von Euklid – Erathostenes – Ptolemäus – Galilei – Kepler – Newton – gut, gut, Namen, die eure Herzen einst in

Ehrfurcht höher schlagen lassen werden. Nun aber will ich euch den Namen jenes Großen nennen, den ihr fortan nur mit jenem heiligen Schauer im Herzen aussprechen sollt, den auch ich empfinde, jedes Mal empfinde, wenn ich ihn über die Lippen bringe ...« Große Pause, verzückte Augen im bleichen, zur Decke gerichteten Asketengesicht, dünne, lange Arme wie zum Segen erhoben, und dann, kaum noch vernehmbar: *»Pythagoras* --- Ganz still, ihr Buben! – Still, wenn der Atem des Geistes weht! – *Pythagoras ...«*

In diesem Moment, in dem uns der große Pythagoras auch nicht die Spur eines heiligen Schauers über den Rücken laufen ließ, wohl aber die Haltung unseres Eigens, die mich fast so unheimlich berührte, wie wenn früher in der Vorschule der Otto Eich in einem epileptischen Anfall plötzlich seitlich aus der Bank gekippt und in schreckliche Zuckungen verfallen war und wir andern von Herrn Hoffmann aus der Klasse gescheucht wurden – in diesem Moment sprang in der letzten Bank, wo er neben Eulenburg saß, der Kuno Brockmann auf, der Klappsitz knallte wie ein Gewehrschuß, und mit seiner sich im Stimmbruch überschlagenden Stimme brüllte er dem Eigens den hehren Namen dreimal entgegen: »Pythagoras! Pythagoras!! Pythagoras!!!«

Der Eigens prallte wie von einem Kolbenstoß voll getroffen zurück, er duckte sich, sein Kinn begann zu zittern, seine Augen glühten aus schmalen Schlitzen, und sein Atem kam stoßweise und röchelnd: »Bube! Nichtswürdiger, niederträchtiger Bube! Du wagst es, diesen heiligen Namen ...«

»Ich kann nicht anders, Herr Professor!« schrie der Brockmann, »es hat mich übermannt! Nein, Herr Professor, es ist mir gänzlich unmöglich, diesen heiligen Namen

zu flüstern! Er ist ja sooo groß – sooo groß – so unendlich groß! Pythagoras!!!«
Und plötzlich sank der Reske an meine Brust und schluchzte: »Pythagoras! Das ist zuviel! Das geht über meine Kraft!« Und dann wurde die Klasse zum Tollhaus. Wir sprangen empor, faßten uns an den Händen, brüllten den heiligen Namen und tanzten im Reigen um den Eigens herum, einige lagen platt auf den Bänken und trommelten wie die Irren auf die Tischplatten, daß die Tinte aus den Fässern hochspritzte, andere drehten sich wie tanzende Derwische im Kreise und jauchzten, als wäre ihnen eine Art von Pfingstwunder widerfahren: »Pythagoras – Pythagoras – Pythagoras!«
Dem Eigens war es irgendwie gelungen, sich auf das Katheder zu flüchten. Da saß er nun, völlig gebrochen, die langen Arme hingen ihm wie zerschossene Flügel herab. Er hielt die Augen geschlossen. Das Kinn berührte seine magere Brust. Ein erbarmungswürdiger Anblick, der uns langsam verstummen ließ. Die allmählich eintretende Stille erweckte den Eigens wieder zum Leben. Er atmete flach, aber er atmete, und sein Blick glitt über unsere Gesichter: »Ihr habt mich erschreckt, Buben«, sagte er leise und fuhr sich mit der Hand über die Augen, als müsse er ein Spinngewebe fortwischen, »ich war Zeuge eines dionysischen Rausches, den der Name des großen Pythagoras in euch ausgelöst hat. Aber die Mathematik hat mit Dionysos nichts zu schaffen! Mathematik ist licht und klar, eine heilige Flamme auf dem Altar Apolls – ja, sie ist apollinisch, absolut apollinisch und nur apollinisch! Denkt stets daran und beschwört Apoll, wenn ihr den Namen des großen Pythagoras aussprecht.«
Wir glotzten ihn an und verstanden kein Wort, nur der Reske neben mir seufzte tief auf, stieß mir den Ellenbogen

in die Rippen und sagte, während er den Eigens mit einem verklärten Blick ansah: »Apollinisch, du Rindvieh, was ich immer schon gesagt habe! Apollinisch!«

Wir hatten zwei Lehrersöhne in der Klasse, den Herbert Schott und den Gotthold Krieger. Mit Schotts Vater hatten wir so gut wie nichts zu tun, das kam erst später, um so mehr aber mit Kriegers Vater, denn er gab bei uns Griechisch. Wie alt er damals wohl gewesen sein mag? Vermutlich zwischen vierzig und fünfundvierzig; in unseren Augen war er ein uralter Mann, der die Sprache Homers mit märkwürdigen astpreißischen Lautgebilden würzte und ein strenges Regiment führte. Schlechtes Betragen ahndete er durch Einträge ins Klassenbuch, schludrige Arbeiten bestrafte er durch ein- bis dreistündiges Nachsitzen, und bei fehlerhaften Antworten teilte er freigebig Ohrfeigen aus. Nie habe ich ein glücklicheres Gesicht gesehen als das von Gotthold Krieger, als sein Vater dem baumlangen Brusdeilins wegen einer falschen Antwort eine Ohrfeige verpaßte und im nächsten Augenblick von Brusdeilins eine mit dem Handrücken geschlagene Backpfeife bezog, die seine Brille in weitem Bogen durch das Zimmer fliegen und ihn selber zum Katheder zurücktaumeln ließ. Wir saßen geduckt in unseren Bänken...
»Sie werrden miech fier eine falsche Antwurt niecht zum zweiten Mal schlaggen, Härr Professor!« sagte der Brusdeilins ganz ruhig und gelassen in die atemlose Stille hinein. Einer von den Brüdern Bachler hob die Brille auf und legte sie aufs Katheder. Hinten rieb sich der Gotthold noch immer mit verklärtem Gesicht die Hände, während sein Vater wortlos aus dem Zimmer stelzte und uns allein ließ.

»Scheise«, sagte der Brusdeilins mit ganz weichem, stimmhaftem S, »jetzt werrde ich meine Klamotten wohl packen miessen...«
Aber das Unerwartete geschah. Er mußte nicht. Es passierte überhaupt nichts. Der alte Krieger trat am nächsten Tag, als ob nichts geschehen sei, vor die Klasse und setzte den Unterricht an der Stelle, an der er gestern durch den Knall von zwei Ohrfeigen unterbrochen worden war, ohne eine Bemerkung zu den Ereignissen des voraufgegangenen Tages fort. Für uns fast ein Grund, wieder an Wunder und an Märchen zu glauben.
Aber ich muß wieder auf den Eigens zurückkommen. Nicht, um das Kapitel Pennälerstreiche genüßlich zu erweitern, sondern um die Frage zu stellen, welcher Dämon uns trieb, einen hilflosen, anständigen und grundgütigen Mann bis an den Rand des Wahnsinns zu treiben. Wir waren doch allesamt Jungen aus leidlich gutem Stall, und wenn schon nicht christlich, so doch kantianisch im Sinne des kategorischen Imperativs erzogen worden; von meinem Vater hörte ich ihn oft genug. Woher kam nur diese infernalische Grausamkeit, mit der wir beim Eigens in die Glut bliesen, die Flammen hochzüngeln ließen und wie Pyromanen einen Brand entfachten, der von dem Mann zum Schluß nur ein armseliges Aschenhäufchen zurückließ.
Da trat er eines Tages in die Klasse und rief Herbert Schott zur Tafel, um ihn die Formel $(a + b \cdot a - b)^2$ laut rechnen zu lassen, damit es jeder mitbekäme. Schott stellte sich vor die Tafel, nahm die Kreide zur Hand und wiederholte zunächst die Aufgabe: »Also, a plus *b* mal a minus *b* in Klammern zum Quadrat ergibt – a Quadrat plus...«
»Halt, Schott«, unterbrach ihn der Eigens ruhig, »du betonst immer die Größen a und b, aber auf diese kommt es

doch gar nicht so sehr an. Wichtig ist hier das Plus und das Minus ... Also, bitte, noch einmal!«

Aber Herbert Schott hatte auf stur geschaltet und wiederholte die Aufgabe wie beim ersten Mal in der gleichen Betonung ...

»Aber Schott«, ließ sich der Eigens vernehmen, »hast du denn nicht gehört, was ich gesagt habe? Es kommt auf das Pluuus und auf das Minuuuus an! Also noch einmal: a pluuus b mal a minuuus b ...«

Jetzt knisterte schon eine kleine Spannung im Raum. Was würde der Schott wohl machen? Nun, er blieb bei seiner eigenwilligen Betonung. Die Augen vom Eigens begannen zu funkeln, und seine Stimme schwoll merklich an.

»Schott! Stelle dir zwei Hüte vor! Einen *hohen* Hut und einen *niedrigen* Hut. Und nun sprich mir nach: ein *hoher* Hut und ein *niedriger* Hut – denn das entspricht genau dem Plus und dem Minus zwischen den durch Buchstaben bezeichneten Größen. Also, bitte ...!«

Schott jedoch legte Wert darauf, die Hüte zu betonen. Der Eigens aber faltete die Hände, hob das Gesicht zur Decke empor, als richte er ein Gebet gen Himmel, und schrie: »Ein *hoher* Hut und ein *niedriger* Hut! Wiederhole das, Schott! Ein *hoher* und ein *niedriger! Hoch* und *niedrig! Groß* und *klein! Schwarz* und *weiß!«*

»Was soll ich nun wiederholen?« fragte der Schott mürrisch. »Die Aufgabe, Schott!« schrie der Eigens, »die Aufgabe!!« Leicht geduckt und sprungbereit, hinter der Tafel Deckung zu suchen, falls es dem Eigens einfallen sollte, ihm das nächstbeste Trumm an den Schädel zu feuern, blieb Schott hartnäckig dabei, die Betonung auf die Hüte zu legen. Und da geschah es. Mit einer Behendigkeit, die wir dem langen, klapperdürren Mann nie zugetraut hätten, sprang er auf den Stuhl und vom Stuhl aufs Katheder, reckte sich empor, trommelte mit der Faust gegen die weißgetünchte Decke, bis sich dort von dem Blut aus seinen Knöcheln ein roter Fleck ausbreitete, brüllte »Hoch! hoch! hoch!«, sprang vom Katheder herab, landete auf dem geölten Fußboden, sank in die Knie, paukte mit beiden Fäusten auf die Dielenbretter, kreischte mit sich überschlagender Stimme »Niedrig! niedrig! niedrig!« und blieb, von einem Weinkrampf geschüttelt, in der Stellung eines betenden Mohammedaners liegen. Es war grausam. In der Klasse herrschte eine beklommene Stille, die das stoßende Schluchzen des Eigens noch zu vertiefen schien. Schließlich traten zwei von uns zu ihm, richteten ihn auf und führten ihn, der gebrochen in ihren Armen hing, über den langen Korridor zum Lehrerzimmer, wo sie ihn irgendeinem seiner Kollegen, der gerade Freistunde hatte, mit der Behauptung ablieferten, dem Herrn Professor wäre plötzlich schlecht geworden. –

Eine üble Geschichte, eine böse Geschichte, die auch keiner von uns lustig fand, die aber dennoch bald vergessen war und uns nicht davon abhielt, den armen Eigens nach kurzer Zeit aufs neue bis zur Weißglut zu reizen. Und wenn wir es nicht waren, dann ließ ihn eine andere Klasse auf die Palme klettern. Dabei war es durchaus nicht üblich, weil nicht ungefährlich, Lehrer, die in Hauptfächern unterrichteten, zu üblen Streichen zu mißbrauchen. Schwerer hatten es Zeichen- und Gesangslehrer, sich Respekt zu verschaffen, denn was konnten sie einem schon mit einer schlechten Note im Singen oder Zeichnen antun? Nicht einmal die Sextaner nahmen die Drohung von Herrn Schott, ›ihnen Steine in die Schülerlaufbahn zu schmeißen‹, ernst. Er kam, wie erwähnt, aus dem masurischen Dorf Groß-Golupken nach Bartenstein und beging leider den Fehler, sich dieser Herkunft häufig zu rühmen und, wenn ihm etwas an den Bartensteiner Schulverhältnissen nicht paßte, zu bemerken, daß das in Groß-Golupken ganz anders und viel besser eingerichtet gewesen wäre. Dort hätte noch Porschundek geherrscht! Seine Vorschüler hielt er auch hier mit dem Rohrstock in der Furcht des Herrn. Aber schon die Sextaner besaßen die Frechheit, am Text von »Ein feste Burg ist unser Gott« kleine Änderungen vorzunehmen, und sangen dreist: »Ein feister Borg ist unser Schott« – wobei zu bemerken ist, daß man jenseits der Weichsel mit dem Wort Borg das männliche Schwein zu bezeichnen pflegte. Ob es eine kleine zynische Bosheit von unserm Chef war oder ob ihn der Lehrermangel dazu zwang, Herrn Schott für den elementaren Physik-Unterricht in der Unterstufe des Gymnasiums einzusetzen, sei dahingestellt, fest steht jedenfalls, daß er einen weniger geeigneten Mann selbst bei angestrengtem Nachdenken nicht hätte finden können. Der Arme schwitzte vor den Unterrichtsstunden Blut und Wasser, irrte mit dem Physikbuch oder mit dem Modell einer Dampfmaschine durch die Korridore, zog Sekundaner oder Primaner während der Pause in ein leeres Klassenzimmer oder in eine Türnische, um sich die Wirkung von Feuer, Wasser und Dampf auf den Kolben noch einmal erklären zu lassen – und erhielt in den meisten Fällen haarsträubende Aufklärungen über die geheimnisvollen physikalischen Vorgänge, so daß er in völliger Verwirrung durcheinanderbrachte, was nur durcheinanderzubringen war. Über seine Versuche, den Schülern die Fliehkraft, den Aggregatzustand des Wassers, das Pendel oder die Gravitation zu erklären, kursierten Geschichten von zwerchfellerschütternder Komik.

Er war ein Mann von mittlerer Statur, kurzhalsig und mit einem mächtigen Speckwulst im Nacken, der seinen Kopf nach unten drückte und seiner Haltung etwas geduckt

Lauerndes gab. Zumeist trug er einen Rock in Cutaway-Form mit Schößen, die bis zu den Kniekehlen reichten. Er hatte tatsächlich etwas Keilerhaftes an sich, besonders wenn er sich beleidigt fühlte. Dann kriegte er dazu noch einen glubschen Blick. Ihn die Geige kratzen zu hören, wenn er mit den Vorschülern ein Lied einübte, tat den Ohren weh. Und ausgerechnet dieser amusische und völlig unmusikalische Mensch fühlte sich zum Orchester-Dirigenten berufen. Nicht als Organist, wohl aber als Organisator groß, gelang es ihm in kurzer Zeit, vom B-Baß bis zur Piccoloflöte ein Instrumentarium zu besorgen, mit dem man ein Vierzig-Mann-Orchester ausrüsten konnte. Eile tat not, denn in zwei Jahren sollte das fünfzigjährige Jubiläum des Gymnasiums in festlicher Weise begangen werden, und bis dahin mußten wenigsten einige Paradestücke des Orchesters sitzen.

Da es wenig zweckmäßig war, Schüler, die demnächst ins Abitur stiegen, in das Orchester aufzuehmen, wandte Herr Schott sich an die jüngeren Jahrgänge. Wir waren inzwischen mit wenigen Ausnahmen nach Obertertia versetzt worden. Zu Beginn des neuen Schuljahres erschien Herr Schott in der großen Pause bei uns in der Klasse und entwickelte eine für ihn ungewöhnliche Beredsamkeit, um diejenigen, die bereits ein Instrument spielten, für sein Orchester zu gewinnen und die anderen, die musikalisch waren oder es zu sein glaubten, zum Erlernen eines Instruments zu beschwatzen. Er versuchte uns davon zu überzeugen, welche Vorteile jedem die Beherrschung eines Instruments später im gesellschaftlichen Leben bringen würde. Wermke mit seiner Violine, Walter Tichauer mit seinem Cello, sein älterer Bruder Ottokar, fast schon ein Geigenvirtuose, machten gleich mit, ebenso wie Ernst Schmittat, der bei den Morgenandachten das Harmonium bediente. Herbert Schott entschied sich für die Baßgeige, um dereinst gesellschaftliche Erfolge zu ernten, Alfred Klahr für die Flöte, und Plaumann, dessen Vater in der Rastenburger Straße einen Friseur-Salon betrieb, wählte die Klarinette. Und da man mit der Klarinette immerhin besser als mit dem Kontrabaß im Gesellschaftsleben als Solist auftreten kann, entschied ich mich ebenfalls für dieses Instrument und erhielt von Herrn Schott einen kompletten Klarinettensatz ausgehändigt, eine in A, eine in B und die dritte in C. – Mit dieser Orchestergründung aber bekam Professor Hundsdörfer neues Wasser auf seine Mühle, wenn er nach Gründen für mangelhafte schulische Leistungen suchte: »Jungchen, du jefällst mir ieberhaupt nich mehr. Was ist mit dir? Spielst du vielleicht Fußball? Oder hältst du dir Kaninchen? Oder fotografierst du am Ende gar? Oder ...« und jetzt plätscherte das neue Wasser aufs Mühlrad, »oder hat dir der – hm, hm, hm – Kolläje Schott eine Fijuchel oder sowas in die Hand jedrückt? Du wirst durchrasseln, Jungchen, wenn du Nebendinge treibst. Aber ob du jetzt Flöte oder zu Ostern Trübsal blasen willst – das ist deine Sache.«

Da hatte ich nun drei Klarinetten und auch eine kleine Anleitung, mit den richtigen Fingern im richtigen Zeitpunkt die richtigen Löcher und Klappen zu öffnen oder zu schließen, aber wie ich auch das stimmgebende Blättchen aus Bambusrohr am Mundstück festschraubte oder lokkerte, einen Ton kriegte ich aus dem Instrument nicht heraus, und wenn einer kam, dann klang er mehr nach dem Krächzen der Trompete von Gravelotte als nach sonst was. Ein Klarinettenlehrer mußte her, und ich fand ihn ganz in der Nähe unserer Wohnung am Anger in einem einstöckigen, gelben Biedermeierhaus, in dem einige Arbeiter vom Bauunternehmer Meier mit ihren Familien

wohnten. Mein Lehrer hieß Boddien, war bei Meier Lagerist und nebenbei Klarinettist in der Stadtkapelle. Er sah schwindsüchtig aus und hustete zum Gotterbarmen, aber er behauptete, das käme vom Rauchen. Seine Frau sah gar nicht schwindsüchtig aus, aber das kam daher, daß bei Boddiens ständig etwas Kleines unterwegs war. In der Stube, in der August Boddien mich unterrichtete, hüpften immer ein halbes Dutzend Kinder herum, und mindestens zwei lauschten dem Unterricht auf dem Topf. Vorerst aber ließ August Boddien mich auf sauren Wiesen große Stengel von Schachtelhalmen suchen, die wurden auf dem Herd bei milder Wärme getrocknet, und mit ihnen, deren Rinde mit diamantharten Kristallen in feinster Verteilung gespickt war, wurden die Bambusblättchen geschliffen, so lange, bis sie auf den leichtesten Lufthauch ansprachen. Und siehe da, ich brachte den ersten reinen Ton zustande. Äußerst unappetitlich war nur, daß August Boddien nicht seine Klarinette für den Unterricht benutzte, sondern mir auf meinem Instrument Tonleitern in allen Variationen vorblies, mir dann das Instrument, feucht wie es war, in den Mund schob und mich aufforderte, das Vorgeblasene zu wiederholen. Das war so grausig, daß ich den Unterricht bald abbrach und es auf eigene Faust zum Könner auf der Klarinette zu bringen versuchte. Mit geringem Erfolg, wie ich zugeben muß.
In der Annahme, daß getragene Stücke für den Anfang am besten geeignet wären, begannen wir unter der Stabführung von Herrn Schott zunächst mit dem Largo von Händel, wagten uns dann an den Trauermarsch von Chopin, den Herr Schott hartnäckig ›den Schobbäng‹ nannte, steigerten uns zum Hohenfriedberger und zu Preußens Gloria und stürzten uns schließlich in das tollkühne Abenteuer, mit Chor und Orchester ›Die Himmel rühmen‹ zu

proben. Leider wuchs unser Dirigent nicht mit den höheren Aufgaben. Ob es das Largo oder Preußens Gloria war, immer schlug er mit dem Taktstock genau abgezirkelte gleichschenklige Dreiecke in die Luft und brachte uns mit seinen Einsätzen, die stets drei Takte zu früh oder zu spät kamen, in die höchste Verwirrung. Wenn wir das Stück am Ende dann doch glücklich über die Runden brachten, so hatten wir das Ottokar Tichauer zu verdanken, der als Primgeiger den Takt bestimmte und Blech, Holz, Streichern und Schlagzeug mit dem Bogen oder durch einen Blick das Zeichen zum Einsatz gab.

Es war noch kein Jahr vergangen, da hatte ich in Bartenstein so feste Wurzeln geschlagen, als wäre ich hier geboren und aufgewachsen. Und was war schon in Königsberg ein Sekundaner oder Primaner? Ein kleiner Pennäler und keinen Deut mehr. Dort begann man etwas zu gelten, wenn man die bunte Mütze einer Studentenverbindung trug. Hier in dem kleinen Nest an der Alle bedeutete die blaue Sekundaner- und erst recht die rote Primanermütze, daß man wer war und einen Wechsel für die Zukunft in der Tasche trug. Sekundaner und Primaner wurden zu den Festen des Kaufmanns-Vereins, des Vaterländischen Frauenbundes, der Schützengilde und des Kriegervereins eingeladen und waren als Tänzer der Töchter willkommene Gäste. Und nicht nur als Tanzpartner; es wurden von den Müttern im Hinblick auf die zukünftige akademische Laufbahn des jungen Mannes die zarten Fäden zu Netzen verknüpft und so dauerhaft gesponnen, daß manche Pennälerliebe schließlich am Traualtar ihren Segen durch Herrn Superintendenten Nietzki bekam...

Ach, wie würde ich jedem Jungen und jedem Mädchen jene kurzen Jahre vergönnen, die ich in Bartenstein verleben durfte. Jene Sommer, in denen wir uns im Wasser des

Oberteichs balgten, in denen wir zum Bärenwinkel hinauszogen, uns die Bäuche mit Himbeeren, Erdbeeren und Brombeeren vollschlugen, ins kristallklare Wasser der Alle sprangen und uns in dem glitzernden Ufersand von der Sonne braten ließen. Jene Sommer, in denen Willi Andre mich um drei Uhr morgens durch den Zug an einer Schnur, die von meinem Zeh durch den Vorgarten bis zur Straße lief, weckte, um mich zum Angeln an den kleinen Mekiener See abzuholen. Jene Sommer, in denen wir am Flußufer Treibholzfeuer emporlodern ließen, in der Asche Kartoffeln und in der Glut Würste brieten, die der Sohn vom Fleischer Wittstock aus der Wurstküche klaute und daher bei uns, obwohl er nicht ins Gymnasium ging, ein lieber und gern gesehener Gast war. Und jene Winter, jene klirrenden Winter mit der blankgefegten Eisfläche auf dem Oberteich und auf dem kleinen Weiher hinter dem Landgericht, wo wir zu den Klängen eines krächzenden Grammophons an der Seite von Kätchen Krämer, Suse Fleischer, Hildegard Scekay, Hanna Vonberg, Ellen Jaab oder Karlotta Trautmann Hand in Hand im Bogen rechts und im Bogen links dahinschwebten oder sogar einen Walzer aufs Eis zu legen versuchten. Jene Winter, in denen Tutti Meier ihren Bauunternehmer-Vater so lange bezirzte, bis er uns Pferd und Kutscher stellte, an dessen Schlitten wir fünfzehn oder zwanzig Rodel anhängten und vor Lebenslust juchzten, wenn die Schlitten im scharfen Galopp aus einer Kurve getragen wurden und die ganze Gesellschaft in einer Schneewehe durcheinanderpurzelte. Jene Winter, in denen uns eine Ahnung zu beschleichen begann, daß Mädchen durchaus nicht jene blöden Gänse waren, die wir wegen ihres albernen Getues und Gekikkers grob und handgreiflich weggescheucht hatten, wenn sie an unseren wilden Spielen teilnehmen wollten...

Auch Mutter hatte mit der Zeit mit Bartenstein Frieden geschlossen, nur mit der Wohnung im Amtsgericht versöhnte sie sich nie. Leider war unser Kalfaktor Bradzio inzwischen aus der Haft entlassen worden. Da Mutter sich in den Keller nicht hinunterwagte und Großmutter trotz ihrer Rüstigkeit nicht zumuten konnte, Kohlen, Briketts und Torf heraufzuschleppen, wurde das – mit einer kurzen Unterbrechung – für die nächsten Jahre meine Aufgabe. Durch die Vermittlung einer der Damen vom Lande, die Mutter zuerst mit Strickdecken und später sogar mit Kelim-Kissen und Brücken von beträchtlichem Format belieferte, bekamen wir ein Dienstmädchen, die Frieda. Mein Gott, war das ein Trampel! Zweimal stolperte sie mit der vollen Suppenterrine über die Schwelle und verbrühte dabei Großmutter einmal den Fuß, daß sie ihn wochenlang im Verband tragen mußte. Sie zerschlug Unmengen von Porzellan, und ihr Umgang mit dem Gasherd bedeutete ständige Explosionsgefahr. Aber sie genoß das ungewohnte Stadtleben in vollen Zügen und ersparte es Mutter, sie wegen ihres Lebenswandels an die Luft zu setzen, indem sie eines Tages verschwand und verschwunden blieb. Dem Amtsgericht schräg gegenüber lag der Gasthof Steffens, und hinter diesem Gasthof befand sich ein großer freier Platz, auf dem die Viehmärkte abgehalten wurden. Manchmal aber schlugen dort auch Schausteller ihre Buden und Karussells auf, und wir erfuhren nach kurzer Zeit – denn Vater hatte Friedas Verschwinden der Polizei gemeldet –, daß sie mit einem Burschen, der auf dem Jahrmarkt als Degenschlucker auftrat, durchgebrannt war und, selber künstlerische Ambitionen entwickelnd, mit einem Python auf Schlangentänzerin studierte.
In einem dieser Sommer machte meine Schwester Lotte zu Anfang der Großen Ferien bei uns für einige Tage Station.

Sie war noch immer in Sonnenborn als Lehrerin tätig und fühlte sich in ihrem Dorf wohl, besonders, nachdem es ihr gelungen war, ihrer besten Freundin, Clara Cacharowski, mit der sie das Oberlyceum besucht hatte, in Sonnenborn eine freie Lehrstelle zu besorgen. Dort lebten die beiden jungen Frauen in einer kleinen Wohnung zusammen und hatten beschlossen, die Ferien gemeinsam an der Ostsee in Kranz zu verbringen. Zwei Mädchen allein in Kranz – das paßte Vater gar nicht, aber er schnaufte nur tief auf und schluckte seine Bedenken schließlich hinunter. Schließlich war Lotte volljährig und sehr selbständig geworden. Ich schleppte ihren Koffer zur Bahn und holte sie nach vier Wochen auch wieder ab, aber sie kam nicht allein, sondern in Begleitung eines Herrn, dessen möglichen Besuch sie Mutter in einem nur für Mutter bestimmten Brief angekündigt hatte. Sie stellte mich dem fremden Herrn vor, und dabei bemerkte ich an ihrer Hand einen funkelnagelneuen Verlobungsring...
»Also, Karl, das ist mein Brüderchen...« und zu mir: »und das ist Herr Professor Dr. Karl Völcker, mit dem ich mich verlobt habe. Du kannst ihn mit Herr Professor anreden...«
Nun, ich war es ja gewohnt, zu meinen Schwagern in respektvollem Abstand gehalten zu werden; bei Else war es ›Onkel Richard‹ und hier nun der ›Herr Professor‹; vielleicht wurde aus ihm einmal ein ›Onkel Karl‹. Direkt respekteinflößend sah dieser Professor meinem Gefühl nach nicht aus. Lotte war ein kleines, zierliches Persönchen, das ich bereits um einen guten Kopf überragte. Der Herr, mit dem sie sich verlobt hatte, war keine zwei Finger breit größer als sie, und es haute mich fast um, als er mir die Hand reichte und dazu sagte: »Ja, grüeß di God, mein Liaba, dein Schwesterl hat mir schon vui von dir ver-

zöhlt ...« Herr des Himmels, wen hatte sie da aufgegabelt und mitgebracht? Lotte können meine tellergroßen Augen nicht entgangen sein, denn sie sagte hastig: »Karl ist nämlich Österreicher. Er lebt in Wien und ist Universitätsprofessor und zur Zeit Dekan der theologischen Fakultät ...«
»Weißt«, sagte mein zukünftiger Schwager und blinzelte mir zu, »das sagt sie, damit du nicht denkst, daß ich mit alte Kleider handel. A bisserl wie a Jud schaug i schon aus, net? Aber das muß daran liegen, daß ich in Lemberg unter vierzig Mitschülern der einzige Christ gewesen bin. Und das Komische dabei war, daß ich wie ein kleiner Jidlach aussah – die andern waren alle große und blonde Aschkenasim ...«
»Aber Karl ...!« rief Lotte.
»Weißt«, sagte er und reichte mir die Hand, »den Doktor und den Professor kehren wir untern Tisch, und du nennst mich einfach beim Namen. Damit tust du dir leichter, und mir tut's wohl, gelt?«
»Gern, Herr Völcker ...«
Lotte hatte ihr Gepäck bei ihrer Freundin Clara in Kranz zurückgelassen, und er hatte nur ein kleines Köfferchen dabei, das er mir erst nach längerem Hin und Her zum Tragen überließ. Er hatte für sich bereits telegrafisch ein Zimmer im ›Bartensteiner Hof‹ bestellt, und dort lieferten wir ihn ab.
Die beiden schienen das schon vorher so verabredet zu haben, wahrscheinlich, damit Lotte Zeit fand, Vater schonend darauf vorzubereiten, daß sie in Begleitung eines Herrn nach Bartenstein gekommen war.
»Deiwel, Deiwel, Deiwel«, sagte ich, nachdem wir uns von Herrn Völcker verabschiedet hatten, »ein richtiger Universitätsprofessor! Da wird Else aber Augen machen ...«

»Ja, das wird sie wohl ...« meinte sie mit einem unüberhörbaren Triumph in der Stimme, denn sie hatte wohl immer ein wenig im Schatten der schönen älteren Schwester gelebt.
»Wo hast du ihn kennengelernt?«
»In Kranz. Er hat in Uppsala in Schweden an einem Kongreß teilgenommen und machte in Kranz für einige Tage Urlaub, um sich dann noch in Königsberg ein wenig umzusehen. Ihm ist nämlich ein Lehrstuhl an der Albertina angeboten worden.«
»Das wäre ja prima! Dann würdest du also in Königsberg leben ...«
»Ich weiß nicht«, sagte sie und krauste die Nase, »ich könnte mir eigentlich etwas Besseres denken.«
Zu Mittag gab es eine Gemüsesuppe quer durch den Garten mit einem ordentlichen Stück Rindfleisch darin. Vater ließ es sich schmecken, und Lotte wartete mit ihrer Überraschung, bis er sich seine Pfeife angezündet hatte. Er stopfte sie nicht mehr mit Steinklee, denn es gab schon wieder richtigen Tabak zu kaufen. Die letzten Jahre in Bartenstein waren Vater gut angeschlagen. Der Bauch füllte wieder die Weste, und der Wind strich ihm nicht mehr zwischen Hals und Kragen über die Brust. Wenn er mit seinem wallenden weißen Bart, den breitrandigen Schlapphut auf dem Kopf, durch die Straßen ging, fiel es dem schlimmsten Laux nicht mehr ein, hinter ihm herzulaufen und ›Knookejerüst‹ oder ›Dot von Warschau‹ zu schreien. Nur einmal hatte es eine kleine Verstimmung gegeben, als jemand Großmutter für seine Frau und Mutter für der beiden Tochter gehalten hatte. Daß Mutter sich dabei recht geschmeichelt gefühlt hatte, ist nicht verwunderlich, aber gerade das hatte Vater sehr gegen den Strich gebürstet. –

Als Lotte schließlich die Partie eröffnete, sehr vorsichtig und gewunden, da fiel Vater durchaus nicht aus den Wolken, im Gegenteil, er meinte, daß der Urlaub in Kranz sich gelohnt habe und daß es für Lotte wohl auch höchste Zeit geworden sei, unter die Haube zu kommen. Das wiederum schien Lotte nicht gern zu hören, sie hüstelte nervös und trommelte mit den Fingerspitzen einen kleinen Wirbel auf die Sessellehne.

»Mutter war immerhin dreißig, als ihr geheiratet habt! Und du warst fünfundvierzig!«

»Na ja, na ja«, brummte Vater, »ich wollte damit ja auch nichts sagen. Und wie alt ist dein Professor?«

»Zehn Jahre älter als ich...«

»Na, dann hat er sich aber auch Zeit gelassen...«

»Gott sei Dank!«

Vater verschlug es denn doch ein wenig den Atem, als sich sein zukünftiger Schwiegersohn am Nachmittag vorstellte. Ich hatte ihm die Nachricht ins Hotel gebracht, daß er zum Kaffee erwartet würde. Wir hatten noch eine halbe Stunde Zeit und bummelten ein wenig durch die Stadt. Er schien von Bartenstein sehr angetan zu sein, besonders vom Heilsberger Tor, über dessen Entstehungsgeschichte er gern genaue Daten erfahren hätte. Leider sah ich es mir, durch ihn darauf aufmerksam gemacht, eigentlich zum ersten Mal richtig an, denn bis dahin hatte mich der gotische Bau bedeutend weniger interessiert als die Landstreicher und Trunkenbolde, die dort zur Feststellung ihrer Personalien oder zum Ausnüchtern für einige Tage eingesperrt saßen und den Passanten durch die Gitter unflätige Bemerkungen zuriefen – besonders den Damen.

»No ja«, sagte er begütigend, weil ich mich für meine Unwissenheit ein wenig schämte, »laß es gut sein, ich habe mir in deinem Alter den Besuch der Lemberger Museen

auch für spätere Zeiten aufgehoben.«
Da er an alten Gebäuden und Überbleibseln aus der Vergangenheit Gefallen zu haben schien, führte ich ihn auf einem kleinen Umweg auch noch zu den anderen Sehenswürdigkeiten, zum Barto und der Guste Balde und zu dem alten Opfertisch aus der Heidenzeit. Die steinernen Pruzzengötter und die Steinplatte, auf der man die Vertiefung für den Kopf des Opfers und die Rinnen, in denen das Blut abgeflossen war, noch deutlich sehen konnte, schienen ihn sehr zu beeindrucken ...
»Weißt du«, sagte er und wischte sich den Schweiß von der Stirn, denn es war ein glühender Augusttag, »als ich ein Bub war, so in deinem Alter, da wünschte ich mir nichts sehnlicher, als einmal Missionar zu werden und in Samoa und auf den Fidschi-Inseln die Heiden zum Christentum zu bekehren. Aber ich war wohl nie ein großer Held, und bei dem Gedanken, eines Tages vielleicht im Kochtopf oder auf solch einem Steintisch zu landen, bin ich doch lieber daheim geblieben und Professor geworden.«
Ich meinte, daß er sich deswegen nicht zu schämen brauche, denn auf dieses Risiko hätte ich mich auch nicht eingelassen – und das schien ihn sehr zu trösten. Weil er aber von diesen Steinen gern ein Bild nach Wien mitnehmen wollte, um es seinen Freunden und Studenten zu zeigen, führte ich ihn quer über die Straße zum Fotografen Petri, bei dem es nicht nur Ansichtskarten von den Steinen, sondern auch vom Heilsberger Tor und von der evangelischen Kirche zu kaufen gab, von der ich zum ersten Mal hörte, daß es sich bei ihr um eine spätgotische Backstein-Basilika handle, die von Kunsthistorikern für ein bedeutendes Bauwerk gehalten werde. Daraufhin beschloß ich, mir die Kirche auch einmal genauer anzusehen; aber ich besaß wohl noch nicht das richtige Auge für die Backsteingotik,

denn ich fand nichts Aufregendes dabei.
Mutter hatte den Kaffeetisch gedeckt, als ob Pfingsten-Erst-Feiertag sei. Auf ihrer schönsten Strickdecke stand das Berliner Porzellan, das Onkel Benjamin den Eltern zur Hochzeit geschenkt hatte, und auf einer Platte häufte sich ein ganzer Berg frisch gebackener knuspriger Waffeln. Die gab es zwar oft; denn das Rezept – auf dem Waffeleisen in erhabenen Buchstaben zu lesen – war sehr einfach, man brauchte dazu nur Mehl, Wasser und ein Ei. Aber frisch vom Eisen schmeckten sie genauso gut wie der beste Sandkuchen.
Wenn es Vater bei der ersten Begegnung mit dem Herrn, den Lotte ins Haus geführt hatte, auch ein wenig die Stimme verschlug, so ließ er sich den kleinen Schreck, seine Tochter an einen Gartenzwerg abgeben zu müssen, nicht anmerken, und es dauerte keine halbe Stunde, bis ihn der gescheite, weltgewandte und humorvolle Mann so für sich eingenommen hatte, daß er Lotte zu ihrer Wahl nur beglückwünschen konnte. Zudem kam, daß der Gast zwar Theologe und Lizentiat, vor allem aber Historiker war und sich aus Neigung und Herkommen mit slawischer und altslawischer Kirchengeschichte beschäftigte. Und Vaters Hochachtung wuchs noch, als er feststellte, daß der Professor das Polnische genauso gut beherrschte wie er selber, und das Russische dreimal besser.
Am gleichen Nachmittag bat Herr Völcker Vater um eine Unterredung unter vier Augen, legte ihm seine Einkommens- und Vermögensverhältnisse dar – die Vater sehr beeindruckten – und bat ihn um Lottes Hand. Die zwanzigtausend Mark, die Lotte von ihrer Mutter geerbt hatte, waren durch Zins und Zinseszins in den verflossenen zwanzig Jahren fast ums Doppelte angewachsen, ein schönes Vermögen, wenn die anschleichende Inflation an

dem Erbe nicht bereits kräftig genagt hätte. Herr Völcker blieb noch drei Tage in Bartenstein und reiste dann nach Wien zurück. Es muß Lotte in diesen Tagen wohl gelungen sein, ihm Königsberg madig zu machen, denn er blieb Wien und seinem Lehrstuhl an der Rudolphina treu. Sie hatten vereinbart, daß Lotte ihm einige Tage später nach Wien nachreisen sollte, um die Stadt kennenzulernen und sich nach einer Wohnung umzusehen.

»Das kommt überhaupt nicht in Frage, daß du allein nach Wien fährst!« sagte Vater mit einer Entschiedenheit, als beabsichtige er, sich notfalls vor die Lokomotive zu legen.

»Aber Julchen!« meinte Mutter, »was du schon wieder denkst! Ein Professor und ein Theologe dazu...!«

Doch Vater erwiderte, das wären auch nur Menschen, und er bestand darauf, daß Lotte in Begleitung fahren müsse. Schließlich erklärte sich Else dazu bereit, als Anstandsdame nach Wien mitzufahren, allerdings unter der Voraussetzung, daß Vater die Reisekosten übernehme. Das war Vater die jungfräuliche Ehre seiner Tochter wert.

Vierzehn Tage später kamen die beiden Damen von ihrer Reise zurück, von Wien höchst angetan, von der Generosität, mit der Herr Völcker sie verwöhnt hatte, hell begeistert und äußerst zufrieden darüber, in Wien eine Wohnung gefunden zu haben, die das Prädikat ›hochherrschaftlich‹ voll verdiente.

»Eine Wohnung in der Nähe des Stadtparks, wo der Johann Strauß vergoldet in einem Marmorbogen geigt«, erzählte Else sichtlich beeindruckt, »im zweiten Stockwerk, mit Lift! Fünf Riesenzimmer! Und hinter der Küche ein richtiger Dienstbotentrakt. Und Karl will eine böhmische Köchin engagieren, weil er die böhmische Küche bevorzugt. Und ein Stubenmädchen! Und ein Kinderfräulein, falls das einmal notwendig werden sollte! Ich sage euch,

Lotte hat wirklich in den Glückstopf gegriffen!«
»Böhmische Küche...« sagte Mutter mit verkniffenen Lippen, »na, ich weiß ja nicht! Aber wenn es durchaus sein muß, bitte, von mir aus... Da ißt man doch Knödel oder so was.«
»Fünf Zimmer«, knurrte Vater, »wer soll die möblieren?«
»Ihr braucht euch um nichts zu kümmern«, beruhigte ihn Lotte. »Es genügt, wenn ich eine Wäscheaussteuer mitbringe.«
Sie hatte inzwischen ihre Entlassung aus dem Schuldienst in die Wege geleitet. Auch ihre Freundin Clara hatte den Schuldienst quittiert. Denn wie Lotte hatte auch sie in Kranz einen Herrn kennengelernt, der in Deutschland Urlaub machte, in Mexiko als Ingenieur tätig war und sie bald nach Mexiko entführte. Die Damen lösten ihre Wohnung in Sonnenborn auf und lebten zumeist bei Else in Königsberg, um dort gemeinsam ihre Aussteuern zu besorgen. Aber die Inflation hatte ihre Gangart inzwischen verschärft. Die Waren verschwanden aus den Schaufenstern und wanderten in die Lager, und als Lotte nach der Hochzeit im Frühjahr 1923 endgültig nach Wien übersiedelte, da konnte sie ihre Aussteuer in zwei Koffern mitnehmen, und deren Inhalt bestand zum größten Teil aus Wäschestücken, die Else und Mutter aus ihren Beständen beigesteuert hatten.
Wir Jungen wurden mit den Zahlen, die bald in astronomische Höhen hinaufkletterten, erstaunlich rasch fertig. Die Eltern taten sich schon schwerer, und Großmutter schließlich wurde von den vielen Nullen auf den Banknoten ganz schwindlig im Kopf. Sie sparte das Papiergeld, füllte damit die Schubladen und Schrankfächer und starb in der festen Überzeugung, uns ein Riesenvermögen hinterlassen zu haben. Wenn Vater sein Gehalt – zum Schluß

der Inflation in prall gefüllten Aktenmappen – heimbrachte, dann stürzten Mutter und Großmutter in die Stadt, um zu kaufen, was es nur zu kaufen gab, denn schon die nächste Stunde, gewiß aber der nächste Tag konnte eine Verdoppelung der Preise bringen. Einmal entdeckte ich im Schaufenster von Nelson, einem Konfektionsgeschäft am Markt, einen rostbraunen Mantel in hochmodernem Raglanschnitt, der mit 360 000 Mark ausgezeichnet war. Ich rannte nach Hause, um Mutter zu überreden, mir das gute, dringend benötigte Stück zu kaufen. Aber da war nichts zu machen.

»360 000 Mark für einen Mantel! Bist du denn von allen guten Geistern verlassen?«

»Aber Muttchen, heute nachmittag kostet er vielleicht schon 380 000 Mark, und morgen 400 000...«

Er kostete nicht 400 000, sondern 440 000 Mark und war am nächsten Tag aus dem Schaufenster verschwunden. Wenige Tage später begannen wir mit Millionen zu rechnen.

Wenn ich heute an jene Zeit zurückdenke, dann erstaunt es mich immer wieder, wie wenig uns interessierte, was auf der Welt geschah. Wir lebten wie auf einer Insel, zu deren Gestaden das Getöse der politischen Ereignisse nur gedämpft herüberdrang. Ein wenig Aufregung brachte das Plebiszit in dem masurischen Teil der Provinz, das mit einem überwältigenden Votum auch der masurisch sprechenden Bevölkerung für die deutsche Staatsangehörigkeit endete. Aufregender aber als die Abstimmung an sich, zu der auch Vater nach Arys fuhr, um dort seine Stimme abzugeben, war der Wirbel, den sie bei uns zu Hause verursachte. Denn von überall her, aus Berlin, aus Breslau, aus Bremen und sogar aus Gelsenkirchen kamen Verwandte angereist, um ihr Stimmrecht auszuüben und im

Anschluß an die Abstimmung alte Familienbande neu zu knüpfen. Mutter mußte viele Handarbeiten opfern, um die ausgehungerte Verwandtschaft satt zu kriegen. Sie fraßen Mutters Speisekammer ratzeputze leer und schieden in der Überzeugung, daß wir in Ostpreußen wie die Maden im Speck lebten.

Als das Abstimmungsergebnis bekanntgegeben wurde, ging eine Welle der Begeisterung durch die Provinz, die auch Bartenstein überspülte. In diesen Tagen gründete der Primaner Wilhelm Grzybowski den ›Bund nationaler Gymnasiasten‹, dem die oberen Klassen geschlossen beitraten. Grzybowski war Pfarrerssohn, ein kleingewachsener Bursche mit einem pechschwarzen Haarschopf und buschigen Brauen, unter denen die dunklen Augen Blitze sprühten, wenn er gegen den Schandvertrag von Versailles, gegen den Verräter Roosevelt, gegen das Sozigesindel in Berlin oder gegen den Dawes-Plan zu Felde zog. Das Material für seine Reden lieferte ihm der deutschnationale Parteisekretär Christofczyk, der zuweilen nach der Rede unseres Vorsitzenden das Wort zu einer flammenden Ansprache ergriff. Zum Schluß sangen wir die Wacht am Rhein oder das Gaudeamus, wobei großer Wert darauf gelegt wurde, bei der Laudatio auf ›res publica et qui illam regit‹ aus dem Präsens regit das Perfekt rexit zu machen und dabei das X überdeutlich zu betonen. Neben den nationalen Aspekten aber verfolgte Grzybowski auch andere, sozusagen schulpolitische Ziele. Er hatte den Bund nationaler Gymnasiasten nach studentischem Comment aufgezogen. Bei den zahlreichen Kommersen, bei denen es zunächst allerdings nur Dünnbier gab, trugen wir schwarz-weiß-blaue Couleurbänder auf der Brust, waren in Burschen und Füchse aufgeteilt, rieben Salamander und mußten auf Befehl des Präsiden in die Kanne steigen, wenn wir uns eines Vergehens gegen den strengen Comment schuldig gemacht hatten. Grzybowskis Antrag, den Bundesbrüdern zu gestatten, innerhalb und außerhalb der Schule Couleur tragen zu dürfen, wurde vom Chef schroff abgelehnt. Erstaunlicherweise gelang es Grzybowski jedoch, Herrn Kröhnert zu bewegen, die je nach Klasse verschiedenfarbigen Mützen abzuschaffen und an ihrer Stelle eine blaue Tellermütze mit schwarz-weiß-blauem Stirnband einzuführen. Wir feierten dieses Ereignis als einen triumphalen Sieg unseres Bundes, denn für jene Pennäler, die kleben blieben, war es natürlich ziemlich peinlich, zum neuen Schuljahr mit der alten Klassenmütze aufkreuzen zu müssen und damit der ganzen Stadt zu zeigen, daß man das Klassenziel leider nicht erreicht hatte. Besonders bei den Kleinen gab es da bittere Tränen, wenn die Klippschüler mit Spottversen hinter ihnen herzogen: ›Kleben jeblieben, Kartoffel jerieben, Honig jeleckt, am Arsch verreckt ...‹

Ob Grzybowskis energisches Eintreten für die Einheitsmütze der dunklen Ahnung entsprang, daß er am Abitur scheitern würde, sei dahingestellt, fest steht jedoch, daß er an dieser Klippe Schiffbruch erlitt, aus Bartenstein verschwand und daß der Bund nationaler Gymnasiasten nach seinem Weggang ohne rechten Schwung dahinsiechte und sich bald darauf auflöste.

Wenn auf den festlichen Kommersen auch das stramm nationale und hohenzollerntreue rexit beim Gaudeamus mehr oder weniger aus vaterländischem Pflichtgefühl ertönte, so sangen wir bald jene Strophe, in der das Vivat den mulieres und vor allem den virgines faciles formosae galt, mit richtigem Elan und feuriger Beschwingtheit. Und mein spezielles Vivat galt dabei dem dunkelblonden Kätchen, in das ich mich bei unserer gemeinsamen Konfirmation durch Herrn Superintendenten Nietzki unsterblich verliebt hatte. Der holde Zauberbann der ersten Liebe erfüllte mein Herz mit solcher Glut, daß ich eine Schwäche in den Knien spürte, wenn ich das Kätchen nur von weitem sah, und es verging kein Tag, an dem ich ihr nicht wenigstens ein halbes Dutzend glühender Gedichte widmete. Und als sie mir eine lila Zopfschleife schenkte, trug ich sie fortan als Krawatte vor der Brust und hätte Herrn Westphal kaltblütig ermorden können, als er mich mit seiner näselnden Stimme fragte: »Menschenskind, was haben Sie sich da bloß um Ihren Jünglingshals geschlungen? Einen lila Schlips? Da kommt einem ja der Kaffee hoch ...« Die Klasse grinste – und er schaltete sofort: »Entschuldigen Sie meine Taktlosigkeit, ich habe ja keine Ahnung davon gehabt, daß ich mit meiner Bemerkung zärtliche Gefühle in Ihrem Herzen verletzt habe.« – Natürlich wurden seine Worte mit einem brüllenden Gelächter quittiert, worauf ich dunkle Pläne spann, nicht nur ihn, sondern zuerst ihn und dann die ganze Klasse umzubringen.

Gewiß kannte ich Kätchen schon seit längerer Zeit, vom Eislaufen her und von den Schlittenfahrten, zu denen uns der Vater von Tutti Meier Kutscher und Pferd überlassen hatte. Aber da war kein Funke in mein Herz gefallen. Der sprang auf mich in dem Augenblick über, als Herr Nietzki in unserer Backsteinbasilika die Hände erhob und über uns den Segen sprach, mit dem wir Konfirmanden in die Christengemeinde aufgenommen wurden. Wir hatten kurz zuvor – die Jungen links und die Mädchen rechts vom Altar – unsere Sprüche brav aufgesagt. Kätchen vor lauter Aufregung ein bißchen stotternd; da hatte ich ihr ermutigend zugenickt, sie brachte ihren Spruch glücklich zu Ende und dankte mir mit einem sanften, schüchternen Lächeln, das ihr blasses Gesicht über dem weißen Kleid-

chen wunderbar verschönte. Und da funkte es. Bei mir jedenfalls. Bei ihr dauerte das ein wenig länger. –
Mehr als ein Dutzend Verwandte hatten sich zu meiner Konfirmation bei uns eingefunden. In dem riesigen Eßzimmer hatte Mutter eine große Tafel gedeckt, und zum ersten Mal war Mutter damit zufrieden, daß die Wohnung wenigstens bei solch festlichen Anlässen Raum genug auch für die doppelte Anzahl von Gästen geboten hätte. Sie waren alle gekommen, Tante Elma mit ihrem Aurelius Piepus, der mit einer ganzen Batterie von selbstgebrauten Schnäpsen und Likören anrückte, denn der Sprit stand ihm in seiner Apotheke ja reichlich zur Verfügung. Tante Grete hatte ihren gelähmten Karl in Piktupönen unter guter Obhut zurückgelassen; ihm war dort eine Postagentur übertragen worden. Die große und freudige Überraschung aber war der Besuch von Onkel Walter, Tante Elmas Zwillingsbruder. Das letzte Mal hatte er uns auf seinem letzten Europa-Urlaub im Jahre 1912 zusammen mit Tante Miekchen besucht. Damals war er mit einem Phaeton und Herrn Janson als Chauffeur bei uns in Königsberg in der Ziegelstraße vorgefahren und hatte mir – unvergeßliche Erinnerung – ein goldenes Zwanzigmarkstück geschenkt, für das ich bei Jarzymbowski einen Zentner Bruchschokolade gekauft hatte. Nun, Deutsch-Ostafrika hatten wir durch den Krieg verloren, und damit war Onkel Walter auch sein Schiffsausrüstungs-Geschäft in Daressalam, seine Sisalplantagen und sein Vermögen losgeworden. Bis 1916 hatte er unter Lettow-Vorbeck mit seinen Askaris gegen die Engländer gekämpft, war in eine Falle getappt, gefangen genommen worden und erst im Jahr zuvor aus einem englischen Gefangenenlager in Ägypten entlassen worden. Tante Miekchen hatten die Engländer gleich nach Kriegsausbruch nach Ägypten verfrachtet, wo

sie bis zum Kriegsende in einem Internierungslager mit den Kindern gelebt hatte. Äußerlich hatte Onkel Walter nichts von seiner strotzenden Kraft verloren, er konnte immer noch Hufeisen auseinander- und Geldstücke zwischen Daumen und Zeigefinger zusammenbiegen, und sein Lebensmut und Unternehmungsgeist waren genauso ungebrochen wie seine Körperkraft. Nach einigen fehlgeschlagenen Versuchen, sich im Hamburger Raum oder in Berlin eine neue Existenz zu gründen, hatte er einen französischen Capitaine kennengelernt, der als Offizier der Besatzungsmacht im Memelland stationiert war. Dieser Capitaine Maurice Bertin hatte Onkel Walter, von dessen Trinkfestigkeit tief beeindruckt, den Vorschlag gemacht, es doch einmal im Memelland zu versuchen. Und dort war Onkel Walter tatsächlich gut gelandet und hatte in Pogegen eine Zigarettenfabrik gegründet, in der er die Sorten ›Askari‹ und ›Simba‹ herstellte und sich damit rasch durchsetzen konnte. Mir brachte er als Konfirmationsgeschenk ein außen versilbertes und innen feuervergoldetes Zigarettenetui mit, und zur Füllung des Etuis einen Fünfhunderterkarton der Marke ›Simba‹. Vater machte das gleiche Gesicht wie vor zehn Jahren, als Onkel Walter mir das Goldstück geschenkt hatte. Und leider sollte er mit seinen Befürchtungen recht behalten. Diese fünfhundert Zigaretten waren der Anfang von jenen fünfhundert völlig vergeblichen Versuchen späterer Jahre, mir das Rauchen abzugewöhnen ...

Natürlich wurde Onkel Walter von allen Seiten gefragt, wie es denn Tante Miekchen ginge und wie sie mit den Kindern die lange Internierung in Ägypten überstanden habe. Er erzählte dies und er erzählte jenes, daß sie ein wenig leidend sei und lieber daheim geblieben wäre, aber man merkte ihm an, daß ihm die Fragen lästig waren. Bis Mut-

ter ihn stellte und zu erfahren wünschte, was nun mit Miekchen eigentlich los sei.
»Also los, Walter, red nicht länger herum! Hat es zwischen dir und Miekchen Knatsch gegeben?«
»Also schön, wenn du es ganz genau wissen willst, Karolinchen – sie ist der Kinder wegen zu Hause geblieben.«
»Na hör einmal, erstens hätte sie die beiden Jungen ruhig mitbringen können, und wenn sie das nicht wollte, dann sind die Bengels doch wahrhaftig alt genug, um zwei oder drei Tage allein fertig zu werden. Und eine Marjell werdet ihr wohl auch haben. Oder nicht? Geht es mit deiner Zigarettenfabrik doch nicht so gut voran, wie du erzählt hast?«
»Ach was! Der Laden läuft ausgezeichnet. Aber es sind nicht zwei, sondern drei Jungens. Und der Jüngste ist gerade zwei Jahre alt geworden ...«
»Moment mal, Moment mal!« sagte Mutter verblüfft, als traue sie ihren Ohren nicht, »du hast uns doch gerade erzählt, daß du und Miekchen in verschiedenen Lagern und weit auseinander untergebracht wart. Habt ihr euch denn von Zeit zu Zeit besuchen können?«
»Wir haben uns fünf Jahre lang nicht gesehen«, knurrte Onkel Walter und nahm aus einer der Flaschen, die der Aurelius Piepus mitgebracht hatte, einen kräftigen Schluck.
»Dann ist das Kind also ...« sagte Mutter mit dem letzten Atemrest.
»Vermutlich von einem englischen Lagerkommandanten. Aber so genau will ich das gar nicht wissen.«
»Armer Walter ...!« seufzte Mutter tief erschüttert.
»Na, nu laß man, Lina«, sagte Onkel Walter und roch am Flaschenhals, »im Krieg sind schlimmere Sachen passiert. Da wurde nämlich viel gestorben. Und so'n bißchen neues Leben kam gelegentlich auch auf die Welt. Und wenn ich

im Lager Gelegenheit gefunden hätte, etwas zum Ausgleich für das viele Sterben zu tun, na, ich weiß nicht. Leider hatte ich solch eine Gelegenheit nicht. – So – und nun wollen wir das Gespräch beenden. Was du wissen wolltest, weißt du jetzt. Vielleicht kannst du es für dich behalten, vor allem vor Mama – wenn es dir auch schwerfällt ...«

Mutter hob die Schwurfinger, daß sie wie ein Grab schweigen werde. »Ich frage mich nur«, seufzte sie, »wie das zwischen euch beiden weitergehen soll?«

»Irgendwie ...« murmelte Onkel Walter und überließ es Mutter, selber nach der Antwort zu suchen.

Nicht lange danach ließen sich Onkel Walter und Tante Mieke scheiden. Er nahm die Alleinschuld an der ehelichen Zerrüttung auf sich – und warnte mich in späteren Jahren eindringlich davor, den Kavalier zu spielen, falls mir je im Leben ähnliches zustoßen sollte. »Weißt du, mein Junge«, sagte er, »für die eigenen Kinder zu zahlen, die einem entfremdet werden und von denen man nichts mehr hat, ist schon bitter – aber für 'nen Kuckuck blechen zu müssen, goddam, das stößt sauer auf!«

Onkel Walter kam noch zwei- oder dreimal zu uns nach Bartenstein auf Besuch. Aus dem Memelland konnte er Mutter natürlich nicht wie früher, wenn er aus Afrika kam, Straußenfedern und goldgefaßte Löwenkrallen, und Vater elfenbeingeschnitzte Zigarrenspitzen mitbringen. Mir gegenüber blieb er spendabel, schob mir manchen Geldschein in die Tasche und nahm mich einmal zu einem Bummel nach Königsberg mit. Bei C. B. Ehlers tranken wir eine Flasche Mosel und im Blutgericht eine Flasche ›Blutgericht Nr. 7‹, dort aßen wir auch Königsberger Klopse, die im Blutgericht zu den Spezialitäten gehörten, und bummelten schließlich noch auf jenem Gelände, auf

das später der Kranzer Bahnhof verlegt wurde, über den Rummelplatz mit seinen Karussells und Schaubuden. Und von einer dieser Schaubuden, zu deren Attraktionen ein Annonceur in Frack und Zylinder das verehrte Publikum durch ein Megaphon heranzulocken versuchte, stürzte plötzlich ein baumlanger Neger, der dort als Feuerfresser auftrat, von der kleinen Vorbühne herunter, fiel vor Onkel Walter auf die Knie, umschlag seine Beine und brüllte beseligt und verzückt: »Bwana Simba! Bwana Simba!« Ein Haufen Leute drängte sich heran, dem Feuerfresser liefen dicke Tränen über die schwarzen Wangen, auch Onkel Walter konnte Tränen der Rührung nicht zurückhalten, denn dieser Neger war einer von den sechs Askaris, mit denen er im ostafrikanischen Busch in englische Gefangenschaft geraten war. Und Bwana Simba hieß auf Kisuaheli ›Herr Löwe‹ und war der Name, den die auf seiner Plantage arbeitenden Mafitis Onkel Walter gegeben hatten, nachdem er eine Löwin zur Strecke gebracht, die zuvor einen alten Mann und ein Kind gerissen und weggeschleppt hatte. Seine Askaris hatten den Ehrennamen übernommen. Onkel Walter hatte uns diese Geschichte und andere Abenteuer mit Schlangen, Büffeln und Elefanten schon vor zehn Jahren erzählt, mit Variationen, die zweifellos für sein Erzählertalent sprachen, die mich aber schon als Kind am absoluten Wahrheitsgehalt dieser Geschichten zweifeln ließen. Den ›Bwana Simba‹ zum Beispiel hatte ich ihm nie ganz abgenommen. Im Angesicht des Feuerfressers und der wahrhaft rührenden Wiedersehensszene mußte ich Onkel Walter innerlich zutiefst beschämt Abbitte leisten, je an seinen Worten gedreht und gedeutelt zu haben.
Vaters Konfirmationsgeschenk war eine große Überraschung, ein Geschenk, durch das ich mich sozusagen in

den Kreis der Erwachsenen aufgenommen fühlte. Er überreichte mir ein kleines Lederetui mit einem versilberten Rasierapparat, dazu ein Dutzend Klingen, einen Dachshaarpinsel und eine Stange Rasierseife. Der Aurelius Piepus, der schon wieder einige Schnäpse zuviel hinter die Binde gegossen hatte, flachste zwar, ich müßte nun täglich frischen Taubenmist auf Kinn und Oberlippe schmieren, denn für die Flaumhärchen, die mir unter der Nase sprossen, lohne sich der Apparat noch nicht. Was kümmerten mich die blöden Redensarten von dem alten, versoffenen Ekel! Obwohl es wirklich noch nicht nötig war, denn die Klinge hätte es allein geschafft, seifte ich nicht nur die Partie unterhalb der Nase, sondern auch das Kinn tüchtig ein und begann mit meiner ersten Rasur. Und – was ich später noch so oft erfahren sollte, daß bei der Rasur ein Einfall den Knoten löste, der eine Arbeit zum Stocken gebracht hatte – plötzlich kam mir eine Idee, die meinen Herzschlag für einen Augenblick stocken ließ.

Hamsuns *Victoria* hatte mich so stark beeindruckt, daß ich Mutters Frage, was ich mir von ihr zur Konfirmation wünsche, mit der Bitte um alle Romane, die bisher von Hamsun erschienen wären, beantwortete. Und da lagen die ersehnten Bände auf dem Tisch mit den Geschenken: *Hunger, Mysterien, Pan, Unter Herbststernen, Gedämpftes Saitenspiel* und *Segen der Erde*. Es war Herrn Stringe, dem Buchhändler in der Rastenburger Straße, tatsächlich gelungen, Mutters Bestellung zu besorgen. Eine gebundene Ausgabe von *Victoria* war auch dabei, denn ich besaß nur ein broschiertes Exemplar. Die Wahl war nicht schwer, ich zog die bitter-süße Liebesgeschichte zwischen Johannes und Victoria aus dem kleinen Bücherstapel und schrieb eine Widmung auf das Titelblatt:

Zur freundlichen Erinnerung an unsere gemeinsame Konfirmation!

In den Kellerräumen des Amtsgerichts war vor kurzer Zeit eine Wohnung eingerichtet worden, die ein Gefängnisbeamter namens Himmler mit seiner Familie bezogen hatte. Sein Sohn Otto besuchte die Tertia. Ich packte das Buch ein, lief zu Himmlers hinunter und konnte Otto gegen das Versprechen, ihm die nächsten drei Hausaufsätze zu schreiben, dazu bewegen, zum Bahnhof zu laufen und das Buch abzugeben. Kätchens Vater war nämlich Besitzer des Bahnhofsrestaurants. Otto Himmler kam nach einer Stunde zurück, schnaufte leicht, denn er war mit vier Stücken Cremetorte und drei Tassen Schokolade vollgestopft worden, und brachte mir ein Päckchen mit, das schön in Seidenpapier eingeschlagen und mit einem blauen Bändchen verschnürt war. Fraglos auch ein Buchgeschenk. Ich öffnete die Verschnürung in meiner Bude mit zitternden Händen. *Zwei Menschen* von Richard Voss! Und innen stand in einer sauberen Lycealschrift ebenfalls eine Widmung: Zur Erinnerung an unsere Einsegnung!

Victoria dort, *Zwei Menschen* hier, zwei Liebesgeschichten zwar, die mit Tod und Entsagung kein glückliches Ende nehmen – aber was galt das schon! Die Hauptsache blieb doch, daß es zwei Liebesgeschichten waren, die wir einander zugedacht hatten, und ich hoffte, daß Kätchen meinem Buch die gleiche zärtliche Deutung geben würde, die ich ihrem gab, als ich – frisch rasiert und sehnsuchtsvoll – meine Lippen auf ihre Schriftzüge preßte. –

Damit begann die Zeit der Stadtbummel, der Sonntag-Vormittags-Promenaden rund um den Marktplatz, des täglichen Flanierens auf dem Bahnhofsvorplatz zum Vier-Uhr- und zum Acht-Uhrzug, wobei mir Paul Krause und Alfred Klahr Gesellschaft leisteten, denn auch sie hatten Feuer gefangen, aber, weniger glücklich als ich, für das gleiche Mädchen, Elsbeth Kempa, die mit Kätchen zusammen die letzte Lycealklasse besuchte. Da begegneten sie uns, wir schwenkten die Mützen zum Gruß, sie zogen zu dritt oder zu viert an uns vorüber, kicherten verschämt, bekamen rote Köpfe und wagten kaum, uns einen Blick zuzuwerfen. Nein, mehr war nicht drin. Aber schon der Anblick unserer Flammen ließ unsere Herzen höher schlagen. Mich zog es täglich mit magischer Gewalt zum Bahnhof, auch außerhalb der Ankunftszeiten der Züge. Manchmal wurde das letzte Fenster in dem roten Bahnhofsgebäude über dem Restaurant geöffnet, Kätchen blickte verträumt über die Gleise in die Ferne, und über ihrem aufgesteckten kastanienbraunen Haar flatterte eine große weiße oder hellblaue Schleife. Wenn ich heraufgrüßte, nickte sie mir verlegen zu und verschwand rasch vom Fenster, um ihr errötendes Gesicht hinter der Gardine zu verbergen. Nie wieder habe ich ein Mädchen kennengelernt, das so wie Kätchen erröten konnte. Es war, als verteile sich eine Blutwelle blitzschnell vom Gesicht über den Hals zu den Armen und über die ganze Haut, ich glaube, sie errötete bis zu den Knöcheln hinab, aber das will ich nicht beschwören, denn ich habe sie nie strumpflos gesehen.

An das Restaurant schloß sich ein Garten an, der in der warmen Jahreszeit von den Gästen gern besucht wurde. Und wenn die Sonne allzu heiß niederbrannte, fand man in einer Laubenkolonnade am Ende des Gartens Schatten und Kühlung. In diesem ungewöhnlich warmen September fanden wir uns in den Lauben gern zusammen, um ein blondes Bierchen zu trinken oder ein Fruchteis zu löffeln, ungestört, denn unsere Pauker verkehrten hier nicht; sie bevorzugten die Weinstuben von Freinatis oder den ›Bar-

tensteiner Hof‹. Die Konfirmation hatte uns allen reichliche Geldgeschenke eingebracht, und da das Geld von Tag zu Tag an Wert verlor, galt es, die Scheine rasch umzusetzen.
An solch einem warmen Septembertag machte ich mich wieder einmal auf den Weg zum Bahnhof, aber zu meiner schmerzlichen Enttäuschung blieb Kätchens Fenster geschlossen. In der Absicht, mir ein Himbeer-Sodă zu leisten, schlenderte ich zum Garten, der menschenleer in der Sonne lag – und dann setzte mein Pulsschlag aus, und die Knie füllten sich mit Blei, denn in der schattigen Kolonnade saß Kätchen, einen Schulatlas vor sich auf dem Tisch und einen Zeichenblock auf den Knien, eifrig darum bemüht, Westeuropa in seinen Umrissen auf das Papier zu bannen. Ich betrachtete das Werk stumm, nicht aus Ergriffenheit, sondern weil mir ein dicker Kloß im Halse steckte.
»Warum paust du nicht einfach durch?« fragte ich schließlich, nur um etwas zu sagen und um von ihr nicht für einen Tölpel gehalten zu werden.
»Das wäre doch nicht ehrlich«, sagte sie, und in ihre roten Wangen kehrte wieder die natürliche Farbe zurück, »und außerdem würde es wenig nützen, wenn wir morgen an der Tafel den Umriß von Europa nach dem Gedächtnis aufzeichnen sollen...«
»Dann allerdings...« murmelte ich.
»Aber gut, daß du mich hier angetroffen hast«, sagte sie, »ich wollte mich schon längst bei dir für das Buch bedanken, das du mir geschenkt hast...«
»Und ich mich bei dir für deins. Ich habe es gleich am nächsten Tag gelesen.«
»Und ich habe mit *Victoria* noch am gleichen Abend angefangen. Da kommt der Voss mit seinen *Zwei Menschen*

aber nicht mit. Fast habe ich mich für mein Geschenk ein bißchen geschämt...«
»Aber nicht doch! Ein Hamsun ist es allerdings nicht...«
»Oh, von dem möchte ich mehr lesen...«
»Das kannst du gern haben, ich habe mir nämlich von meiner Mutter zur Einsegnung ein halbes Dutzend Hamsuns schenken lassen...«
»Du liest gern, nicht wahr?«
»Ja, sehr gern – und viel...«
»Du sollst auch sehr gute Aufsätze schreiben...«
»Nun ja, es geht...« sagte ich bescheiden.
Dann vestummten wir. Kätchen klappte ihren Atlas zu, verwahrte den Bleistift in der Federtasche und schlug auch das Vorsatzblatt über den Zeichenblock...
»Willst du etwa schon gehen?«
»Ich werde wohl müssen – auch wenn mein Vater heute nicht im Geschäft ist. Er mußte nämlich nach Königsberg zum Einkaufen fahren...«
Der Papa, der als recht streng galt, war also in Königsberg. – Das sagte sie doch nicht von ungefähr...
»Kannst du nicht wenigstens noch ein kleines Weilchen bleiben? Ich habe doch so lange gewartet und gehofft, dir einmal zu begegnen...«
Sie zögerte ein wenig: »Wenn meine Mama es erlaubt...« sagte sie schließlich und verschwand im Haus. Ich blieb für eine Weile allein unter dem schattigen Laubdach der Kolonnade zurück. Über mir gurrte ein Taubenpärchen. Der Tauber schien sehr aufgeregt zu sein. Die Sonne warf zitternde Lichtkringel auf den Bretterboden. Im nahen Verladebahnhof wurden schwere Stückgüter zu den Waggons gerollt. Hin und wieder war die Pfeife des Lademeisters zu hören, dem Signal folgte das Anrucken der Lokomotive und das polternde Geräusch aufeinandersto-

ßender Puffer. Nun, wenn die Mama nicht so streng wie der Vater war, durfte ich wohl hoffen...

Und sie kam, mit zwei Gläsern Himbeer-Soda in den Händen, die Gläser tauig beschlagen.

»Heiß heute...« sagte Kätchen und setzte ein Glas vor mir auf den Tisch.

»Genau mit der Absicht, so etwas zu trinken, bin ich hergekommen...«

»Na, dann freut es mich, das Richtige erwischt zu haben.«

»Und was sagte deine Mama?«

»Sie wollte mir Kaffee und Kuchen mitgeben, aber ich dachte mir gleich, daß dir etwas Frisches lieber sein würde.«

Ich tat einen durstigen Zug. Kätchen nippte an ihrem Glas und setzte es ab. Ihre Hand blieb auf dem Tisch liegen. Am Ringfinger funkelte ein Karneol, so neu, daß ich vermutete, sie habe ihn zur Konfirmation bekommen.

»Ach, Kätchen«, sagte ich mit einer Trockenheit im Hals, die der kühle Trank nicht zu beseitigen vermochte. Über uns gurrten noch immer die Tauben. Meine Hand tastete sich zu ihrer hin. Die Finger krochen ganz vorsichtig wie kleine Beine zu ihren Fingerspitzen hin... hatten sie fast erreicht... und gerade wollte ich stammeln, wie unsagbar verliebt ich in sie sei –

Da fiel etwas von oben durch das Laubdach herunter, zerplatzte warm und grau auf meinem Handrücken, und da hatte mir doch dieser gottverdammte Tauber vor lauter Aufregung, zum Ziel bei seiner Taube zu kommen, glatt auf die Hand gesch...! Einen weniger geeigneten Moment hätte sich das Biest wahrhaftig nicht aussuchen können. Kätchen erstarrte zuerst. Dann begann sie zu kichern. Dann pruschte sie heraus. Und dann dauerte es fünf Minuten, bis sie sich ganz beruhigt hatte. Zeit für mich, um im Waschraum zu verschwinden und die graue Schweinerei zu beseitigen. Also bitte, wenn so etwas auf dem Markus-Platz in Venedig passiert wäre, wo die Tauben zu Tausenden herumflattern, oder vor der Theatinerkirche in München, wo man die Sandsteinfiguren vor den Tauben und ihrem Dreck mit Drahtgittern schützen muß, aber nein, das passierte mir hier, wo genau zwei von diesen Biestern über unseren Köpfen gurrten. Ich fühlte mich gedemütigt und bis auf die Knochen blamiert. Aber Kätchen nahm die Sache ganz gelassen: »Besser auf die Hand als auf den Anzug«, meinte sie tröstend, »das gibt nämlich Flekken, die nicht mehr rausgehen. Das ist neulich dem Herrn Petermann passiert, als er hier stolz mit einem neuen blauen Anzug aufkreuzte. Der hat vor Wut fast geheult. Da lach ich doch lieber, nicht?«

Herr Petermann war Stammgast in der Bahnhofswirtschaft, weil er bei der Eisenbahn zu tun hatte. Ein kleiner, eleganter Mann, Junggeselle und auf den ›Junggesellen‹ abonniert, eine Zeitschrift, die als höchst frivol galt. Das Abonnement stempelte Herrn Petermann als Lustmolch ab, aber das war er sicherlich nicht, wenn er sich auch bemühte, als Ladykiller zu erscheinen. Er war ein ausgekochter Knobler und leidenschaftlicher Wetter und starb als Opfer seiner Wettleidenschaft an der Theke des Bahnhofsrestaurants, nachdem er eine Flasche Kognak bis auf einen winzigen Rest geleert hatte. Den letzten kleinen Schluck schaffte er nicht mehr.

Das Geständnis meiner Liebe hatte mir der Tauber oder die Taubendame gründlich vermasselt. Aber ich besaß ja die sechs Hamsun-Bände, und über die Literatur hielt ich die Verbindung zu Kätchen aufrecht. Und sie fand immer wieder Gelegenheit, meine Bitten um ein Stelldichein im Schützenpark oder am Alle-Ufer zu erhören. Ihre Freundinnen Suschen Fleischer, deren Eltern der ›Königsberger Hof‹ gehörte, Hanna Vonberg oder Hilde Sczekay wären jederzeit bereit gewesen, Stein und Bein zu schwören, daß Kätchen sich bei ihnen zur Erledigung der Schularbeiten aufgehalten hätte, wenn Kätchens Vater auf den Gedanken gekommen wäre, den immer häufiger werdenden Nachmittagsausflügen seiner Tochter zu mißtrauen. Und oben auf der Schwedenschanze, wo es in lauschigen grünen Nischen Bänke gab, die den Wanderer zum Verweilen einluden, erlaubte mir Kätchen den ersten Kuß, einen Kuß mit harten, fest geschlossenen Lippen, die sie sich hinterher mit dem Handrücken gründlich trockenrieb. Ich fürchte fast, daß sie von jenen Vorgängen, die dazu führen, daß auch Mädchen zu einem Kind kommen können, nur sehr verschwommene Vorstellungen hatte und mit dem Trokkenlegen der Lippen auf Sicherheit ging.

»Ich weiß nicht«, sagte sie dabei ein wenig atemlos, »aber du bist mir ein bißchen zu stürmisch ...«

Leider war es mit den heimlichen Rendezvous im Freien bald vorbei, denn der Novemberhimmel öffnete seine Schleusen, und die Stürme eines früh einbrechenden Winters entlaubten die herbstlich verfärbten Bäume und auch jene freundlichen Sträucher, die die Bänke und die Liebespaare so lange vor neugierigen Blicken geschützt hatten. Dafür erschien mit Genehmigung des Direktorats auf dem schwarzen Brett ein Anschlag, in dem Frau Wanda Aderjahn sich anzuzeigen beehrte, daß demnächst ein Tanzkurs stattfinde und daß die an einem solchen Kurs interessierten Herren Obersekundaner und Primaner höflichst eingeladen seien, daran teilzunehmen. Neben dem Unterricht im klassischen und im modernen Gesellschaftstanz (Quadrille, Walzer, English Valse, Tango, Foxtrott, One-step und Two-step) werde der Belehrung über gute Umgangsformen und gesellschaftlichen Schliff besonderer Wert beigemessen. Und das schien mit ein Grund zu sein, weshalb uns auch von Direktor Kröhnert und den Herren vom Lehrkörper der Besuch der Tanzstunde warm empfohlen wurde. Mit Ausnahme unseres Primus Röder, der wegen seiner nässenden Pickel Hemmungen hatte, meldeten wir uns geschlossen bei Frau Aderjahn an. Und geschlossen meldete sich auch die letzte Lycealklasse zu dem Kurs. Der Unterricht fand im Rathaussaal statt, und er bereitete manchem von uns insofern eine Enttäuschung, als die Mütter unserer Tanzdamen jedesmal geschlossen anrückten und auf einer Stuhlreihe an der Längswand des Saales, dem Drachenfels, eisern ausharrten und mit ihren Töchtern abzogen, wenn Frau Aderjahn die Stunde für beendet erklärte. Sie erschien mit dem Sechs-Uhr-Zug und fuhr um zehn nach Königsberg zurück, wo sie in der Luisenallee in einem großen Haus residierte.

Die Musik zu unseren Tanzversuchen steuerte Kantor Bolutus bei, auf einem uralten, arg verstimmten Piano, in das schon manches Glas Bier hineingeschüttet worden war, wenn bei den Festen des Schützenvereins die Wogen der Fidelitas überschäumten. Den Organistenposten hatte der Kantor der wahrhaft christlichen Toleranz unseres Superintendenten zu verdanken, denn es war kein Geheimnis, daß er soff. Sein Name stand auf den sogenannten Säuferlisten, die vom Landrat v. Gottberg unterschrieben, von den Wirten in allen Lokalen des Landkreises deutlich sichtbar aufgehängt werden mußten. Deshalb lautete die Antwort auf die Scherzfrage, wer die größten Säufer von Bartenstein und Umgebung wären: Der Kantor Bolutus und der Landrat v. Gottberg, da beide Namen ständig auf der Säuferliste zu finden seien. Wahrscheinlich gab es einige Gastwirte, die es mit dem Verbot, an die auf der Liste namentlich aufgeführten Personen Alkohol auszuschenken, nicht sehr ernst nahmen, denn wenn der Kantor wieder einmal sein Quartal hatte, irrten seine Frau und seine Tochter, zwei verschüchterte graue Mäuse, durch die Lokale, um den Trunkenbold heimzuschleppen. Er gehörte zu den stillen Zechern und randalierte auch nicht, wenn Frau und Tochter sozusagen fündig wurden und ihn mit sanfter Gewalt aus der Kneipe zerrten. Ein gereizter Papagei hatte ihm vor langen Jahren in den Mittelfinger der rechten Hand gehackt und den Finger dabei so übel zugerichtet, daß er krumm und steif geblieben war. Das behinderte ihn aber weder an der Orgel noch am Klavier, im Gegenteil, wenn es der Rhythmus eines Two-steps oder Tangos erforderte, schlug er mit diesem eisenhart gewordenen Fingerknöchel die Synkopen unüberhörbar gegen den Klavierdeckel. Im Hotel zur grünen Wiese – tack tack tack – da spielt der Theodor – tack tack tack – seiner Freundin der Luise – tack tack tack – die schönsten Lieder vor – tack tack tack – tack tack tack...

Die erste Tanzstunde fand allerdings ohne Musik statt. Da saßen sich die am Kurs teilnehmenden Damen und Herren, durch die Breite des Saales getrennt, auf zwei Stuhlreihen gegenüber, und Frau Aderjahn lehrte uns, was gutes Benehmen sei. Daß man zum Beispiel nicht wie ein wildgewordener Pavian durch den Saal stürzen dürfe, wenn man eine Dame zum Tanz aufzufordern beabsichtige, sondern daß man sich ihr gemessenen Schrittes zu nähern habe, den rechten Fuß beim letzten Schritt seitlich ausstellen, den linken Fuß heranziehen und sich dabei mit locker herabhängenden Armen so tief verbeugen müsse, daß die aufgeforderte Dame die Kragenknöpfe am Nacken sehen könne. Auf das Sichtbarmachen des hinteren Kragenknopfes schien Frau Aderjahn großen Wert zu legen, denn immer wieder ertönte ihr Kommando: »Tiefer, meine Herren, tiefer! Denken Sie an die Kragenknöpfe!« – Auch durchquerten wir ihrer Meinung nach den Saal nicht gemessen genug.

»Und was ist, wenn mir einer meine Dame wegschnappt?« fragte Kuno Brockmann, dem die gemessene Gangart gar nicht in den Kram paßte.

»Dann, Herr ... wie war doch gleich der werte Name?«

»Brockmann!«

»Dann, Herr Brockmann, fordern Sie die daneben sitzende Dame auf oder eine andere, die noch frei ist.«

»Ich tanz doch nicht mit jeder Wachtel ...« knurrte der Kuno in sich hinein. Jedenfalls war es ziemlich verwirrend, worauf ein Kavalier nicht alles zu achten hatte, wenn er sich eines untadeligen Betragens befleißigen wollte. Merkwürdig übrigens, daß Frau Aderjahn die Rezepte für den feinen Benimm fast ausschließlich an die ›Herren‹ verteilte, als setze sie voraus, daß gutes Benehmen den ›Damen‹ in die Wiege mitgegeben worden sei.

Der Unterricht zog sich, in Abständen von vierzehn Tagen, über ein halbes Jahr hin. Als dann endlich Kantor Bolutus in Aktion trat und einen One-step intonierte, ließ Frau Aderjahn zunächst die Herren und später die Damen in Reihe antreten, um sie, ihnen beispielhaft anmutig voranschreitend, zunächst im Alleingang den rhythmischen Gleitschritt üben zu lassen. Dann erst durften wir es mit den Damen zusammen wagen. Mit der gemessenen Annäherung an die Dame der Wahl hätte es nie geklappt, wenn wir uns vorher nicht auf unsere Mädchen geeinigt hätten. Manche kamen dabei nicht besonders gut weg, wie etwa der kleine Bachler, denn die Tanzdame, die für ihn übrigblieb, überragte ihn um Kopfeslänge. Ich konnte mich, ohne schnelle Konkurrenz befürchten zu müssen, meinem

Kätchen gemessenen Schrittes nähern, um sie mit einer tiefen Verbeugung und locker hängenden Armen zum ersten Tanzversuch aufzufordern. Leider ging Frau Aderjahn sofort dazwischen, wenn einer seine Dame allzu ungestüm und eng ans Herz preßte. Dann hieß es sofort: »Distance, meine Herren, Distance! Die Hand des Herrn geht nicht *um*, sondern bei leicht gebeugtem Arm gerade *an* die Hüfte der Dame! Und nein, Herr Bachler, oh nein! Man umklammert die Dame nicht! Und schon gar nicht dort, wo Sie sie umklammern!« Lieber Gott, wo sollte der kleine Bachler seine Dame auch umklammern, wenn er ihr gerade bis zur Brust reichte...?
Kätchen war eine gute Tänzerin, und wenn ich mich beim Walzer zunächst ein wenig tolpatschig anstellte, so verdankte ich es ihr, daß ich sie bald herumschwenken konnte, ohne ihr ständig auf die Füße zu treten. Mit Alfred Klahr oder Paulchen Krause übten wir den Walzer und Tango zu Hause auch zu zweit oder mit einem Stuhl im Arm unermüdlich. Bei der sogenannten ›Mitteltanzstunde‹, zwei Wochen vor Weihnachten, wagten wir schon den kühnen Versuch, unsere Damen im Walzer links herumschwenken. Frau Aderjahn schien mit ihren Erfolgen sehr zufrieden zu sein.
Weniger zufrieden war Vater mit dem Weihnachtszeugnis, das ich heimbrachte. Unter ›Bemerkungen‹ stand der betrübliche Satz: »Wenn sich seine Leistungen, vornehmlich in Mathematik, aber auch in Latein und Griechisch nicht bessern, ist die Versetzung gefährdet.« – Es beeindruckte Vater nicht im geringsten, daß ich ihm erzählen konnte, daß sich der gleiche Satz in den Zeugnissen von einem guten halben Dutzend meiner Klassenkameraden befinde. Er nahm mir das Versprechen ab, eisern zu büffeln, um das Klassenziel doch noch zu erreichen. Aber es

waren einfach zu viele Nebendinge, die meine Zeit in Anspruch nahmen. Abgesehen davon, daß ich die Liebe täglich in neuen Versen besang, hatte ich, von Max Halbes *Jugend* und Wedekinds *Frühlingserwachen* inspiriert, bereits zwei Akte einer Schülertragödie geschrieben, deren Hauptheld fraglos und unverkennbar jener Johann Gottlieb Seidelbast war, der neben seiner Elisabeth so tragisch an einem Baum endete. Kätchen war von meinem Drama nicht so recht begeistert, nicht etwa, weil sie an meiner dramatischen Begabung zweifelte – sie fürchtete, mit Elisabeth identifiziert zu werden, und ich mußte ihr ehrenwörtlich versichern, das Drama keinesfalls dem Königsberger Schauspielhaus zur Uraufführung zu überlassen. Mit diesem ehrenwörtlichen Versprechen ging mir allerdings der Schwung für den vierten und fünften Akt des Dramas verloren. – Das Fotografieren hatte ich auch nicht aufgesteckt, denn es war fast meine einzige Geldquelle; neuerdings arbeitete ich mit Gaslichtpapieren, die eine bedeutend kürzere Belichtungszeit erlaubten. – Da Theaterbesuche ausfielen, packte mich wieder meine alte Leseleidenschaft. Herr Stringe, den zukünftigen Kunden einkalkulierend, gestattete mir, nicht nur Antiquaria, sondern auch Neuerscheinungen stapelweise nach Hause zu schleppen und darin zu schmökern. Auch Herr Schott mit seinem Orchester nahm meine Zeit in Anspruch. Ein harter Winter schließlich, der uns vom November bis tief in den März hinein auf dem Oberteich und auf dem Weiher hinter dem Landgericht spiegelblankes Eis bescherte, war die letzte Ursache dafür, daß es mir unmöglich wurde, die guten Vorsätze, mit denen ich ins letzte Quartal gegangen war, auch zu halten.

Inzwischen aber steuerten wir im Tanzkurs dem Abschlußball entgegen. Frau Aderjahn hatte uns nicht nur

gesellschaftlichen Schliff, sondern auch den graziösen Prinzeß-Feodora-Walzer, den Foxtrott, ein zierliches Menuett und die Quadrille à la cour beigebracht, von Kantor Bolutus musikalisch unterstützt, der sich nach dringenden Ermahnungen und Verwarnungen der Kirchenbehörde seit einigen Wochen eines enthaltsamen Lebens befleißigte und stets nüchtern oder fast nüchtern zu den Tanzstunden erschien. Sein Spiel allerdings war lange nicht mehr so feurig beschwingt wie früher, und die mit dem Knöchel an den Klavierdeckel geschlagenen Zwischentakte klangen ausgesprochen lustlos. Zum Abschlußball brachte Frau Aderjahn ihre Hauskapelle mit. Die jungen Damen waren mit der Unterstützung ihrer Mütter tagelang damit beschäftigt, den Rathaussaal festlich zu schmücken. Ein Büfett wurde erstellt, auf dem es eine dünne Bowle und Kuchen in gewaltigen Mengen gab. Und während die Herren beim Gärtner die Bestellung für ein Blumenbukett abgaben, stickten die Damen ihre Namen mit Goldfäden auf wunderhübsche Seidenschleifen, um sie uns bei der Eröffnung des Balles an die Brust zu heften. Ich hatte die Ehre, die Polonaise mit Kätchen zu eröffnen und später die Damenrede zu halten, während Kätchen als Vertreterin der am Kurs teilnehmenden Damen eine witzige Ansprache an die Herren hielt. Sie bekam von den Damen starken Applaus, als sie bemerkte, da Männer von ihren Frauen stets als von den besseren Hälften sprächen, könne logischerweise an der anderen Hälfte nicht allzu viel dran sein. –
Während die wenigen zu dem Ball erschienenen Väter im Nebenraum Skat spielten und in heimlich mitgebrachten Flaschen stärkeren Getränken als dem Dünnbier zusprachen, das an der Theke ausgeschenkt wurde, hielten die Mütter im Saal bei Kaffee und Kuchen eisern die Stellung

und beobachteten, was im Saal vorging, mit scharfen Augen. Aber trotz der scharfen Bewachung gelang es manchem von uns, seine Dame für ein paar kurze Minuten aus dem Saal an die frische Luft zu führen. Rathaus und Kirche trennten nur wenige Schritte, und zum ersten Mal bekam ich einen tiefen Eindruck von der Backsteingotik und eine große Hochachtung für die alten Baumeister, die zur Stützung der hohen Gewölbe ihrer Kathedralen und Basiliken so viele Strebepfeiler in die Umfassungsmauern einbauen und an sie herankleben mußten, daß es für uns die herrlichsten Knutschecken gab.
Die Quittung für die erwähnten ›Nebendinge‹ kam zu Ostern, als Direktor Kröhnert, mit der Sexta beginnend, die Namen jener Schüler verlas, die in die nächsthöhere Klasse aufrücken durften, und leider die Namen derjenigen nicht verschwieg, die das Ziel nicht erreicht hatten. Die kalte Dusche traf sechs von uns, und es tröstete mich ein wenig, daß das Geschick Alfred Klahr, Kurt Reske und mich nicht auseinanderriß. – Vielleicht hatte Vater sich auf das Ereignis durch die Bemerkung im Weihnachtszeugnis schon innerlich vorbereitet, er machte zwar ein finsteres Gesicht, aber der erwartete Krach blieb aus. Außerdem trug der österliche Schweineschinken, der Mutter besonders knusprig geraten war, viel zur Hebung seines Gemütszustandes bei. Ich heuchelte tiefe Zerknirschung und benahm mich acht Tage lang so mustergültig, daß er mir schließlich sogar gestattete, eine Einladung von Onkel Walter anzunehmen und den Rest der Ferien in Pogegen zu verbringen.
Ich setzte mich mit hochgeschraubten Erwartungen in die Bahn. Onkel Walter holte mich in Tilsit auf der anderen Seite der Memelbrücke mit einem Auto ab, das ihm sein französischer Freund und Gönner, Capitaine Bertin, mit

seinem Chauffeur zur Verfügung gestellt hatte. Das Memelland stand noch immer unter französischem Protektorat, und politisch ging es dort ziemlich unruhig zu, da die Litauer das Memelland ihrem jungen Staat angliedern wollten. Um so entschlossener waren die deutschen Bewohner, diesen Anschluß unter allen Umständen zu verhindern. Aber von diesen Auseinandersetzungen merkte ich wenig. Daß man in der reichen Memelniederung immer aus dem Vollen gelebt hatte, das wußte ich aus Großmutters Erzählungen, die ja aus der Heydekrüger Gegend stammte und von Hochzeiten und Begräbnissen, bei denen halbe Bauerngüter versoffen worden waren, abenteuerliche Geschichten zu berichten wußte. Um die Mitte des vergangenen Jahrhunderts war es die Geistlichkeit leid geworden, ihre Predigten am Sonntag vor einer zum größten Teil betrunkenen Gemeinde zu halten. Es war ein scharfes Verbot ergangen, alkoholische Getränke vor dem Kirchgang zu sich zu nehmen, und ebenso war es allen Gastwirten streng verboten, vor dem Kirchgang Schnaps an Personen beiderlei Geschlechts auszuschenken, denn die Frauen standen im Wirtshaus hinter den Männern nicht zurück. Aber die Damen wußten sich zu helfen. Hoffmannstropfen gab es in jeder Apotheke zu kaufen, und ein halbes Fläschchen davon auf Würfelzucker geträufelt gab Ätherräusche, die fast noch umwerfender als ein solider Schnapsrausch waren. Der Äthergeruch gehörte dort zur Landschaft wie der Knoblauchduft zum Balkan. Auch Großmutter ließ das Fläschchen mit Hoffmannstropfen in ihrer Kommodenschublade nie leer werden. Natürlich nahm sie die Tropfen gegen ihr Magenleiden ...

Ja, es war ein fröhliches Land, es war so fröhlich, daß gegen diesen Frohsinn von seiten der Behörde eingeschritten wurde, da nicht nur bei Hochzeiten, Taufen, Geburtstagsfeiern und christlichen Festen, sondern sogar bei Begräbnissen gesoffen und getanzt wurde. Das ging nun entschieden zu weit. So wurden die Landgendarmen beauftragt, zur Anzeige zu bringen, wann immer sie ein Tanzvergnügen in einem Trauerhaus entdeckten. So kam es, daß der Gendarm dem Amtsrichter Jonat in Heydekrug Meldung erstattete, daß beim Kätner Jons Keistuttis getanzt worden sei, während der Sarg der Schwiegermutter noch im Zimmer stand. Der Amtsrichter Jonat kannte nicht nur den Keistuttis, den er einmal wegen Wildfrevel und einmal wegen Felddiebstahl hinter Gitter gehängt hatte, er kannte auch dessen Häuslichkeit genau. Er lud also den Keistuttis vor und sagte: »Aber Mannchen, während der Sarg mit der toten Schwiegermutter noch im Zimmer stand...? Wie war denn das möglich? Ich kenn deine Kate doch genau, da muß man doch das Fenster aufmachen, wenn man sich die Jacke anziehen will...«

»Achottchen, Herr Rat«, antwortete der Keistuttis, »erst wollt es ja auch mit dem Tanzen partuh nich jehen, aber wie wir denn den Sarch hochkant gestellt hatten...«

Auf der Fahrt nach Pogegen machten wir in Piktupönen Rast, wo der gelähmte Onkel Karl die Postagentur bekommen hatte. Tante Grete, Mutters Schwester, war munter und quicklebendig wie eh und je und schien bis zum Bauch im Hafer zu stehen, denn sie hatte seit der letzten Begegnung mindestens fünfzig Pfund raufgepackt. Sie war rund wie eine Kugel. Eigentlich wollten wir nur guten Tag sagen, aber das kam überhaupt nicht in Frage, daß wir ungefrühstückt weiterfuhren. Im Schalterraum, wo Onkel Karl die Postkunden vom Rollstuhl aus abfertigte, wurde der Tisch gedeckt, und dann wurde aufgefahren, Schinken, Blutwurst, Sülze, Gänseklein, Speck, grobe und feine Leberwurst und ein Keil von einem Tilsiter Käse, der gut und gern drei Kilo wog. Ich hatte das Gefühl, ins Schlaraffenland geraten zu sein. Meinen Wunsch nach einem Stück Brot tat Tante Grete mit der Bemerkung ab, Brot sei aus Mehl gebacken und davon bekäme man nichts als Blähungen. Sie säbelte vom Tilsiter eine daumendicke Scheibe ab, verteilte einen Klumpen Butter darüber und legte mir den Käse statt des Brotes auf den Teller. Und zum Befeuchten der Zunge schenkte sie fleißig Kornschnaps in die Spitzgläser. Onkel Karl rollte auf seinem Stuhl mit den Gummirädern zwischen Schalter und Tisch hin und her, bekam rote Bäckchen und wurde mit jedem Schnaps vergnügter. Nur das Zittern seiner Hände verstärkte sich von Schnaps zu Schnaps. Um keinen Tropfen zu verschütten, hatte er eine Spezialtechnik entwickelt; er legte sich sein Taschentuch um den Hals, faßte mit der rechten Hand zugleich mit einem Zipfel des Tuches sein Glas und zog mit der linken Hand den andern Zipfel nach vorn. Mit diesem einfachen Trick brachte er das Glas zügig an die Lippen. Er wollte uns überreden, zu einem Skat dazubleiben, aber davor bewahrte uns der Chauffeur, der seinem Capitaine um Punkt zwölf Uhr wieder zur Verfügung stehen mußte. Zu meinem Glück, denn die ungewohnten Fettigkeiten und der ungewohnte Schnaps standen mir bis zum Halse, und ich hatte meine liebe Not, das Genossene auf der kurzen Fahrt nach Pogegen in mir zu behalten. Onkel Walter sah mir an, daß es mir nicht besonders gut ging: »Wenn du kotzen mußt, kotz nicht in den Wagen!« sagte er besorgt.

»Lieber Gott«, stöhnte ich, »wird hier immer so entsetzlich gesoffen und gefressen?«

»Nicht immer, aber meistens«, sagte Onkel Walter, »ich habe mich nach der ägyptischen Lagerkost auch erst daran gewöhnen müssen. Aber das war nur ein kleiner Vorgeschmack. Am Donnerstag sind wir zu einer Geburtstagsfeier eingeladen. Bei Pösches. Er wird fünfzig. Ihm gehört hier ein Gut und eine Ziegelei. Reiche Leute. Da wirst du was erleben. Da geht die Sauferei am frühen Morgen los und endet, wenn der Pösche dabei nicht stirbt, so um Pfingsten herum ...«

Onkel Walter wohnte ein wenig außerhalb des Ortes an der Straße nach Stonischken in einem ansehnlichen Haus, das dem Viehhändler Isakeit gehörte. Herr Isakeit hatte ihm nicht nur die Wohnung, sondern auch ein Stallgebäude vermietet, in dem Onkel Walter seine Zigarettenfabrik betrieb. Ich hatte mir die Fabrik etwas orientalischer und pompöser vorgestellt. Auf einer uralten Maschine, die ihm sein Freund Bertin in Frankreich besorgt hatte, wurde die mundstücklose Marke ›Askari‹ hergestellt, während die teurere ›Simba‹, eine Zigarette mit Goldmundstück, von zehn Frauen mit der Hand gestopft wurde. Da es Onkel Walter nicht möglich gewesen war, eine Verpackungsmaschine aufzutreiben, verkaufte er seine Zigaretten fast ausschließlich an Gastwirte, die sie in Pappkartons in Posten zu 500 Stück bezogen. Das Geschäft ging nicht schlecht, aber auch nicht so gut, daß er von der Zigarettenfabrik allein hätte leben können. So handelte er nebenbei mit Landmaschinen, Sägegattern und Stahlwaren und betätigte sich mit gutem Gewinn auch noch als Häuser- und Grundstücksmakler.

Die Hauswirtschaft besorgte ihm eine ältere Witwe, Frau Wilhelmine Jendrosch, deren Mann schon einige Jahre vor dem Krieg auf dem Feld von einem Blitz erschlagen worden war. Nach Tante Miekchen wagte ich nicht zu fragen. Aber als Frau Jendrosch, nachdem sie uns einen starken Kaffee vorgesetzt hatte, wieder in der Küche verschwunden war, sagte Onkel Walter, der meinen Blick auf Frau Jendroschs gewaltigen Hintern bemerkt haben mochte:

»Ich hätte mir auch lieber was Jüngeres ins Haus genommen, aber solange die Scheidung läuft, kann ich mir etwas Knuspriges leider nicht leisten. Du verstehst...!« Er zwinkerte mir zu – und ich zwinkerte, langsam in die manchmal doch recht komplizierte und verwirrende Welt der Erwachsenen hineinschmeckend, zurück.

Wir waren in den nächsten Tagen viel unterwegs. Seine Geschäfte führten Onkel Walter bis nach Jugnaten hinauf, und einmal sogar nach Laugszargen und von dort über die litauische Grenze nach Tauroggen, wo wir uns die Kehlen mit Wodka anfeuchteten, der in kleinen Flaschen auf den Tisch kam, von denen jede drei doppelstöckige Wässerchen faßte. Wir benutzten zu den Fahrten einen leichten Einspänner, der Onkel Walter gehörte. Den lammfrommen Wallach ›Pinkas‹ stellte ihm Herr Isakeit gegen Erstattung der Futterkosten und ein geringes Entgelt zur Verfügung. Wohin wir auch kamen, Onkel Walter war bekannt wie ein bunter Hund und hatte allerorts gute Freunde, die bei seinem Erscheinen auffuhren, was Küche und Keller hergaben. Immer ging es nach der Devise: Vor dem Schnaps ein Schnaps und nach dem Schnaps ein Schnaps, na, und ein Schnäpschen werdet ihr doch wohl noch vertragen, und jetzt noch ganz schnell einen zum Abschied. Die kurzen Ferientage im Memelland erlebte ich in einem ständigen Zustand mittelschwerer Vernebelung. Die Schnapssauferei war fürchterlich, aber ich getraute mich nicht, nein zu sagen, um nicht als Schwächling zu erscheinen und mich vor Onkel Walter zu blamieren, der mich für einen gestandenen Mann zu halten schien, zu mir von Mann zu Mann sprach und bei dem als Mann nur galt, wer auch im Vollrausch bolzengerade aufrecht stand. »Immer Haltung, Jungchen! Wie die alten Germanen! Und wenn du am nächsten Morgen auch meinst, daß du sterben mußt, glaub einem Mann, der etwas davon versteht: Wenn dann am Abend die liebe Säufersonne aufgeht« – (ich muß ihn wohl etwas dumm angesehen haben, denn er erläuterte: »Der Mond, du Dussel!«) – »dann schmeckt's wieder!« – Es war schön, einen Onkel zu haben, der einem die wertvollen Erfahrungen, die er im Leben gesammelt hatte, nicht vorenthielt. Von Vater hatte ich solch nützliche Unterrichtungen nie erhalten.

Am nächsten Morgen trommelte mich Onkel Walter schon um sechs aus dem Bett, denn es war der Tag gekommen, an dem Herr Pösche seinen fünfzigsten Geburtstag feierte. Frau Jendrosch setzte uns ein kräftiges Frühstück mit Eiern, Käse und Schinken vor, und Onkel Walter redete mir gut zu, tüchtig zu essen, denn das Wichtigste an einem solchen Tag sei eine gute Unterlage. Bevor wir aufbrachen, ging Onkel Walter zu Frau Jendrosch in die Küche, zog eine flache Flasche mit einem Schraubverschluß aus der Brusttasche, reichte sie Frau Jendrosch, und die füllte, ohne daß dabei ein Wort gewechselt wurde, die Flasche aus der Ölkanne mit dem Rapsöl bis zum Halse voll, und Onkel Walter steckte sie wieder in die Tasche zurück. Er sah meinen fragenden Blick und fand eine neue Gelegenheit, mich aus dem Born seiner Lebenserfahrungen mit praktischen Ratschlägen zu bereichern: »Die meisten nehmen rohe Speckwürfel. Aber das ist eine Schweinerei, oder man müßte sich eine Tasche mit Wachstuch füttern lassen, damit der Speck nicht durchfettet. Ich nehme Öl. Schluckzessive. Immer nach Stücker fünf oder sechs Schnäpsen einen Eßlöffel voll. Das ist wie bei der christlichen Seefahrt, wenn die schweren Brecher über Bord schlagen. Öl besänftigt nicht nur die Meereswogen, sondern auch den Magen. Denk daran und komm zu mir auf einen kurzen Schluck, aber nicht erst, wenn du schon zu-

viel intus hast, sondern zwischendurch – immer zwischendurch, verstanden!« Er sah mich ernst an und hob mahnend den Zeigefinger: »Und halte dich an die klaren, reinen Sachen! Laß dich von den Weibern um Himmels willen nicht dazu verführen, Liköre zu kippen! Die drehen dir die Därme um, und da hilft kein Speck und kein Öl ...«
Fest entschlossen, größte Zurückhaltung und Enthaltsamkeit zu üben und mich weder von Männern zu harten noch von Damen zu süßen Getränken verführen zu lassen, schwang ich mich neben Onkel Walter auf den Bock des Einspänners. In Piktupönen machten wir vor der Postagentur kurz Rast, um Tante Grete und Onkel Karl zu begrüßen. Tante Grete war leicht beleidigt, als wir ihre Einladung zu einem zweiten Frühstück ausschlugen und auch das Morgenschnäpschen dankend ablehnten, denn auf einem Bein wären wir bei ihr ganz gewiß nicht stehengeblieben. Auch sie war zu der Geburtstagsfeier eingeladen, aber sie wollte erst am Nachmittag zur Kaffeetafel aufkreuzen.
Auf der Straße von Piktupönen in Richtung Wischwill ging es schon um diese frühe Morgenstunde so lebhaft zu, als ströme die halbe Bevölkerung des Memelgebietes einem Jahrmarktsfest entgegen. Und es waren zumeist auch nicht Einzelpersonen, sondern ganze Vereine, die zwei- und vierspännig dahinzogen, um den Geburtstag mitzufeiern. Viele von ihnen schon reichlich illuminiert, denn trocken war kaum eins von den Fahrzeugen unterwegs; wo man kein Fäßchen Bier mitführte, da ließ man zum Anfeuchten der Sängerkehlen die Kornflasche rundum gehen. –
Kurz und böse: Ich ließ mich von den Töchtern des Hauses, von denen eine, die hübsche Hermine, in meinem Alter war, trotz Onkel Walters dringenden Warnungen dazu verleiten, mich an ihren Lieblingslikör, ans Danziger

Goldwasser zu halten. Noch heute, nach fünfundfünfzig Jahren, verspüre ich beim bloßen Anblick einer Flasche mit in der klaren Flüssigkeit schwimmenden winzigen Goldplättchen ein beklommenes Gefühl, das vom Magen zur Kehle steigt und die Zunge trocken werden läßt. Ich verbrachte die beiden letzten Ferientage im Bett, aber nicht bei Onkel Walter in Pogegen. Bei ihm hatte ich für lange Zeit ausgespielt und durch mein schandbares Betragen nicht nur seinen Anzug, sondern auch die Familienehre besudelt. Denn bei dem gewiß gut gemeinten Versuch, mich zur Wiedererlangung meiner körperlichen und geistigen Kräfte aus seiner Rapsölflasche zu tränken, waren Rapsöl und Danziger Goldwasser fontänenartig aus mir heraus- und über ihn hinweggesprudelt. Das erfuhr ich allerdings von Tante Grete und Onkel Karl, die mich bis zur Abfahrt liebreich pflegten und auch dafür sorgten, daß mich Paul, einer der Pösche-Söhne, nach Tilsit kutschierte. »Ewig schade, Jungchen«, sagte Tante Grete beim Abschied, »daß du so früh schlapp gemacht hast. Du hättest dich an den Pillkaller halten sollen, da wäre dir das nicht passiert. Denn so eine Geburtstagsfeier wirst du nicht mehr erleben. Die hauen noch mindestens acht Tage auf die Pauke – als ob morgen die Welt untergeht ...«
Tante Grete, die ihre Rundlichkeit nicht zuletzt dem Pillkaller verdankte – auf das Glas Aquavit legte man nach Art des Nikolaschka anstatt der Zitronenscheibe eine dicke Scheibe Leberwurst mit einem Klacks Mostrich – nein, Tante Grete war gewiß keine Prophetin, und doch mußte ich an ihre Worte denken, man habe Herrn Pösches Geburtstag gefeiert, als ob am nächsten Tag der Weltuntergang zu befürchten sei, als uns ein halbes Jahr später die Nachricht erreichte, daß die französische Besatzung des Memellandes über Nacht abgezogen war, daß die Litauer

das waffenlose Land im Handstreich besetzt und seine deutschen Bewohner davongejagt hatten. Sie wurden gezwungen, ihre Häuser und Höfe innerhalb von vierundzwanzig Stunden zu verlassen, mit einem Handgepäck pro Person, das zwanzig Kilo nicht übersteigen durfte. So kam Onkel Walter um seine Zigarettenfabrik. So erschienen Tante Grete und Onkel Karl eines Tages mit zwei armseligen Koffern bei uns. Und so verloren die Pösches ihren stattlichen Besitz und ihr Vermögen. Sie fanden in Metgethen Unterschlupf, in der Villa eines Königsberger Kaufmanns, der ihnen drei Zimmer abtrat. Es waren sieben Personen, der Vater Pösche und seine Frau, zwei Töchter und drei erwachsene Söhne, von denen der älteste sein Leben im Rollstuhl verbringen mußte; er war vor einigen Jahren bei einem Jagdspringen mit seinem Pferd so unglücklich gestürzt, daß er eine Querschnittlähmung davontrug. Seither fertigte er kunstvolle Handarbeiten an, stickte Tischdecken in Lochstickerei und Richelieu, die sogar Mutters ungeteilte Bewunderung fanden, verkaufte sie an ein Handarbeitsgeschäft in der Theaterstraße und hielt damit sich und seine Familie fürs erste über Wasser. Vater Pösche aber griff mit seinen beiden Söhnen und mit seinen Töchtern zur Sense, erwirkte die Erlaubnis, die Chausseegräben zwischen Metgethen und Königsberg abmähen zu dürfen, schloß mit dem städtischen Fuhrpark und mit einigen Speditionsfirmen einen Vertrag über die Belieferung mit Heu ab, gründete schließlich mit einem Pferdchen ein eigenes Transportunternehmen und kam in mühseliger Plackerei nach wenigen Jahren zu so viel Vermögen, daß er das Metgether Haus und einen Grund dazu kaufen konnte. Ich bewunderte ihn, und es zog mich immer wieder in das gastfreie Haus, natürlich auch zu der hübschen Hermine, vor allem aber zu dem blassen Mann im Rollstuhl, der völlig frei von Selbstmitleid sein Schicksal mit bewunderungswürdiger Gelassenheit trug. Wenn die Dämmerung hereinbrach und er die Hände vom Stickrahmen sinken ließ, griff er zu einem Buch, zu Hölderlin, den er besonders liebte, oder zum *Faust*, dessen beide Teile er auswendig zitierte.

»Weißt du«, sagte er in seiner breit singenden, fast ein wenig baltisch gefärbten Sprechweise, »ich war immer der Bücherwurm in der Familie. Deshalb wollten sie mich auch studieren lassen. Kurz vor dem Abitur passierte es. Mein Alter und die beiden Jungens hätten mit sich Schluß gemacht. Das ist ihre Art. Und ich verstehe sie. Ich verstehe auch, daß Paul mir den geladenen Revolver neben das Bett legte. Er hätte von mir den gleichen Liebesdienst erwartet. Aber ich hatte gerade im *Hyperion* zu lesen begonnen ... Und da wollte ich weiterlesen. Und dann war doch noch so vieles, was mich erwartete. Ich weiß nicht, ob ich noch lange machen werde, aber solange die Augen und die Hände mich nicht im Stich lassen, freu ich mich auf jeden neuen Tag.«

Es muß eine richtige Alkoholvergiftung gewesen sein, mit der man mich damals an Herrn Pösches Geburtstag nach Piktupönen schaffte und in der Postagentur ins Bett steckte. Noch in Bartenstein fragten sie mich, ob ich krank sei oder ob ich nichts zu essen bekommen hätte, und als ich erzählte, was bei Tante Grete auf den Frühstückstisch kam und daß man dort den Tilsiter dick mit Butter bestrich und fürs Brot aß, da schluckte Vater schwer an seinem Speichel und kam zu dem bündigen Schluß, daß ich mich einfach überfressen hätte. Großmutter wollte ganz genau wissen, wie es Onkel Walter, Tante Miekchen und den Kindern ginge, und um ihr nicht das Herz schwer zu machen, erzählte ich ihr, daß Tante Mieke mit den Jungen über Ostern zu ihren Eltern nach Bremen gefahren sei und daß die Witwe Jendrosch Onkel Walter und mich versorgt habe. Zum Glück nahm sie mich nicht allzu streng ins Verhör, denn sie stand noch genauso wie Mutter unter dem Schock der schrecklichen Dinge, die sich während meiner Abwesenheit sozusagen unter unserem Dach abgespielt hatten, denn schließlich bildeten Land- und Amtsgericht mit dem dazwischenliegenden Gefängnistrakt eine Einheit. Kurz nach Ostern hatten drei Strafgefangene, von denen nur einer noch etwas länger als ein Jahr abzubrummen hatte, den Aufseher unter dem Vorwand, den Kübel leeren zu müssen, in ihre Gemeinschaftszelle gelockt, hatten ihn mit ihren Holzpantinen erschlagen, waren aus dem Gefängnis entwichen und durch die Tür, durch die die Gefangenen zur Verhandlung geführt wurden, ins Amtsgerichtsgebäude gekommen und durch das Fenster neben unserem Klo in die Freiheit entsprungen. Einer von ihnen, der mit dem Mord an dem Aufseher nichts zu tun hatte, stellte sich noch in der gleichen Nacht der Polizei, einer von den Mördern wurde schon am nächsten Tag gefaßt und der dritte drei oder vier Tage später. Die beiden wurden zum Tode verurteilt und bald darauf hingerichtet.

Daß Mutter seit dieser Nacht, sobald die Dämmerung hereinbrach, sich nicht einmal in Vaters Begleitung aufs Klo zu gehen getraute, sah sogar Vater ein. Aber ob das der eigentliche und letzte Grund war, daß er seine Rückversetzung nach Königsberg betrieb, ist zu bezweifeln. Er stand vor dem Eintritt in das siebente Jahrzehnt seines Lebens. Nach den Königsberger Hungerjahren hatte Bartenstein schließlich gehalten, was er sich von der Umsiedlung in die kleine Stadt für sein leibliches Wohlergehen versprochen hatte. Obwohl er kein Gesellschaftsmensch war, wenig Humor und keine Spur von Unterhaltungstalent besaß und solche Gaben auch nicht von anderen verlangte, vermißte er hier doch seinen Mittwoch-Stammtisch bei Amende gegenüber dem Tiergarten-Haupteingang, wo er in der Gesellschaft von einem halben Dutzend Kollegen im Winter drei Glas Grog und im Sommer fünf Tulpchen Ponarther getrunken und über die Tagesereignisse von Punkt acht Uhr bis Punkt zehn Uhr geklönt hatte. In Bartenstein fand er, wohl altersbedingt, keinen rechten Anschluß, und in der Weinstube von Freinatis gab es vielleicht noch für alteingesessene Geschäftsleute einen Schoppen Rotwein oder einen Schnaps, aber nicht für Zugereiste, die außerdem nichts zu kompensieren hatten – nicht einmal einen Witz oder eine saftige Anekdote. Da ihn der Präsident in Königsberg nur ungern hatte ziehen lassen, war er sicher, daß seiner Rückversetzung keine Hindernisse in den Weg gelegt würden.

Ja, die Zeit des Hungers lag eine Weile hinter uns, sie lag hinter uns, obwohl die Inflation ihrem Höhepunkt entgegentrieb und auch schlechte Rechner zwang, mit Milliarden und bald darauf sogar mit Billionenbeträgen fertig zu werden. Erstaunlicherweise verkauften nicht nur Bäcker, Fleischer und Kolonialwarenhändler ihre Produkte gegen ein Geld, dessen Wert nicht nur von Tag zu Tag, sondern von Stunde zu Stunde sank, auch die Textilgeschäfte wie Nelson, Munter oder Isakowski hielten die Stücke, die sie gelegentlich hereinbekamen, nicht im Lager zurück. Im Schuhgeschäft Feuerabend kaufte Mutter mir meine ersten Halbschuhe, echtes Leder mit echten Ledersohlen, und zahlte dafür zweihundertvierzig Milliarden Mark. Wahrscheinlich wurden die Kaufleute mit der Inflation genausowenig fertig wie die Eltern und wie Großmutter, die es einfach nicht fassen konnte, über Nacht Milliardärin geworden zu sein, und der es, als der ganze Spuk vorüber war, genausowenig in den Kopf gehen wollte, daß die schönen Scheine mit ihren neun oder gar zwölf Nullen hinter der Eins plötzlich Makulatur sein sollten, gerade wert, um damit den Lokus zu tapezieren.

In einem sportlich geschnittenen Noppenanzug mit gefältelten Außentaschen und einem breiten Rückengurt, den neuen gelben Halbschuhen, lila Socken, Hochwasserhosen und einer blauen Zopfschleife von Kätchen als Schlips konnte ich mich beim Sonntagsbummel auf dem Markt als Elegant fühlen. Das einzig Störende dabei war, daß ich die schon leicht verschossen hellblaue Mütze nunmehr ins zweite Obersekundaner-Jahr hineintragen mußte und insgeheim die Furcht nicht los wurde, die gleiche Mütze noch ein drittes Jahr tragen zu müssen – wenn mir das durch einen Gnadenerlaß gewährt wurde. Die anfängliche Hoffnung, bei der Wiederholung des gleichen Pensums das Klassenziel mit Glanz und Gloria zu schaffen, sank bald in Asche zusammen. Was nützten die guten Noten in Fächern, in denen ich schon immer gut abgeschnitten hatte, wenn in meinem Schädel dort, wo sich Zahlen und Formeln speichern sollten, einfach ein Vakuum war, das sich jedem Versuch, es aufzufüllen, hartnäckig widersetzte. Die Sache mit dem Horror vacui stimmte bei mir keinesfalls. Was gaben sich Kurt, Paulchen und Alfred mit mir für Mühe, mir wenigstens die elementarsten Grundbegriffe zur Lösung einer einfachen Gleichung einzutrichtern oder die Benutzung der Logarithmentafel zu erklären – sie gaben es als hoffnungslos auf und sahen ein, daß mein Hirn für Mathematik vernagelt war. Wer es leider nicht einsah, war Herr Studienrat Bluhm, der Mathematiker. Er weigerte sich beharrlich, an das Vakuum in meinem Schädel zu glauben, behauptete stur, ein gewisser Sinn für Mathematik lasse sich selbst bei Vollidioten, die in Kortau in der Gummizelle säßen, nachweisen, und ließ sich die Überzeugung nicht nehmen, daß mein Versagen nur in meiner bodenlosen Faulheit zu suchen sei, die höchstens noch durch die Frechheit meines Betragens ihm gegenüber übertroffen werde. – Nun, um die Stunde, in der wir bei ihm eine Klassenarbeit schrieben, nicht ganz ungenutzt vorübergehen zu lassen, füllte ich mein Heft mit Versen...

Er war ein kleiner Mann mit einem unverhältnismäßig großen Kopf und hatte eine charakteristische Art, seine Hände so in die Jackentaschen zu stecken, daß die Daumen draußen blieben. Befriedigten ihn die Antworten auf seine Fragen, so blieben die Daumen lose nach unten gerichtet, stotterte man, so begannen die Daumen sich aufzurichten und sanken erst wieder herab, wenn man sich der richtigen Lösung näherte, oder hoben sich steil nach oben, wenn die Antwort danebenging. Mich aufzurufen oder an die Tafel zu zitieren, hatte er längst aufgegeben, aber mein bloßer Anblick genügte schon, um seine Daumen steil nach oben schnellen zu lassen. – Er kam in die Klasse, die Hefte mit der letzten schriftlichen Arbeit unterm Arm. Der Primus hatte wieder eine fehlerlose Arbeit abgeliefert und bekam sein Heft mit einer fast zärtlich zu nennenden Geste zurück. Dann wurden Worte und Gesten weniger liebenswürdig, bis er die letzten, mangelhaft oder ungenügend benoteten Arbeiten mit einem Ausdruck unsäglichen Ekels auf die Bänke schleuderte. Ein Heft hatte er zurückbehalten. Er griff danach, als zöge er es aus der Latrine eines in Frankreich kasernierten Zuavenregiments.

»Und nun hören Sie sich an, wie einer von Ihnen die gestellten Aufgaben gelöst hat. Mit Versen... falls man von Versen sprechen kann...

Mit gelben Birnen hänget
und voll mit wilden Rosen
das Land in den See...

Ich wiederhole: Das Land hängt in den See – unglaublich!

ihr holden Schwäne
und trunken von Küssen
tunkt ihr das Haupt
ins heilignüchterne Wasser...«

Die Klasse begann zu kichern.
»Hört sich ganz wie Schiller oder Goethe an, nicht?« sagte Herr Bluhm und brach in ein kurzes Gewieher aus. »Da tunken also die Schwäne besoffen von Küssen die schweren Köpfe ins heilignüchterne Wasser... Also wahrhaftig, blödsinniger geht es wohl nicht...«
Ich erhob mich langsam und verbeugte mich höflich: »Entschuldigen Sie die Unterbrechung, Herr Studienrat...«
»Setzen Sie sich, Sie Unflat!« brüllte er mich an.
Ich setzte mich nicht. Ich grinste ihm ins Gesicht und fuhr eisig höflich fort: »Sie tun mir zuviel Ehre an, Herr Studienrat. Das Gedicht, das Sie soeben zur Erheiterung der Klasse vorgetragen haben, stammt leider nicht von mir, sondern von Friedrich Hölderlin – falls Ihnen der Name etwas sagt...«
Die Klasse verstummte plötzlich, nur einer begann zu kichern wie eine kieksende Klarinette. Er war ziemlich spät

in den Stimmbruch gekommen. Das Gesicht von Herrn Bluhm färbte sich grau, sein Kinn zitterte, er starrte mich aus glitzernden Augen an; ich lächelte verzeihend und hob die Schultern, wie um zu sagen, es sei zwar bedauerlich, aber wiederum auch verständlich, daß er als Mathematiker in den Schriften von Euler und Gauß besser zu Hause sei als im Werk Hölderlins... Und dann lief er nicht nur rot an, sein Kopf schwoll auf, als würde er im nächsten Moment platzen. Aber er platzte nicht. Mit einer Stimme, die richtig eingefroren klang, zischte er mich an, ich möge mich setzen, wandte mir den Rücken zu und stapfte aufs Katheder. Hinter mir wisperte jemand: »Du blöder Hund, jetzt hast du bei dem endgültig verschissen.« – Das brauchte mir niemand zu sagen, das wußte ich selber, aber ich hatte, als ich die Geschichte inszenierte, auch insofern richtig kalkuliert, daß Herr Bluhm nicht zum Chef laufen und von ihm verlangen würde, mich rauszuschmeißen. Dabei hätte er sich bis auf die Knochen blamiert. Er konnte mir nicht mehr antun, als was er mir bislang angetan hatte, bei meinem Anblick die Mundwinkel angewidert zu verziehen und die Daumen nach oben zu stellen. Aber er tat nicht einmal mehr das, ich war für ihn von Stund an einfach nicht mehr vorhanden, äußerst übel riechende Luft sozusagen. Nie wieder habe ich einen Menschen so gehaßt wie diesen Pauker. In Träumen, die sich durch Jahre hinzogen, habe ich ihn ermordet, vergiftet, gepfählt und unter phantastischen Foltermaschinen lustvoll zu Tode gemartert – und ich habe, als ich ihm – von ihm nicht erkannt – fünfzehn Jahre später auf einer Fahrt von Königsberg nach Allenstein zufällig im gleichen Zugabteil begegnete, fast fluchtartig das Abteil gewechselt, um nicht in Versuchung zu geraten, ihn während der Fahrt an die frische Luft zu befördern...

Um diese Zeit warf ein Ereignis seine Schatten voraus, das uns länger als ein halbes Jahr in Atem halten sollte. Unser kleines Bauernbubengymnasium bereitete die Feier seines fünfzigjährigen Bestehens vor. Herrn Schott aus Groß-Golupken plagte der Ehrgeiz, nach dem ›Schobbäng‹, der zu Ehren der Toten und Gefallenen des Gymnasiums gespielt werden sollte, auch noch einen Satz aus einer Beethoven-Symphonie zu Gehör zu bringen. Am liebsten hätte er die ganze Neunte mit Chor und Orchester zur Aufführung gebracht, aber Ottokar Tichauer und Ernst Schmittat gelang es, ihn davon zu überzeugen, daß er mit den vorhandenen Kräften kleinere Brötchen backen müsse, und so entschied man sich für das Andante aus der Zweiten. Das gab für die Klarinetten ganz hübsche Aufgaben. Zu Hause dudelte ich meinen Leuten die Ohren bis zum Nervtöten voll, und wenn sie mich rauswarfen, ging ich zu Plaumanns, um dort weiterzuüben. Das nun hatte Vater Plaumann nicht allzu gern, denn er war ein musikalischer Mann, der bei falschen Tönen zusammenzuckte, und das konnte, wenn er einen Kunden gerade unter dem Messer hatte, üble Folgen haben. –

Unser Chef Dr. Kröhnert, glühender Gräcist, hatte die Absicht, zur Krönung des Festes *Die Perser* von Aischylos in griechischer Sprache aufführen zu lassen. Er begann die Rollen bereits zu verteilen, aber da die beiden Primen nur aus sechs oder sieben Männerchen bestanden, von denen zudem noch der dicke Sahlmann und der zwergenhaft kleine Hans Bartlikowski – mit dem Spitznamen Maus – seinen Erwartungen weder als Sprecher noch als Schauspieler genügten, sah er sich gezwungen, auf die Sekunden zurückzugreifen. Dort wiederum haperte es mit den griechischen Sprachkenntnissen so erheblich, daß er sich schweren Herzens dazu entschließen mußte, die Tragödie in einer deutschen Fassung über die Bühne gehen zu lassen. Die schwierige, an das Gedächtnis hohe Anforderungen stellende Rolle des Unglücksboten, der der Königinmutter die Nachricht ihres Sohnes Xerxes bei Salamis und den Bericht der Schlacht zu überbringen hatte, bekam Ernst Schmittat. Atossa, die Mutter des Xerxes, zu spielen, wurde mir übertragen. Die Kostümierung der hohen Frau bereitete keine Schwierigkeiten, dazu genügte eins von Mutters Bettlaken. Die Krone bastelten Quartaner unter Anleitung von Zeichenlehrer Riedel aus Draht und bronzierter Pappe zusammen; die funkelnden Edelsteine stammten aus einem ausrangierten Kristall-Lüster.

Eine Aischylos-Aufführung an einem humanistischen Gymnasium war nur recht und billig. Aber warum nicht auch eine Komödie des Plautus oder Terenz? Dr. Stock, unser Latinist, der als Kriegsandenken ein steifes, krummes Bein mitgebracht hatte, kam mit seinem Vorschlag nicht durch, vielleicht, weil man die Texte erst einer gründlichen chemischen Reinigung hätte unterziehen müssen. Dafür fand der Vorschlag des Germanisten Dr. Hennig die Billigung des Chefs, als freundlichen Farbtupfer und sozusagen als Satyrspiel nach der Tragödie Lessings *Schatz* aufzuführen, ein heiteres Stückchen von bescheidenem Umfang, dessen Szenen wohl mehr als Hobelspäne denn als ernsthafter dramatischer Versuch von Lessings Schreibtisch gefallen waren. Mich bestimmte Dr. Hennig für die Rolle des pfiffig durchtriebenen Dieners Maskarill.

Chopin, Beethoven, Aischylos und Lessing, und überall dabei, das war genug, um ein halbes Jahr lang jede freie Stunde zu füllen. Daß die Schule dabei völlig flachfiel, bereitete mir einige Sorgen, aber als geborener Optimist hielt ich die Hoffnung aufrecht, es im letzten Anlauf doch noch zu schaffen. Schmerzlich war, daß sich auch Kätchen von mir vernachlässigt – und vielleicht auch überfordert fühlte, und mir nach heftigen Auseinandersetzungen den Laufpaß gab. Ich hätte die Trennung sicherlich schneller überwunden, wenn derjenige, mit dem ich sie bald darauf zum Schützenpark und zum Stadtwäldchen promenieren sah, nicht ausgerechnet ein Bursche aus meiner Klasse gewesen wäre, den ich für einen Fatzke hielt und noch nie hatte leiden können. Daß ich ihn verprügelte und zum nächsten Rendezvous mit verschwollenen Lippen schickte, gewann mir Kätchens Neigung nicht zurück. Im Gegenteil. Sie schickte mir Hamsuns *Victoria* ohne ein Wort und ohne eine Zeile durch die Post zurück. Darauf packte ich die *Zwei Menschen* ein, strich die Widmung aus und ersetzte sie durch zwei Worte: Blöde Ziege!

Das war das bittere Ende der ersten großen Liebe. Ich fürchte, daß ich ihr ein wenig zu stürmisch gewesen bin. Vielleicht hatte ich auch von Kätchen etwas gewünscht, was sie mir zu geben hartnäckig verweigerte, so daß hinter den bitterbösen Abschiedsworten Caliban hervorlugte, der über seine enttäuschten Erwartungen Gift und Galle spie ...

Die Wochen, die uns von dem Schuljubiläum trennten, vergingen wie im Fluge. Alfred Klahr wirkte in den *Persern* im Chor der Greise mit. Als ich ihn zu einer der letzten Proben abholen wollte, kam er mir über den Hof mit einer dick verbundenen linken Hand entgegen. Er hatte sich eine Viertelstunde zuvor beim Holzspalten mit dem Beil in den Daumen gehauen. Das Blut suppte durch den Verband. »Warst du damit beim Doktor?«

»Ach wo, so schlimm ist es nicht. Meine Mutter hat die Wunde mit essigsaurer Tonerde ausgewaschen und verpflastert.«

»Kommst du zur Probe mit?«
»Was denn sonst!« sagte er und trabte auch schon neben mir her. Er wollte die erste Bühnenprobe nicht versäumen, denn die Bühne war in dem großen Raum, der sich an den rückwärtigen Teil der Aula anschloß, am Tag zuvor endlich fertig geworden. An den Kulissen und am Vorhang wurde noch gearbeitet. Der tüchtige Herr Schott, der schon bei der Beschaffung der Instrumente für das Orchester sein großes Organisationstalent bewiesen hatte, war auch für die Errichtung der Bühne, des Vorhangs, der Kulissen und für die benötigten Kostüme mit Spendenlisten unterwegs gewesen. Wichtiger als die Spendierfreude der Bürgerschaft mit Geldzuwendungen war, daß sich auch einige Handwerker bereit erklärt hatten, anfallende Arbeiten unentgeltlich auszuführen.
Dr. Stock, ein beliebter Mann, dem man sich gern anvertraute, wenn man innerhalb oder auch außerhalb der Schule in einer Klemme steckte, vertrat den vielbeschäftigten Chef häufig bei den Proben. Zuweilen kam auch Herr Bohlmann, Feuilletonredakteur bei der ›Königsberger Allgemeinen Zeitung‹ und mit Dr. Stock seit gemeinsamen Studienjahren befreundet, auf einen Sprung nach Bartenstein herüber, um die Herren bei der Regie zu unterstützen. Dr. Stock war ganz gewiß ein ausgezeichneter Altphilologe, aber mit seinem Regietalent war nicht allzu viel los; es war ein Glück, daß er sich seines Freundes Bohlmann entsonnen hatte. Der brachte uns auf Schwung, vor allem auf dem Höhepunkt der Tragödie, der Botenszene: »Nein, Mann, nein!« flehte er Ernst Schmittat an, »Sie kommen ja auf die Bühne, als ob Sie 'ne Kneipe suchen. Aber Sie haben tausend Kilometer zu Pferde hinter sich. Ihnen wackeln die Knie, verstanden? Und Sie wakkeln Ihnen außerdem, weil Unglücksboten am persischen

Königshof befürchten müssen, daß man ihnen die Rübe abhackt. Also – nach dem Hufgeklapper hinter der Bühne schwanken Sie zwei oder drei Schritte auf die Königin zu, ringen nach Luft, heben die Hand, als blende Sie der Glanz der Krone, sinken dann in die Knie und kriechen ihr die letzten Schritte entgegen, mit eingezogenem Genick, als spürten Sie das Henkersschwert schon im Nacken. Also los! Noch einmal von vorn: ›Oh, der gesamten Erde Asiens Städte ihr! Oh persisches Gebiet . . .‹«
Schmittat taumelte zum zehnten oder zwölften Mal auf die Bühne, kroch mir entgegen und begann seinen Bericht zu stammeln, die Schilderung der Vernichtung der persischen Armada vor Salamis und des Großkönigs schmähliche Flucht. Ich, Königin Atossa, des Großkönigs Mutter, vernahm die Unglücksbotschaft wie gelähmt, in starrem Entsetzen, preßte die linke Hand auf das Sockenpaar, das meinen Busen füllte, hob den Blick gen Himmel, öffnete den Mund wie eine tragische Maske, stöhnte auf . . .
»Nein, nein, nein!« stöhnte Herr Bohlmann, »Menschenskind, Sie sind doch nicht Frau Kakschies aus der Tragheimer Pulverstraße, der ein Schutzmann die Nachricht bringt, daß ihr Mann vom Gerüst gefallen ist! Sie sind Atossa, die Mutter des Königs! Die mächtigste Frau im Perserreich! Und Sie sind eine große Dame! Und große Damen greifen nicht nach ihrer Brust – so was haben die gar nicht – und sie machen keine Augen wie ein abgestochenes Kalb, und am allerwenigsten stöhnen sie! Eine Königin bewahrt vor allem Haltung! Lassen Sie Ihre Umgebung spüren, daß der Verlust der Flotte Sie genausowenig zu erschüttern vermag wie der Tod von hunderttausend Seeleuten und Soldaten. Was Sie interessiert, ist das Befinden des Königs! Denken Sie an das Bulletin Napoleons nach dem Verlust seiner Armee in Rußland: Das Befinden

Sr. Majestät war nie besser. – So denkt und handelt man als König – und deshalb kriegen Völker ihre Kaiser und Könige zuweilen satt und schicken sie aufs Schafott oder in die Verbannung.«

Dr. Stock räusperte sich scharf; sein zerschossenes Bein war für ihn kein Grund, Republikaner zu werden, und auch der Präses vom ›Bund nationaler Gymnasiasten‹ maß Herrn Bohlmann mit düsteren Blicken. Einzig der Chef, als Platon-Verehrer mit einem vollen Becher demokratischen Öles gesalbt, ließ seinen schütteren Bart bei solchen Bemerkungen durch die Hand gleiten und konnte sein Entzücken nicht verbergen. Ich aber bemühte mich, königlich, damenhaft und hoheitsvoll zu versteinern, zu schreiten und auch im Unglück königliche Würde zu wahren.

Alfred Klahr hielt die lange Probe eisern durch. Der schwierige Text des Chors mit den zahllosen Namen der persischen Satrapen und Heerführer wollte nicht klappen und erforderte immer neue Wiederholungen...

»Bitte noch einmal!

Derart, Amistres, Arthaphrenes auch
Megabates und Astaspes im Feld...«

Spät erst bemerkte Dr. Stock den blutigen Verband um Alfreds Hand, aus dem es rot auf die Bretter tropfte.

»He, Klahr, was ist mit Ihnen los? Kommen Sie direkt aus Salamis oder aus Plataiai?«

»Weder – noch, Herr Doktor, mir ist beim Holzmachen das Beil ein bißchen danebengerutscht.«

»Waren Sie beim Arzt?«

»Der Daumen ist noch dran...«

»Haben Sie Schmerzen?«

»Sind auszuhalten...«

»Na, Sie müssen es ja wissen.«

Als ich ihn drei Tage später abholen wollte, sagte mir seine Mutter, er fühle sich nicht so richtig wohl und hätte sich gleich nach der Schule zu Bett gelegt. Und von den Rindsrouladen zu Mittag hätte er auch nur eine Gabel voll gegessen. Mir war an ihm am Vormittag nichts Besonderes aufgefallen, außer, daß er mir sein Pausebrot überlassen hatte, hausgemachte Leberwurst zwischen zwei Scheiben Schwarzbrot. Ich hatte sie ihm mit Vergnügen abgenommen, ohne lange zu fragen, was ihn zu diesem großzügigen Angebot veranlaßte.

»Er hat wohl ein bißchen Fieber«, sagte Frau Klahr, »und Halsschmerzen hat er auch. Was wird es schon sein? Eine kleine Verkühlung. Der Doktor Höfer hat schon vor Jahren gesagt, wir sollen ihm die Mandeln rausnehmen lassen.«

Ich lief auf einen Sprung zu ihm hinauf. Er hatte sich unter dem Dachboden eine kleine Bude eingerichtet; sie war recht sparsam möbliert, ein Bett, ein Schrank, ein Regal mit Büchern, und an der Wand über seinem Bett hingen um zwei gekreuzte Säbel seine alten Pennälermützen von der Sexta bis zur Sekunda herum. Er sah ein bißchen fiebrig aus, auch das Sprechen schien ihm Schwierigkeiten zu bereiten. Er bekam die Zähne nicht richtig auseinander ...

»Na, Dicker, was ist los mit dir? Das wird doch nicht von der Wunde kommen?«

»Ach Quatsch! Morgen bin ich wieder auf dem Damm. Ich habe beim Holzmachen wie ein Pavian geschwitzt, und der Wind zog ziemlich kalt um die Ecke. Du weißt ja, ich hab's immer gleich mit den Mandeln ...«

»Und was macht die Hand?«

Er streckte sie mir entgegen: »Das sah im ersten Moment schlimmer aus, als es war. Die Wunde suppt überhaupt nicht mehr und heilt schon zu.«

Ja, der kleine Verband war sauber, und am Arm deutete nichts darauf hin, daß da etwa eine Blutvergiftung im Anzug sein könnte.
»Also, edler Greis, dann mach es gut.«
Er grinste mir zu, und ich hörte seine Zähne klappern: »Im Chor mache ich auf jeden Fall mit! Aber bestell dem Schott, daß die Flöte ausfällt.«
Ich ging. Unten fragte mich Frau Klahr, wie es dem Alfred ginge. Ich sagte, daß eine Blutvergiftung wohl nicht zu befürchten sei ...
»Ich wollte ihn ja zum Doktor schicken, aber mein Mann hat was gegen die Doktors. Die Kosten ... Na ja, wer rennt schon gleich zum Arzt, wenn er sich beim Kartoffelschälen in den Finger schneidet ...«
Ja, unsere Väter waren sparsame Leute. In dieser Hinsicht gab meiner dem Vater von Alfred nichts nach. Es war noch keine vier Wochen her, daß Mutter sich eine ziemlich grobe Häkelnadel in den Daumenballen gejagt hatte. Ihre Versuche, die Nadel mit dem Widerhaken herauszuziehen, gab sie bald auf, denn da hätte sie wohl einige Muskelfasern und Sehnen mitgezogen. Aber deswegen zum Arzt? Vater sah sich die Sache an, kaute ein bißchen an seinem Schnurrbart und sagte: »Nun beiß mal für 'nen Moment die Zähne zusammen, Linchen«, und bevor Mutter dazu kam, einen Schrei auszustoßen, hatte er ihr bereits die Nadel vollends durch das dicke Fleisch getrieben und mit einem kurzen Ruck herausgezogen. »Na also«, sagte er befriedigt, »das hätte der Doktor auch nicht anders gemacht, aber dafür hättest du mindestens zehn Mark blechen müssen.«
Am nächsten Tag wurde Alfred Klahr ins Krankenhaus eingeliefert, und fünf Tage später war er tot. Tetanus. Ein qualvolles Ende. Am Donnerstag wurde er auf dem Fried-

hof an der Rastenburger Chaussee beerdigt. Die ganze Schule folgte dem Sarg. Superintendent Nietzki hielt die Trauerandacht. Herr Schott schlug die Stimmgabel gegen einen Grabstein, hielt sie ans Ohr, gab den Ton, und der Chor stimmte das ›Integer vitae‹ an. Dann sprach der Chef mit bewegter Stimme, daß die Götter früh zu sich nähmen, wen sie liebten, flocht einige Verse aus Schillers Nänie in seine kurze Rede, und dann senkten sie den Sarg in die Grube.

Ich kann mich nicht daran erinnern, daß der Konfirmationsunterricht und die Konfirmation selber bei einem von uns einen nachhaltigen Eindruck hinterlassen haben. Den Unterricht, der hauptsächlich aus dem Auswendiglernen von Katechismus, Bibelstellen und Kirchenliedern bestand, empfand man wie jeden Unterricht als lästige Pflicht und die Konfirmation als ein Ereignis, das man über sich ergehen lassen mußte, weil es nun einmal so Brauch war. Wir befanden uns in dem Alter, in dem wir nicht nur unsere Väter mit kritischen Augen betrachteten und ihre Autorität in Frage stellten, wir waren gerade dabei, alle Götter von ihren Postamenten zu stürzen. Wir lasen *Zarathustra* und Haeckels *Welträtsel*, und sie bestätigten uns, was wir längst geahnt hatten, daß Gott eine Pfaffenerfindung und die Erschaffung der Welt als ein Akt göttlichen Willens reine Ammenmärchen waren. Und da redete nun der eine von den beiden alten Schwachköpfen bei diesem sinnlosen Tod von Gottes Güte, an der man nicht zweifeln dürfe, wenn auch seine Absichten dem menschlichen Verstand verborgen blieben, und der andere beschwor die Götter Homers herauf und tat gerade so, als ob Alfred so jung in den Olymp abberufen worden sei, um Ganymed als Mundschenk abzulösen. Himmelarschundwolkenbruch, eine Spritze Tetanus-Serum zur rechten

Zeit, und der Chef hätte sich keine Sorgen zu machen brauchen, drei Tage vor dem Jubiläum einen Ersatz für den Chorführer zu finden, genausowenig Sorgen wie der alte Schott, wer nun beim Chopin und beim Beethoven die zweite Flöte blasen sollte.

Mehr noch als Alfreds qualvolles Ende erschütterte mich der Gedanke, wie leicht er zu retten gewesen wäre. Ich wurde das Bild nicht los, wie ich ihn bei unserer letzten Begegnung fiebernd in seiner kleinen Bude angetroffen hatte, und mich quälten Schuldgefühle, aus Leichtsinn und Gedankenlosigkeit für seinen Tod mitverantwortlich zu sein. Ich hätte Alfreds Mutter wenigstens zureden sollen, den Arzt zu holen, auch hinter dem Rücken des Alten, wenn es dem um die drei oder fünf Mark ging, die der Dr. Höfer für seinen Besuch liquidiert hätte. Mich machte der Kummer richtig krank, ich bekam Fieber und Durchfall, der Magen streikte, ich verkroch mich ins Bett und heulte mich aus – und es geschah das kleine Wunder, daß sie mich in Ruhe ließen. Es muß Vater ungeheuer schwergefallen sein, mich nicht aus dem Bett zu scheuchen und notfalls am Kragen in die Schule zu schleifen. Gefühle zu zeigen war ihm ein Greuel, bei sich genauso wie bei andern. Zum Glück ahnte er nicht, daß ich fest entschlossen war, die ganze Festveranstaltung platzen zu lassen.

Vielleicht ahnte es unser Dr. Stock, als er mein Fehlen in seiner Lateinstunde bemerkte. Er beauftragte Kurt Reske, sich auf den Weg zu machen und zu erkunden, weshalb ich zu Hause geblieben sei. Was Kurt von seinem Besuch zu berichten wußte, muß ihn sehr beunruhigt haben, denn am frühen Nachmittag stapfte er mit seinem krummen und steifen Bein in meine Bude, setzte sich zu mir aufs Bett und hörte sich ruhig an, was ich ihm zu sagen hatte.

»Ihnen haben also die Reden am Grabe Ihres Freundes

Klahr nicht gefallen«, stellte er schließlich fest und massierte sich das schmerzende Kniegelenk, »um ehrlich zu sein, mir auch nicht. Aber das ist wohl nicht allzu wichtig. Was dich wirklich bedrückt, mein Junge, ist das Gefühl, etwas versäumt zu haben, was deinen Freund hätte retten können. Das verstehe ich nur zu gut. Denn auch mich quält seit dem Tage, an dem er ins Krankenhaus eingeliefert wurde, der Gedanke, mich nicht genug um ihn gekümmert zu haben. Damals auf der ersten Bühnenprobe wechselte ich mit ihm wegen seiner Verletzung ein paar Worte. Vielleicht hast du sie mitbekommen. Er nahm die Sache auf die leichte Schulter – und ich auch. Dabei hätte ich es besser wissen müssen, denn am Starrkrampf sind im Feld und in den Lazaretten mehr Männer draufgegangen als an ihren Verwundungen. Nun, damals rissen Granatsplitter Stoffetzen und Dreck in die Wunden. Und hier – ein blankes Beil... Trotzdem, ich hätte darauf dringen müssen, daß er einen Arzt aufsuchte.« Er erhob sich mühsam, hüstelte scharf und fuhr mir mit der Hand durch den Scheitel: »Man versagt immer wieder – aus Trägheit, aus Gedankenlosigkeit, das ist bedrückend. Aber vielleicht lernt man daraus für die Zukunft, die Verantwortung seinen Mitmenschen gegenüber ernster zu nehmen...« Er sah mich aus seinen klugen braunen Augen sekundenlang schweigend an, nickte mir zum Abschied zu und stapfte, das Bein schwerer als sonst nachziehend, zur Tür: »Was ich noch sagen wollte, ach ja – mach dir um die Feier keine Sorgen. Sie kann natürlich nicht abgesetzt werden. Viele Gäste sind schon hier und viele unterwegs. Irgend jemand wird die Rolle der Atossa lesen – und den Maskarill im Schatz werden wir auch irgendwie über die Bühne bringen.«

Eine knappe Stunde später saß ich neben Plaumann, der

die erste Klarinette blies, im Orchester. Der alte Schott schlug wieder einmal mit dem Taktstock gleichschenklige Dreiecke in die Luft, als teile er mit einem schweren Säbel furchtbare Hiebe aus, und brüllte, während ihm der Schweiß in hellen Bächen in den Kragen lief, über das Orchester hinweg den beiden Tuba-Bläsern mit ihren riesigen Instrumenten zu: »Furzt rein, Leute, furzt rein, daß die Wände wackeln!«
Es war die Generalprobe. Sie klappte so gut, daß Herr Bohlmann mit dem Knöchel des Mittelfingers dreimal gegen die Bühnenbretter klopfte und das Genick einzog, als mache er sich nun aufs Schlimmste gefaßt. Der nächste Tag war schulfrei, denn im Festprogramm war etwas vorgesehen, was man heute einen ›Tag der offenen Tür‹ nennt. Die Schule stand den Vormittag über den Gästen und vornehmlich natürlich jenen offen, die ihre Bänke gedrückt hatten. Und sie waren in Scharen gekommen. Die Hotels waren überfüllt, die meisten Gäste hatten in Privatquartieren Unterkunft gefunden. Mutter hätte auch gern jemand bei uns aufgenommen, aber den Weg zum Klo konnte man nun wirklich keinem Gast zumuten. Das Festprogramm begann am Sonnabendnachmittag mit einer Ehrung der für das Vaterland gefallenen Lehrer und Schüler des Gymnasiums. Die Aula war gerammelt voll. Ganz vorn unter den Ehrengästen saßen drei würdige Herren, die vor fünfzig Jahren in die Sexta des neugegründeten Gymnasiums eingetreten waren, hier ihr Abitur gemacht hatten und Zeugnis dafür ablegen konnten, daß das Rüstzeug, das ihnen unsere Schule für den Lebensweg mitgegeben hatte, von bester Qualität war; der eine hatte es zum Obermedizinalrat, der zweite zum Reichsbankdirektor und der dritte gar zum Landgerichtspräsidenten gebracht. Na bitte!

Mit dem Glockenschlag drei zog Herr Folgmann, unser Hausmeister, den Vorhang hoch, der die Bühne vom Zuschauerraum trennte. Das Orchester, zweiundvierzig Mann stark, das Blech auf Hochglanz poliert, wartete in strammer Haltung auf den Dirigenten. Den Hintergrund bildete die Kulisse zu den *Persern*, das quadergefügte Grabmal des Darius, das Zeichenlehrer Riedel kunstvoll aus Pappe aufgetürmt hatte. Der alte Schott, der seit Stunden Blut und Wasser schwitzte, trat in einem neuen Cutaway, aber mit völlig durchgeweichtem Eckenkragen an das Dirigentenpult, hob den Taktstock und gab mit einem Hieb, als zöge er auf der Mensur seinem Gegner eine fürchterliche Quart über den Schädel, den Einsatz zum Schobbäng. Die Augen und Ohren der großen Festversammlung im Rücken spürend, schwoll ihm der Kopf furchterregend an, und seine Augen rollten wild, als stände er kurz vor einen Schlaganfall. Aber er war eine zähe Natur und entschwand, als nach dem letzten Ton des Trauermarsches herzlicher Beifall aufbrandete, als gäbe ihm der dicke Kopf wie ein Ballon Auftrieb, wie auf Wolken wandelnd von der Bühne.
Diese betrat nun im feierlichen Gehrock mit schwarzen Seidenaufschlägen, nachdem das Orchester abgetreten war, gemessenen Schrittes unser Chef, Direktor Dr. Kröhnert. Nach der Begrüßung der Ehrengäste, unter denen sich Landrat v. Gottberg und Bürgermeister Hoffmann befanden, nach der Begrüßung der ehemaligen Schüler, Bürger und Freunde des Gymnasiums forderte er die Versammelten auf, sich zu einer Schweigeminute zum Gedenken der Toten und Gefallenen von den Plätzen zu erheben. Danach stand er sekundenlang stumm sinnend und den Blick durch den goldgefaßten Kneifer in weite Fernen gerichtet, als käme ihm die Eingebung direkt von

der Akropolis oder vom Olymp herab, und setzte aus dem Gedächtnis in der Sprache des Perikles mit der berühmten Rede an, die jener vor den Bürgern Athens zu Ehren der Gefallenen des Peloponnesischen Krieges gehalten hatte. Diese Rede aus dem Jahre 448 scheint zum Repertoire von Gymnasialdirektoren gehört zu haben, denn bei der Trauerfeier für die Gefallenen des Fridericianums hatte ich sie schon aus dem Mund unseres Geheimrates vernommen. Man erzählt von Joseph Kainz, seine Stimme sei so modulationsfähig gewesen, daß er seine Zuhörer selbst beim Verlesen eines Adreßbuches zu Tränen rühren konnte. Unser Chef muß diese Gabe in hohem Grade besessen haben, denn nicht nur die Altphilologen unter seinen Zuhörern, nein, auch der Viehhändler Grudde und Drogist Ollhoff lauschten der Rede in tiefer Ergriffenheit und wischten sich die Augen, als der Chef nach Beendigung seiner Deklamation den Kneifer von der Nase nahm und sich mit dem blütenzarten Tuch, das er aus dem Gehrockärmel zog, tiefbewegt die Augen betupfte. – Das Largo von Händel, von Walter Tichauer auf dem Cello vorgetragen, setzte den weihevollen Schlußpunkt unter die Totenehrung.
Inzwischen herrschte in dem Physiksaal hinter der Aula Hochbetrieb, denn hier warteten, zum größten Teil bereits kostümiert und geschminkt, die Akteure der *Perser* auf ihren Auftritt. Herr Plaumann, der sich auch bei den Theateraufführungen des Kaufmannsvereins als Maskenbildner betätigte, war gerade damit fertig geworden, den Darstellern des Greisenchores weiß wallende Bärte anzukleben. Sie drängten sich wie eine Versammlung von Weihnachtsmännern in eine Ecke des Raums. Diejenigen Darsteller, die im Orchester mitgewirkt hatten, schlüpften eiligst in ihre persischen Gewänder, und mir verpaßte

Herr Plaumann eine eisgraue Perücke, auf der er die schwere Krone mit Nadel und Faden festzurrte. Dr. Stock versuchte Ruhe zu verbreiten, aber auch ihn hatte das Premierenfieber gepackt, er hüpfte mit seinem kurzen Bein von Gruppe zu Gruppe und gab, während auf der Bühne Studienrat Westphal mit ›Herr, deine Güte reicht so weit‹ brillierte, letzte Regieanweisungen.
Nun, wenn die Aufführung nur halb so gut wie der Beifall war, den man uns spendete, dann war es die beste Aufführung eines griechischen Tragikers, die je über eine deutsche Bühne gegangen war. Es gab so viele Vorhänge, daß Herr Folgmann ins Schwitzen geriet. Der Chef strahlte vor Stolz und Wohlwollen, kam hinter die Bühne und schüttelte jedem Darsteller persönlich die Hand: »Das habt ihr großartig gemacht, Kinder, – das werde ich euch nicht vergessen!« – Aber durfte man ihn, wenn es darauf ankam, wirklich beim Wort nehmen? Leider lag zwischen seinen Worten und der Versetzung in die Prima noch ein langes, langes halbes Jahr.

Es machte mich nicht wenig stolz, in den Berichten über das Jubiläum des Gymnasiums bei der Würdigung der ›überdurchschnittlichen Leistungen der jungen Darsteller‹ meinen Namen nicht nur in dem Bartensteiner Blättchen, sondern in einem Artikel von Herrn Bohlmann auch in den Königsberger Zeitungen zu entdecken. Kein Wunder, daß ich den Entschluß faßte, Schauspieler zu werden. Wochenlang trug ich eine Miniaturausgabe des *Faust* in der Größe jener winzigen Wörterbücher, deren Benutzung bei Klassenarbeiten streng verboten war, ständig mit mir herum und lernte ihn vom Vorspiel bis zum letzten Wort – Stimme, von innen verhallend: Heinrich – Heinrich ... – auswendig, um für alle Rollen, und wenn es sein mußte,

auch für das Gretchen, gerüstet zu sein. Einem Bewerbungsschreiben an das Königsberger Schauspielhaus, das damals noch in der Passage an der Königstraße spielte, legte ich neben einem kurzen Lebenslauf die Zeitungsausschnitte bei, gestand freimütig, daß mir die Penne bis zum Halse stände und daß ich keinen größeren Wunsch hätte, als meine schauspielerische Laufbahn im Ensemble des Schauspielhauses beginnen zu dürfen. – Es muß dem Sekretär des Intendanten ein diebisches Vergnügen gemacht haben, meinen Brief zu beantworten. Mir zitterten die Hände, als ich sein Schreiben vierzehn Tage später öffnete. Er teilte mir mit höflichem Bedauern mit, daß die Rolle des Charakterdarstellers mit Herrn von Beneckendorff leider gerade besetzt worden sei und daß auch der jugendliche Held sowie die Chargen langfristige Verträge hätten, so daß sich die Intendanz zu ihrem Bedauern gezwungen sähe, meine Bewerbung vorerst abzulehnen, zumal der Etat des Theaters eine Doppelbesetzung nicht erlaube. Die Zeitungsausschnitte lege er für eventuelle weitere Bewerbungen an Berliner oder Hamburger Bühnen zu seiner Entlastung bei. – In meiner Arglosigkeit zeigte ich den Brief stolz herum und erntete, da die Freunde und Kameraden Ironie den Paukern, nie aber dem Sekretär eines Theaterintendanten zutrauten, nicht Spott und Gelächter, sondern eine fast respektvolle Bewunderung. Dabei beeindruckte sie wohl am meisten die Tatsache, daß ich entschlossen gewesen war, den Schulkrempel hinzuschmeißen und notfalls von daheim durchzubrennen.
In diesen Tagen begegnete ich bei dem Sonntagsbummel auf dem Markt Hermann Schmiedeke. Wir kannten uns nur flüchtig, denn er war zwei Jahre älter als ich und hatte die Schule vor zwei Jahren mit dem Einjährigenzeugnis verlassen. Eine Lehre als Dentist hatte er nach kurzer Zeit

abgebrochen, weil ihn anderer Leute Zähne anekelten. Seit einem Jahr besuchte er die Kunstgewerbeschule in Königsberg, um Grafiker zu werden. Sein Vater war in Bartenstein Volksschullehrer. Wir waren schon einige Male ins Gespräch gekommen und uns dabei fast jedesmal in die Wolle geraten. Ich hielt ihn für einen Angeber. Namen wie Kandinsky, Macke, Nolde und van Gogh, von denen ich noch nie etwas gehört, geschweige denn gesehen hatte, gingen ihm geläufig über die Zunge. Mutter besaß eine Spitzweg-Mappe und war längere Zeit auf die schmalen Monografien eines Kunstverlages abonniert gewesen, der in Abständen von zwei Monaten ziemlich scheußliche Reproduktionen von Böcklin, Franz von Stuck, Lenbach, Leibl, Makart und Slevogt herausbrachte, Namen, die Schmiedeke mit einer verächtlichen Handbewegung vom Tisch fegte. Nun, von der Malerei verstand ich zuwenig, um ihm widersprechen zu können. Aber daß er den Namen von Storm mit Veilchen auf Vanillensoße verband und Löns einen Feld-Wald-und-Wiesenheini nannte, empörte mich zutiefst. Gerhart Hauptmann, den ich verehrte, ließ er unter Vorbehalten gerade noch gelten. Wenn schon Hauptmann, dann war Carl sein Mann. Und ins Schwärmen geriet er, wenn er auf die Lyriker Heym, Trakl und Benn oder auf die Dramen von Hasenclever, Sternheim, Wedekind und Kaiser zu sprechen kam, von denen ich keine blasse Ahnung hatte, denn Herr Stringe von der Buchhandlung war mehr für die solide Literatur, und die hörte bei ihm bald nach Fontane auf, gerade, daß er noch Dehmel, Liliencron und die Buddenbrooks gelten ließ. In der Schule hörten wir nicht einmal von denen etwas, denn genauso, wie wir im Geschichtsunterricht bei den Befreiungskriegen stehengeblieben waren, waren wir im Deutschen über Kleist nicht hinausgekommen, und daß uns

Herr Hennig ausgerechnet die *Hermannsschlacht* zur Lektüre empfahl, konnte uns für Kleist nicht begeistern. Daß Hermann seine Thusnelda immer Thuschen nannte, fanden wir zum Schreien komisch.

Aber vielleicht hätte Hermann Schmiedeke mich nicht davon zu überzeugen vermocht, daß ich weit hinter dem Mond lebe, wenn im Bartensteiner Wochenblatt nicht von Zeit zu Zeit Gedichte eines Hermann Fabricius erschienen wären, Verse und freie Rhythmen mit schwerer Gedankenfracht, der ich nur mit Mühe zu folgen vermochte, aber von einem Wohllaut der Sprache, der mich entzückte und um den ich diesen Herrn Fabricius glühend beneidete.

»Du hast einen Brief von der Intendanz des Schauspielhauses bekommen, habe ich gehört«, sagte Schmiedeke, nachdem er sich mir beim Heimweg angeschlossen hatte. Ich trug das Schreiben – durchaus nicht zufällig – in der Tasche.

»Ich habe den Brief zufällig dabei..«

»Kann ich ihn mal sehen?«

»Warum nicht...?«

»Sage einmal«, fragte er, nachdem er den Brief gelesen hatte, »bist du so naiv oder so blöd, daß du nicht merkst, daß der Kerl dich furchtbar auf den Arm genommen hat? Oder glaubst du im Ernst, die warten auf einen Burschen, der nicht einmal richtig sprechen gelernt hat?«

»Erlaube mal...!«

»Pluster dich bloß nicht auf! Ich habe mir die *Perser* und auch den *Schatz* angesehen, und ich hätte am liebsten Scheiße geschrien. Es war grausiger Dilettantismus. Und dazu euer Astpreißisch! Mensch, in Mannheim oder in Köln hätten sie geglaubt, ihr führt den Aischylos griechisch auf.«

»Redest du vielleicht anders?« schrie ich ihn an.
»Natürlich nicht, aber ich habe ja auch nicht die Absicht, zur Bühne zu gehen. Mir fällt es schon schwer genug, die Rolle durchzustehen, die ich im alltäglichen Theater spiele.«
»Fabricius ...« grinste ich und zog mein Notizbuch mit den Versen aus der Tasche, die ich aus der letzten Nummer unseres Wochenblättchens ausgeschnitten hatte.

»so spiel ich meine Rolle, steh sie durch
und lausch den eignen Worten als ein Fremder,
und lote ihre Wirkung, oft genug bestürzt,
was in der Dunkelheit ...«

»Sowas schneidest du aus?« unterbrach er mich kopfschüttelnd.
»Warum sollte ich nicht? Die Verse dieses Fabricius sprechen mich an. Hast du schon etwas von ihm gelesen?«
»Kannst du die Schnauze halten?« fragte er.
»Natürlich kann ich. Aber warum soll ich?«
»Hermann Fabricius«, sagte er, »und nun denk einmal nach. Faber heißt der Schmied. Unter Fabricius stelle ich mir so was wie ein Schmiedchen vor, einen Schmiedeke vielleicht ...«
»Mensch«, sagte ich atemlos, »du willst doch nicht etwa behaupten, daß dieser Hermann Fabricius ...«
»Deine Intelligenz ist umwerfend. Du kommst einfach auf alles.« Wir hatten das Heilsberger Tor passiert und näherten uns einer Seitenstraße, an deren Ende seine Eltern ein Haus in einem großen Obstgarten besaßen. – »Nun mach den Mund endlich zu«, sagte er und klopfte mir auf die Schulter, »ich biege hier ab. Hinein ins traute Familienle-

ben. Ins pünktliche Sonntagmittag-Schweinebraten-Abenteuer. Es kotzt mich an. Zum Glück nur alle vierzehn Tage. Kennst du meinen Alten?«

»Ich glaube nicht...«

»Sei froh. Hoffentlich unterscheidet sich deiner von ihm.«

»Ich glaube kaum, wenigstens nicht, wenn es um die Sonntagmittag-Schweinebraten-Pünktlichkeit geht.«

»Ich muß morgen früh wieder weg. Aber wir könnten uns heute nachmittag treffen, wenn es dir recht ist...«

Fabricius – ich konnte es noch immer nicht fassen: »Gern, aber wo?«

»In der Weinstube vom ›Bartensteiner Hof‹. Sie haben dort einen recht anständigen Mosel...«

»Ich kann es mir nicht leisten, dort einem Pauker zu begegnen.«

»Mach dir doch nicht in die Hosen. Da ist am Nachmittag kein Schwanz. Und schließlich bist du in Gesellschaft eines Erwachsenen.«

»Da ist noch etwas«, sagte ich zögernd; »ich habe gerade noch vierzig oder fünfzig Mille in der Tasche. Das langt nicht einmal für einen Bleistift...«

»Ihr habt doch sicherlich ein paar silberne Löffel in der Schublade, wie?« fragte er und blinzelte mich an.

»Gehabt! Wir haben sie längst verfressen.«

»Dann werde ich sehen, was sich machen läßt. Also – um drei Uhr auf dem Markt.« Er tippte mit dem Zeigefinger einen Gruß an die Stirn und ließ mich stehen. Hermann Fabricius...! Wie er auf die Frage nach den silbernen Löffeln gekommen war, machte mir kein Kopfzerbrechen. Mich bewegte nur der Gedanke, daß er vor mir sein Geheimnis gelüftet hatte und mich für einen Menschen zu halten schien, den wiederzusehen es sich lohnte. Er war mir in jeder Beziehung turmhoch überlegen. Neben ihm

kam ich mir unreif und tölpelhaft vor. Für meine Gedichte konnte ich mich nur schämen. Das war schlechter Aufguß von Heines Liebesfrühling. – Seine Ausdrucksweise und seine schleppende Stimme, die ich zuerst als arrogant und abstoßend empfunden hatte, erschienen mir plötzlich genauso reizvoll und nachahmenswert wie seine Art, das Haar zu tragen. Unter Verzicht auf den Scheitel kämmte er es glatt nach hinten und ließ es über dem Nacken in einem sorgfältig ausrasierten Henkerschnitt enden.
Zehn Minuten vor der verabredeten Zeit zog ich die erste Runde um den Markt. Meine Geduld wurde auf eine harte Probe gestellt, denn es war zwanzig nach drei, als er mir endlich entgegenkam; aber nicht aus der Richtung, aus der ich ihn erwartet hatte, er schlenderte aus der Rastenburger Straße kommend auf mich zu.
»Entschuldige die Verspätung«, sagte er leichthin, »ich hatte noch etwas zu erledigen.« Er langte in die Hosentasche und zog ein ziemlich dickes Bündel mit großen Scheinen hervor: »Das reicht für mehrere Pullen . . .« Er schob das Geld wieder ein und griff nach meinem Arm: »Also komm, das Fest kann beginnen.«
Die Weinstube im Keller des Hotels war um diese Stunde tatsächlich leer. Wir waren die einzigen Gäste und nahmen am Ende des Lokals in einer Nische Platz, in der ich mich sicher fühlen konnte, selbst wenn es einem Herrn vom Lehrkörper einfallen sollte, hier zu einem Dämmerschoppen aufzukreuzen. Als der Ober kam, sagte der große Fabricius nichts als: »Dasselbe wie gestern gehabt.« Der Ober verschwand, Hermann Schmiedeke bot mir eine Zigarette an, und ich bewunderte sein Auftreten und die Lässigkeit, mit der er seine Wünsche äußerte. »Du scheinst hier Stammgast zu sein . . .?«
»Seit einiger Zeit«, sagte er und gab mir Feuer.

»Dir scheint es nicht schlechtzugehen. Verdienst du mit der Grafik schon so viel?«

»Ach was«, sagte er mit einem kleinen Grinsen, »ich lebe à la Grabbe ...«

»Das mußt du mir schon erklären.«

»Kennst du Heines Memoiren nicht? Ich meine das Fragment seiner Memoiren ...«

»Ich habe seine Gedichte und das Wintermärchen gelesen.«

»Immerhin – das ist mehr, als ich erwartet habe.«

Ich begann mich zu ärgern: »Du scheinst mich für ziemlich zurückgeblieben zu halten, wie?«

»Aber nein, aber nein«, sagte er, »ich weiß, daß du lesen kannst. Das bringt man ja jedem von uns bei. Die Frage dabei ist nur, ob dich jemals ein Steißtrommler bei der Auswahl deiner Lektüre richtig beraten hat. Es kommt nämlich dabei auf die Qualität und nicht auf die Quantität an ...«

»Also spucks schon aus!« knurrte ich ihn an, denn er hatte mit seiner Bemerkung einen wunden Punkt getroffen, und allmählich brachte mich die Art, wie er mir seine Überlegenheit zeigte, in Rage.

Der Ober kam mit der Flasche, er schenkte in das Glas des großen Fabricius einen Probeschluck, der kostete den Wein, schien zufrieden und nickte dem Ober zu. Der füllte unsere Gläser und zog sich zurück.

»Ach ja, die Geschichte mit Grabbe. – Nun, Heine erzählt in seinen Memoiren – zur Ehrenrettung von Grabbes Mutter, von der es hieß, sie sei eine Säuferin gewesen und habe den Sohn mit Branntwein großgezogen –, daß Grabbes Mutter dem Sohn ihr kostbar gehütetes Silberzeug auf den Lebensweg mitgegeben habe. Als Heine ihm begegnete, hatte Grabbe bereits den Goliath, den großen

Schöpflöffel, versoffen und sah düster in die Zukunft, da ihm nur noch einige wenige Kaffeelöffelchen geblieben waren. Und dann eine Bemerkung, wie sie eben nur Heine machen konnte: Der gute Grabbe konnte viel vertragen und er wäre nicht gestorben, weil er trank – er trank, weil er sterben wollte. Er starb durch Selbsttrunk.«

»Hübsch, das ist wirklich hübsch, aber was hat das mit dir zu tun? Möchtest du mir das erklären?«

»Ich habe eine kleine Erbschaft gemacht. Ein Goliath ist leider nicht dabei. Und leider bin ich mit den Eßlöffeln auch schon am Ende. Wir vertrinken gerade das letzte Stück. Mit den wenigen verbliebenen Kaffeelöffelchen werde ich bedeutend kürzertreten müssen. – Bist du nun zufrieden?« Er hob das Glas und trank mir blinzelnd zu, die Zigarette hing ihm im Mundwinkel, und der Rauch stieg vor seinem linken Auge in einem dünnen Faden empor.

»Du bist wirklich ein Hund!« sagte ich hingerissen.

»Ich nehm's als Kompliment.«

Dann tranken wir die Flasche leer, und noch eine, und noch eine dritte. Dazwischen unterhielten wir uns, der große Fabricius zitierte eigene Gedichte und entwarf auf der Rückseite einer Speisekarte einen Leseplan für mich. Ich fand ihn am nächsten Tag in meiner Tasche. In dem umfangreichen Register waren einige Namen mehrfach unterstrichen, Novalis, Mörike (Maler Nolten!), E. T. A. Hoffmann, Kleist (Novellen!), Hölderlin, Grabbe, Büchner. Büchner dreifach unterstrichen und mit drei Ausrufezeichen versehen. Es war ein volles Jahresprogramm ...

Aber nach dieser feuchten Begegnung sah ich den großen Fabricius monatelang nicht mehr. Einmal flüchtig am Bahnhof, aber da hatte er es eilig. Und dann entdeckte Hausmeister Folgmann den Einbruch im Gymnasium. Im

Dachgeschoß gab es einen Raum, an dessen Tür ein Schild mit der Aufschrift ›Heimatmuseum‹ hing. Der gleich zu Anfang des Krieges gefallene Vorgänger unseres Chefs hatte dieses Museum gegründet und darin gesammelt, was der alte Bartengau an Bodenfunden hergab, vom Steinbeil bis zu den Flinten und Säbeln napoleonischer Soldaten, die in der Schlacht bei Preußisch Eylau gefallen waren. Dazu Münzen aus der Ordenszeit, mittelalterliche Urkunden mit großen Wachs- und Bleisiegeln, bäuerlichen Hausrat und bürgerliche Möbel aus vergangenen Epochen. Unser Chef hatte die Sammlung fortgesetzt, mit seinem aufs Universelle gerichteten Geist aber erweitert, so daß man dort nun auch Knickerschirme aus dem Biedermeier neben einem Zylinderhut des Bismarcksohnes Wilhelm, der eine Zeitlang als Regierungspräsident in Königsberg gewirkt hatte, besichtigen konnte. Den Schlüssel zu dem Raum besaß der Chef. Er verwahrte ihn in einer Schublade seines Schreibtisches und holte ihn gelegentlich hervor, wenn die Bitte um Besichtigung der musealen Schätze an ihn herangetragen wurde. Das geschah selten, denn der alte verstaubte Kram interessierte uns wenig; wenn uns die Besichtigung reizte, dann deshalb, weil der Raum in früheren Zeiten als Karzer gedient hatte, für unbotmäßige Pennäler, die sich dort mit Zeichnungen und Sprüchen an den Wänden verewigt hatten.

Hier hab vier Stunden ich gesessen
hab dein gedacht, du holdes Kind
und hab im Träumen ganz vergessen
daß ich im Karzer mich befind.

Dazu fehlte natürlich das von Pfeilen durchbohrte Herz ebensowenig wie die Initialen des Delinquenten und seiner Angebeteten.

Die Diebe hatten das einfache Schloß mit einem Dietrich geöffnet und mitgenommen, was ohne Mühe zu transportieren und bei Sammlern und Antiquaren leicht abzusetzen war. Beile aus der älteren und jüngeren Steinzeit, zwei frühe Bibeln, die alten Urkunden mit den seltenen Siegeln und die wertvolle Münzsammlung. Da auch die Königsberger Zeitungen über den Diebstahl berichteten, meldete ein Antiquariat, daß zwei junge Männer die Bibeln zum Verkauf angeboten hätten. Es dauerte dann kaum zwei Wochen, daß die Diebe gefaßt wurden. Es waren zwei Schüler der Kunstgewerbeschule – und der eine von den beiden war der große Fabricius. Natürlich war die Geschichte tagelang das Stadtgespräch. Da ich im Freundeskreis von dem Zechgelage im ›Bartensteiner Hof‹ erzählt hatte, getraute ich mich kaum noch auf die Straße, denn es war auch herausgekommen, womit Hermann Schmiedeke dieses und andere Gelage finanziert hatte – mit dem Silberbesteck seiner Mutter, das er nach und nach verkauft hatte. Ob man meinen Beteuerungen, daß ich von der Herkunft der Löffel keine Ahnung gehabt habe, Glauben schenkte, möchte ich bezweifeln. Kurt Reske meinte jedenfalls, er wäre nicht so dämlich gewesen, auf die Geschichte von der Erbschaft hereinzufallen.
Tagelang lief ich mit dem Gefühl herum, einen schweren Schlag auf den Schädel abbekommen zu haben. Ich konnte es einfach nicht begreifen, wie ein Mensch von seiner Intelligenz solch eine völlig idiotische Tat begehen konnte. Ein Kerl, der die englischen Kronjuwelen aus dem Tower gestohlen oder einen Banktresor um eine Million beraubt hätte, hätte mir noch einen gewissen Respekt abgenötigt. Es war der dumme und schäbige Diebstahl, der mich für den großen Fabricius Scham empfinden ließ, und noch elender fühlte ich mich, als ich erfuhr, daß er mit seinem

Komplizen nach Bartenstein überstellt worden war, um hier in der Untersuchungshaft auf seinen Prozeß zu warten. Wir lebten also unter einem Dach, und es war durchaus möglich, daß ich ihn vom rückwärtigen Korridorfenster hinter einem der Gitter des Gefängnistraktes entdecken konnte.

Der Prozeß fand drei Monate nach seiner Festnahme statt. Er lockte mehr Publikum an als die beiden Mörder, die den Aufseher umgebracht hatten und hier zum Tode verurteilt worden waren. Die Verhandlung war kurz, das Urteil lautete auf ein Jahr Gefängnis. Ein ehemaliger Bartensteiner Pennäler, der als Referendar am Prozeß teilgenommen hatte, erzählte, daß Hermann Schmiedeke außer zu Angaben zu seiner Person in der Untersuchungshaft genauso wie vor Gericht zur Sache selbst hartnäckig geschwiegen und das Urteil starr und völlig unbewegt entgegengenommen habe. Ich nahm an, daß ihn die Scham über seine Dummheit zum Verstummen gebracht hat.

Wochen und Monate vergingen, in der Stadt sprach längst schon kein Mensch mehr über diese Geschichte und über den Fall Schmiedeke, nur ich konnte ihn nicht vergessen, denn mich quälte der Gedanke, daß er sozusagen auf Rufweite in meiner Nähe lebte. Ein Jahr hinter Gittern ... Wie konnte er das mit seinem beweglichen Geist durchhalten? Ich will nicht sagen, daß ich darauf hoffte, daß ich aber darauf gefaßt war, eines Tages zu erfahren, daß er sich in seiner Zelle erhängt oder auf irgendeine andere Art ums Leben gebracht hatte. Nichts dergleichen geschah. Und genau ein halbes Jahr nach seiner Verurteilung erhielt ich in einem grauen Umschlag mit dem Stempel der Gefängnisverwaltung und auf grauem Papier einen Brief, in dem er mir munter und mit ungebrochenem Lebensmut mit-

teilte, daß es ihm den Umständen entsprechend gutgehe und daß er die soeben erhaltene Schreiberlaubnis ausnutze, sich zuerst mit mir in Verbindung zu setzen. Da er nun auch Leseerlaubnis bekommen habe, bat er mich, ihm drei Bücher zu besorgen und bei der Gefängnisverwaltung für ihn abzugeben: Kant *Kritik der reinen Vernunft*, Nietzsche *Jenseits von Gut und Böse* und Schopenhauer *Die Welt als Wille und Vorstellung*. – Er habe das Gefühl, sich bislang mit der falschen Lektüre beschäftigt zu haben, und halte es für dringend notwendig, denken zu lernen. Sein kurzes Schreiben schloß ›mit den besten Grüßen von Haus zu Haus!‹ Und eigentlich war es diese Frechheit, die mich entwaffnete. Ich besorgte ihm die Bücher aus der Stringeschen Antiquaria-Abteilung und lieferte für ihn im Verlauf der nächsten Monate noch einige andere in der Verwaltung ab, lauter schwere Kost, bei der ich schon an den ersten drei Seiten scheiterte.
Er scheint sich als Gefangener vorbildlich geführt zu haben, denn ihm wurden zwei Monate der Strafe zur Bewährung erlassen. Ein wenig enttäuscht, zugleich aber auch erleichtert, denn ich hätte meine Befangenheit bei der ersten Begegnung wohl kaum verbergen können, erfuhr ich, daß er die Stadt verlassen und es sogar vermieden hatte, seinen Eltern noch einmal zu begegnen. Er meldete sich auch in Zukunft bei mir nicht mehr. Zwei Jahre lang verlor ich ihn aus den Augen und fast auch aus dem Gedächtnis. Aber die erste schmerzliche Liebeserfahrung, der sinnlose Tod von Alfred Klahr und die sinnlose Tat von Hermann Schmiedeke hatten nicht nur die ersten Zweifel daran in mir aufkommen lassen, daß diese Welt die denkbar beste sei, auch das heitere Bild der kleinen Stadt, in der ich aus den Kinderschuhen herausgewachsen war und – bis auf die Schulsorgen – fünf glückliche Jahre ver-

bracht hatte, begann sich zu trüben. Es war schon ein verdammt enges und kleines Nest. Die Stunden, die man im Sommer auf dem Fußballplatz am Schützenpark, beim Baden im Oberteich oder in der Alle verbrachte, füllten die Tage sowenig aus wie im Winter das Schlittschuhlaufen oder der tägliche Bummel zwischen Markt und Bahnhof.

Zugegeben, das Schützenfest, bei dem der Viehhändler Paul Grudde Schützenkönig wurde, war schon ein Ereignis, das Leben und Betrieb in die Stadt brachte. Unter den Schützenbrüdern, die aus der ganzen Provinz herbeiströmten, befand sich auch der Gastwirt Grigoleit aus Schippenbeil, ein Vierzentnermann. Das heißt, wenn sie ihn in Schippenbeil ins Zugabteil schoben, wog er ein paar Kilo darunter, und drei schiebenden und zwei ziehenden kräftigen Männern gelang es stets, ihn durch die enge Tür ins Abteil zu zerren. Aber wenn er dann vollgesoffen und vollgestopft in der Nacht die Heimfahrt antrat, mußte ein Viehwaggon angehängt werden, und sechs Männer hatten ihre liebe Not, den Dicken über eine Laderampe in den Waggon zu verfrachten. Ich hatte Vater überredet, sich den Festzug und den Dicken, der an der Spitze schnaufend mitmarschierte, anzusehen. Aber Vater schniefte nur verächtlich durch die Nase: »Und wegen dieser halben Portion läßt du mich hier herumstehen und Maulaffen feilhalten! Da hättest du einmal den Gastwirt Fromm aus Hohenstein erleben müssen. Das war ein Mann! Der wog sechs Zentner zwanzig und mußte den Bauch in Riemen über den Hals tragen, weil er ihm sonst über die Knie gerutscht wäre. Der saß an einem speziell für ihn angefertigten Tisch mit einem kreisrunden Ausschnitt und verputzte zum ersten Frühstück ein ganzes Spanferkel oder eine zwölfpfündige Gans. Und was der in einem Tag in sich hineinschlang, davon hätte eine sechsköpfige Familie einen Monat lang leben können. – Und als dann die Weltausstellung in Chikago stattfand, da hatten sie dort für den schwersten Mann der Welt einen Preis von 10 000 Dollar ausgesetzt. Wir alle haben dem Fromm wie einem kranken Pferd zugeredet, nach Chikago zu fahren und sich die zehntausend Dollar zu holen. Aber er meinte, um da konkurrieren zu können, müßte er noch mindestens einen halben Zentner raufpacken. Er gab sich auch alle Mühe, aber er brachte es nur auf sechs Zentner vierzig. Und dann kam die Nachricht, daß sich die 10 000 Dollar ein Männchen von Fünfzentnerachtzig geholt hatte. Das hat den Fromm so gewurmt, daß er sich erschießen wollte. So ein Filigranbürschchen – murmelte er immer wieder. Wahrhaftig, wir mußten sein Jagdgewehr wegschließen. Aber es nützte nichts, er grämte sich über die entgangenen 10 000 Dollar so, daß er ein halbes Jahr später starb. Es war furchtbar, den Mann zusammenrutschen zu sehen. Gerade, daß er noch fünf Zentner in den Sarg brachte.«

Wie gesagt, das Schützenfest war ein Lichtblick. Aber sonst? Da gab der Männergesangverein im Jahr einen Liederabend und als Höhepunkt im achtstimmigen Chor Eichendorffs ›Auszug der Prager Studenten‹. Nun weht schon durch die Felder der kalte Boreas ...

Der Verein der Kaufmannsgehilfen brachte sogar den ›Vetter aus Dingsda‹ auf die Bühne. Den Vetter spielte der junge Mann von Kaufmann Thiel, bei dem ich bis zu einer Mark – in gutem Geld natürlich – Zigarettenkredit hatte. Und einmal kam sogar eine richtige Theatertruppe, bei der ein Dutzend Pennäler als Statisten mitmachen und Rhabarber murmeln durften. Sie spielten *Kolberg*, und der deutschnationale Parteisekretär Christofczyk klatschte begeistert Beifall, denn wenn anno achtzehn alle so durchgehalten hätten wie der alte Nettelbeck! Aber das rote Gesindel in Kiel und Berlin...

Nein, allzuviel Abwechslung und Anregung gab es wahrhaftig nicht. Nicht einmal die Tatsache, daß der Dachstuhl unserer Penne eines Tages in Flammen aufging und daß Direktor Mollenhauer dem Kollegen Kröhnert sein Mädchenlyceum zum Unterricht zur Verfügung stellte, vermochte mich sonderlich zu trösten. Die Klassenzimmer im Lycealbau rochen ein bißchen anders als unsere, aber wer sich da durch Zettelbotschaften in den Tintenfässern und unter den Klappsitzen Abenteuer erhofft hatte, erlebte nur herbe Enttäuschungen.

Nachdem sich der Feuerkopf Grzybowski auf Gymnasialwanderschaft begeben hatte, da er bei der Zulassung zum Abitur über die alten Sprachen gestolpert war, schlief der von ihm gegründete Bund nationaler Gymnasiasten allmählich ein; er behielt noch eine Weile seine alte Firmierung, entfernte sich aber stark von seinen ursprünglichen Zielen. Schon von seinem Gründer nach streng studentischem Komment geführt, entwickelte er sich unter den wechselnden Nachfolgern zu einem kleinen Saufverein mit dem hehren Ziel, deutsche Jünglinge zu jener Trinkfestigkeit zu erziehen, die nächst dem Bekenntnis zu Ehre, Treue und Vaterland im Katalog der Mannestugenden durchaus nicht an letzter Stelle stand. Da der Besuch von Lokalen ganz allgemein verboten war, zogen wir die Kommerse in der Hinterstube der Buchholzschen Kneipe am Markt ab und überließen Hänschen Buchholz, dem Sohn und Erben, mitunter das Präsidium. Er hatte im Gymnasium ›bis auf Quarta studiert‹, fühlte sich hochgeehrt, wenn er den Schläger auf den Tisch hauen und Silentium gebieten konnte, und spendierte dann Korn und Kümmel und gelegentlich eine Büchse Würstchen, die er dem Alten aus dem Keller klaute. Oder wir zogen hinter dem Heilsberger Tor in die Kneipe von Steffens, der zwei bildhübsche, aber recht spröde Töchter hatte, die auf die Winterschüler und auf die in der ehemaligen Unteroffiziers-Vorschule einquartierten Polizei-Anwärter eine magnetische Anziehung ausübten. Im besten Ruf stand diese Kneipe nicht, denn in einem mit Plüschmöbeln ausgestatteten Hinterzimmer wirkten zwei hübsche und zumeist mollige Kellnerinnen, die aber nur Gäste mit erheblichen Barmitteln bedienten. Solch eine Kellnerin, ein üppiges Riesenweib, gab es auch bei Kaufmann Thiel in einem Nebenraum seiner Kneipe, der von der allgemein zugänglichen Lokalität streng abgesondert war. Als unser Studienrat Müllner, ein Zwerg wie Perkeo, aber an Durste riesengroß, der wegen Trunkulenz von Königsberg nach Bartenstein strafversetzt worden war, eines Tages mit bandagierten Handgelenken in der Schule erschien, ging das Gerücht um, das Riesenweib bei Thiel habe ihn bei einem allzu stürmischen Annäherungsversuch an den Handgelenken gepackt und ihm dabei die zarten Knöchelchen gebrochen.

Die Verbindungen zu den alten Königsberger Freunden waren im Verlauf der Zeit abgerissen. Nur Alfred Kleiber schrieb mir hin und wieder ein paar Zeilen, und er war auch der einzige, den ich bei den sehr seltenen Fahrten nach Königsberg besuchte. Von ihm erfuhr ich, daß nur noch wenige aus dem engeren Kreis die Schulbank drückten, die meisten hatten die Penne mit dem Einjährigen verlassen und waren als Lehrlinge bei Banken oder wie er selber im Getreidegroßhandel untergekommen. Alfred lernte bei der Firma Larski, deren Junior mit uns auf der

Tertia gesessen hatte. Der war als Schüler ein fürchterlicher Versager gewesen und mit sechzehn oder sogar siebzehn Jahren fraglos der älteste Tertianer, den es je auf dem Fridericianum gegeben hatte. Während wir noch mit kurzen Hosen herumliefen, trug er bereits Anzüge und Hüte nach der neuesten Mode, spielte Tennis und führte seine Tennis- und sonstigen Damen ins feudale Weinhaus Jedwill an der Steindammer Kirche aus. Einmal begegneten wir ihm auf der Brahms-Brücke, als ich mit Mutter vom Markt kam und ihr half, die schweren Taschen mit Kartoffeln und Gemüse zu schleppen. Larski kam uns an der Seite einer hübschen jungen Dame entgegen und zog vor Mutter höflich den Hut.

»Wirklich«, keuchte Mutter und setzte ihre Markttaschen ab und schaute den beiden nach, »ein netter junger Lehrer, den du da hast.«

»Nee«, sagte ich, »der sitzt mit mir auf Quarta.«

»Du immer mit deinen Albernheiten...« sagte Mutter.

In der Gesellschaft von Alfred Kleiber begegnete ich Larski wieder, als ich zwischen Weihnachten und Neujahr eine Woche bei Else verbringen durfte. Alfred hatte auf einem litauischen Frachter während eines Hafenarbeiterstreiks gestaut und ein paar Lat in der Tasche, die so gut wie Dollar waren, während wir an die Billionen heranmarschierten. Er lud mich großzügig ins Café Plouda ein und spendierte mir ein kleines Bier. In einer Ecke der Konditorei saßen um einen runden Tisch ein halbes Dutzend junger Kerle, übertrieben elegant ausstaffiert, mit knöchelengen Jimmyhosen, die zum Hintern übermäßig breit anstiegen, damit man die dicken Banknotenbündel in den Gesäßtaschen unterbringen konnte. Der Ober servierte ihnen in winzigen, hochstieligen Silberbecherchen lilafarbenen Likör. Einer von den Kerlen, der unentwegt

Petit fours in sich hineinstopfte und wie das Bildnis des Dorian Gray einige Jahre nach dem Mord an Basil Hallward aussah, erinnerte mich an jemand, ohne daß ich ihn unterzubringen wußte. Am kleinen Finger seiner fetten Hand blitzte ein erbsengroßer Brillant, und zwei kleinere Brillanten versprühten ihr Feuer in seinen Manschettenknöpfen. An dem Tisch ging es um ein Papier wie an einem besonders turbulenten Tag an der Börse zu, sie rissen es sich aus den Händen, brüllten Zahlen in die Gegend, die selbst dem an Milliardenbeträge gewöhnten Ohr astronomisch klangen – und dann war es der Brillantenheini, der sie alle überbot, das Papier an sich riß und in seiner Brusttasche verschwinden ließ.

»Was haben die bloß?« fragte ich, »was soll das ganze?«

»Es geht um einen Waggon Lokuspapier, der irgendwo auf dem Güterbahnhof steht...«

»Und das Papier?«

»War der Frachtbrief. Aber sag einmal, kennst du das fette Schwein nicht, das das Rennen gemacht hat?«

»Das Gesicht kommt mir irgendwie bekannt vor...«

»Mensch, es ist unser Larski.«

»Das gibt's doch nicht...«

»Das gibt's!«

Unser Larski... Mit seinem aufgeschwemmten Gesicht und mit den fetten Hüften sah er wie ein Bierabschmecker von der Ponarther Brauerei aus und gerade so, als ob er seinen dreißigsten Geburtstag schon vor längerer Zeit gefeiert hätte.

»Aber wart nur ab«, zischte Alfred Kleiber mir zu, »mit diesen Schiebern und mit diesem verdammten Judenpack räumen wir bald auf! Wir sind jetzt nämlich völkisch, meine Alten und ich. Deutsch völkisch!«

»Und ich dachte, ihr wäret Guttempler oder Blaukreuzler

– das hast du mir doch neulich geschrieben...«
»Da haben sie uns rausgeschmissen – das heißt, sie haben meinen Alten rausgeschmissen. Er hatte nämlich die Grippe erwischt. Und da hat meine Mutter ihm, bevor sie zur Erbauungsstunde gingen, einen Grog eingegeben – rein als Medizin, ich schwör es dir! Aber einer von den Brüdern hat seine Fahne gerochen, und da haben sie ihn ziemlich unchristlich an die frische Luft gesetzt.«
»Und was seid ihr jetzt?«
»Deutsch völkisch und nationalsozialistisch! Oder willst du etwa sagen, daß du noch nie etwas von Hitler gehört hast?«
Ich mußte gestehen, diesen Namen noch nie gehört zu haben.
»Mann, wo lebst du eigentlich? Auf dem Mond? Hitler, Mensch, Hitler! Merk dir den Namen, denn von dem wirst du noch allerhand zu hören bekommen!«
Oder war der Name Hitler und etwas von dem Programm der Nationalsozialisten doch schon nach Bartenstein gedrungen? Komisch, da hatte sich ein Bursche von der Landwirtschafts-Winterschule bei uns anzuwanzen versucht, der den Namen Kohn trug, ein Junkertyp mit Breecheshosen und einem grünen aufgeschlagenen Jägerhut, der mir durch die blöde Art aufgefallen war, in der er sich hackenklappend vorstellte: »Jestatten, Kohn – kein Jude! Nationalsozialist!«
Weder auf dem Friedrichskolleg noch auf der Bartensteiner Penne hatte es uns jemals bekümmert, was einer als Glaubensbekenntnis angab. Die Angabe ›mosaisch‹ hörten wir bedeutend öfter als ›katholisch‹ oder gar, daß sich einmal einer als ›Dissident‹ bezeichnete, womit wir überhaupt nichts anzufangen wußten, aber auch nicht im geringsten neugierig waren, zu erfahren, worum es sich da-

bei handle. Unser Benno Schereschewski gehörte einer streng orthodoxen jüdischen Familie an. Am Sabbat konnte er nur deshalb zur Schule kommen, weil Hin- und Rückweg weniger als fünfhundert Schritt betrugen. Auch war er an diesem Tage von allen Schreibarbeiten befreit, und weil schon das Mitnehmen eines Bleistiftes in der Brusttasche gegen das mosaische Gesetz verstoßen hätte, trug ihm das christliche Dienstmädchen die Bücher in die Schule. Keinem von uns fiel es ein, sich darüber zu mokieren, und als ich den Benno eines Tages in den Schwitzkasten nahm, so geschah es nicht aus Empörung über das arme Dienstmädchen, und schon gar nicht deshalb, weil er Jude war, sondern weil er, rechts vor mir sitzend, bei einer lateinischen Klassenarbeit sein Heft so blöd mit dem Rücken abgedeckt hatte, daß ich nicht spicken konnte.
Nein, es gab keinen Grund für mich, mir den Namen Hitler einprägen zu müssen, vor allem nicht, weil die Empfehlung von Alfred Kleiber kam. Bei ihm und auch bei seinen Alten saßen einige Schrauben locker, die begeisterten sich alle vier Wochen für eine neue Heilslehre. Mich störten weder die Schieber noch die Juden. Ich genoß die kurze Ferienwoche, die ich bei meiner Schwester Else und bei ›Onkel‹ Richard verbringen durfte, in vollen Zügen. Als Weihnachtsgeschenk hatte Else mir drei Theaterkarten zugesteckt, eine für die Oper und zwei fürs Schauspielhaus. Mit der *Salome* konnte ich nicht allzuviel anfangen, mein Opernverständnis war unterentwickelt und ist es – mit der Ausnahme von Mozart – auch leider geblieben. Dafür erfüllten mich die beiden Aufführungen im Schauspielhaus mit wahrem Enthusiasmus. Jessner hatte die Bühne vor kurzer Zeit übernommen und verblüffte das Publikum durch eine Hamlet-Inszenierung, in der die Darsteller in ihrer alltäglichen Straßenkleidung auftraten,

und durch einen Wilhelm Tell, dessen Handlung sich ohne Kulissen nur auf verschiedenen Bühnenebenen abspielte, die durch Treppen miteinander in Verbindung standen. Das Publikum schwankte zwischen frenetischem Beifall und wütendem Protest. Ich klatschte, daß mir die Hände noch in Bartenstein weh taten, das mir noch nie so klein und provinziell erschienen war wie nach diesem Erlebnis.
Immerhin empfingen die Eltern mich mit einer erfreulichen Nachricht. Vaters Versetzungsgesuch nach Königsberg war positiv beschieden worden, er sollte seine Dienstgeschäfte dort zu Ostern wiederaufnehmen. Weniger erfreulich war, daß ich ihm einmal wieder Sorgen bereitete. Denn zu Weihnachten war ein ›blauer Brief‹ ins Haus geflattert – den abzufangen und mit Vaters Unterschrift zurückzusenden mir leider nicht gelungen war –, daß meine Versetzung durch die ungenügenden Leistungen in Mathematik auch zum zweiten Mal gefährdet sei. Vaters Stirnader war bedrohlich angeschwollen, als er seine Unterschrift unter den ›Blauen‹ setzte.
»Dein Bruder Ernst hat mir wahrhaftig Sorgen genug gemacht«, knurrte er mich an, »andere Sorgen, – aber eins kann ich ihm nicht nachsagen, daß er ein Idiot war. Mathematik fünf! Damit kannst du nicht einmal eine Lehre als Maurer oder als Tischler antreten!«
Das Fatale dabei war, daß er recht hatte. Beim Bummel durch die Langgasse hatte ich zu meiner Verblüffung im im Schaufenster der Tack-Filiale einen Zettel entdeckt, auf dem zu lesen stand, daß man einen jungen Mann mit Abitur als kaufmännischen Lehrling suche. Ich sah düsteren Zeiten entgegen. Studienrat Bluhm um die Ecke zu bringen, hatte wohl nicht viel Zweck...
»Würde es etwas nützen, wenn dir jemand Nachhilfestunden geben würde?« fragte Vater mit finsterem Gesicht.

Mutter seufzte auf; die Erinnerung an das Loch in ihrer Haushaltskasse, das der Nachhilfeunterricht bei Fräulein Schwendowius gerissen hatte, als ich, durch den Russeneinfall in Lyck überrollt und festgehalten, auf Quinta eine Menge Latein nachzuholen hatte, schien sie sehr zu bedrücken. Da kam mir ein Einfall, von dem ich mir Rettung versprach. Beim Abschied von Königsberg hatte mir Onkel Richard aufgetragen, seinem Freund und Bundesbruder Mollenhauer, falls ich ihn zufällig träfe, Grüße auszurichten. Beide waren Alte Herren der Verbindung ›Cimbria‹, der auch mein Bruder Ernst angehört hatte. Richard und Herr Mollenhauer waren Consemester und hatten an der Albertina Mathematik studiert. Wenn nun Mollenhauer, Direktor des Lyceums, mir Nachhilfestunden gab, dann konnte doch der verdammte Bluhm, ohne ihn zu blamieren, mir kein Ungenügend ins Osterzeugnis schreiben. Zumindest war das eine Kalkulation, die man nicht von der Hand weisen konnte. Ich hütete mich, diesen Gedanken vor Vater laut werden zu lassen; er hätte ihn glatt in die Nähe einer erpresserischen Handlung gerückt. Gerade beglückt war Vater von meinem Vorschlag nicht, aber er schrieb noch am selben Abend einen Brief an seinen Schwiegersohn Richard, bei Dr. Mollenhauer für mich ein gutes Wort einzulegen. – »Koste es, was es wolle!« sagte er grimmig. Wenige Tage danach konnte ich mich Herrn Dr. Mollenhauer vorstellen. Er war ein Zweizentnermann und mit einer Walküre verheiratet, die ihm zwei Töchter geschenkt hatte, wahre Riesenkinder, denen man schon jetzt ansah, daß sie ihre Eltern an Größe und Gewicht bald eingeholt haben und in Zukunft womöglich noch übertreffen würden. Er empfing mich in seinem Arbeitszimmer und schien von der Aufgabe, zu der er sich aus Freundschaft zu Richard hatte breitschlagen lassen, nicht besonders beglückt zu sein. Aber meine Befürchtung, er könne sich inzwischen bei Herrn Bluhm über mich und meine Möglichkeiten erkundigt haben, war unbegründet. Er nahm mich für zwei Stunden pro Woche an, und ich beeilte mich, die Nachricht von den Nachhilfestunden bei Herrn Mollenhauer in der Klasse zu verbreiten, in der sicheren Annahme, daß auch Herr Bluhm in Kürze erfahren würde, wer sich jetzt um mich bemühte. Um es gleich vorwegzunehmen, nach der vierten Stunde gab Herr Mollenhauer den Versuch, mir etwas beizubringen, als völlig hoffnungslos auf. So etwas von vernageltem Gehirn war ihm in seinem ganzen Leben noch nicht begegnet. Er war ehrlich erschüttert.

»Ich hätte Ihnen wirklich gern geholfen«, sagte er kopfschüttelnd, »aber ein Faß ohne Boden kann man nicht auffüllen. Das müssen Sie einsehen.«

Ich sah es ein, und ich sah leider auch, daß damit die letzte Hoffnung, das Klassenziel im zweiten Anlauf zu erreichen, in Rauch aufging.

»Tcha«, meinte er, »damit hätten wir es denn wohl...«

Er muß mir angesehen haben, daß mir die Flügel gebrochen waren: »Oder kann ich sonst noch etwas für Sie tun?«

»Ach, Herr Direktor«, stammelte ich verzweifelt, »wenn Sie niemand etwas sagen würden, daß Sie es mit mir aufgegeben haben...«

»Und was soll das bezwecken?« fragte er mit gerunzelten Brauen.

»Vielleicht, daß Herr Studienrat Bluhm mir nur eine Vier gibt, wenn er meint, daß Sie mir weiter Nachhilfestunden geben..«

Einen Augenblick lang sah es ganz danach aus, als ob er mich beim Kragen packen und an die frische Luft befördern würde. Dann kaute er eine Weile stumm und mit rotem Kopf an dem Mundstück seiner Pfeife herum, brachte die halb erloschene Glut wieder in Brand und nebelte mich in eine gewaltige Rauchwolke ein: »Hauen Sie ab, Mensch!« knurrte er, »machen Sie, daß Sie verschwinden! Aber wenn Sie meinen, daß Ihnen diese Gaunerei beim Kollegen Bluhm etwas nützt... Na schön, von mir aus! Aber jetzt nichts wie raus! Raus!!!«

Wenn nun der verdammte Bluhm auch annehmen mochte, daß die Nachhilfestunden fortgesetzt würden, anmerken ließ er sich nichts. Er behandelte mich nach wie vor, als ob ich Luft und nicht vorhanden sei. Die Wochen, die vor dem Ostertermin lagen, zogen sich endlos dahin. Schwere Tage, sorgenvolle Tage, dunkle Tage, in denen ich mit dem schweren russischen Naganrevolver, den ich als Kriegsandenken aus Lyck mitgebracht hatte, zwischen den bizarren, oftmals vom Blitz zerspellten und angekohlten Weiden durch tiefen Schneematsch zum Bärenwinkel hinausstapfte, um in der Schlucht, die dort zur Alle hinabstürzte, die Waffe auszuprobieren. Der Knall war ohrenbetäubend, und der Rückstoß so heftig, daß ich mir das Gesicht blutig schlug. Aber es beruhigte mich, zu wissen, daß ich mich auf die Waffe verlassen konnte. Und kein Ort schien mir geeigneter, meinem verpfuschten Leben ein Ende zu machen, als der Grabhügel, unter dem Alfred Klahr vermoderte. Ich besuchte ihn oft, die *Leiden des jungen Werthers* in der Tasche, daraus ich ihm diesen und jenen Abschnitt vorlas. Aufs Vorsatzblatt schrieb ich, daß man mich an seiner Seite bestatten möge. Ich meinte es furchtbar ernst...

In der frühen Dämmerung eines naßkalten Februartages sprach mich bei solch einem Friedhofsbesuch eine Dame an, der ich auf dem Friedhof schon einige Male begegnet war. Sie besuchte ein Grab auf der anderen Seite des Hauptweges, auf dessen verschneite Steinplatte sie einen kleinen Kranz von Strohblumen gelegt hatte. Ich hätte gern erfahren, um wen sie Trauer trug, aber ich wagte es nicht, den Schnee von dem Stein zu fegen. In der Stadt hatte ich sie noch nie gesehen, aber die wenigen Begegnungen auf dem Friedhof oder auf dem Wege zum Friedhof, bei denen mich ihre dunklen, unter einem schwarzen Halbschleier geheimnisvoll verborgenen Augen flüchtig gemustert hatten, genügten, um mich um die schöne Unbekannte einen kleinen Roman spinnen zu lassen. Sie trug einen schwarzen, seidigen Sealpelz und eine kleine Kappe vom gleichen Fell, die ihre Ohrmuscheln frei ließ. Sie schimmerten unter dem Schleier matt wie Elfenbein. Die Haarlocken im Nacken und an den Schläfen waren schwarz wie Rabenfedern. An diesem Tage trafen wir auf dem Hauptweg kurz vor dem Friedhofstor zusammen, ich öffnete die Pforte und gab ihr höflich den Vortritt. Sie nickte mir dankend zu und blieb, als ich die schmiedeeiserne Gittertür ins Schloß gedrückt hatte, vor mir stehen und drehte sich halb zu mir um.

»Wen besuchen Sie hier?« fragte sie, »der Hügel ist frisch aufgeschüttet und noch ohne Stein. Haben Sie Ihren Vater oder Ihre Mutter verloren?«

»Nein, gnädige Frau, einen Freund. Alfred Klahr...«

»Ach Gott«, sagte sie, »ich habe von der schrecklichen Geschichte gehört. Es war Starrkrampf, nicht wahr?«

»Ja, eine Verletzung an der Hand, keine besonders schlimme Wunde, aber dann kam der Tetanus dazu...«

»Er war Ihr Freund...«

»Ja, gnädige Frau, eigentlich von der Minute an, in der wir uns zum ersten Mal begegneten. Wir waren noch Jungens...«

Sie sah mich durch den Schleier von der Seite an: »Darf ich fragen, wie alt oder wie jung Sie jetzt sind?«

»Siebzehneinhalb, gnädige Frau...«

»Besuchen Sie das Gymnasium?«

»Ja, die Obersekunda – und leider zum zweiten und vielleicht zum letzten Mal. Ich bin nämlich ein mathematischer Idiot. Nicht faul oder nur schlicht unbegabt, sondern hoffnungslos vernagelt.«

»Ist das so schlimm? Ich meine, es wäre schlimm, wenn Sie den Ehrgeiz hätten, Ingenieur oder Mathematikprofessor zu werden, aber diesen Ehrgeiz haben Sie doch nicht?«

»Nein, ganz gewiß nicht! Aber ich habe eine Fünf im letzten Zeugnis gehabt.«

»Ach, du lieber Gott«, sagte sie mit einem kleinen Kichern, »das kenne ich. Das hatte mein Bruder in Latein...«

»Was Sie nicht sagen! Und hat er es trotzdem geschafft?«

»Ich weiß nicht, ob er es geschafft hätte. Er ist im letzten Kriegsjahr gefallen.«

»Oh«, murmelte ich bedauernd, »ist es sein Grab, das Sie hier besuchen?«

»Nein, er liegt, wenn er überhaupt bestattet wurde, irgendwo bei Verdun.«

»Dort ist auch mein Bruder gefallen.« Die Frage, wem Sie die Immortellen aufs Grab gelegt hatte, wagte ich nicht zum zweiten Mal zu stellen.

»Es ist mein Mann«, sagte sie. »Er starb vor zwei Jahren an den Folgen einer Kriegsverletzung.«

»Oh...« murmelte ich zum zweiten Mal.

»Es war eine Erlösung«, sagte sie und vergrub die Hände in dem Muff, den sie bis dahin auf den Ärmel hinaufgeschoben hatte.

Für ihn, für sie oder für beide? Aber das wäre wohl eine sehr unpassende Frage gewesen. Es war inzwischen dunkel geworden. Der Wind trieb uns nasse Schneeflocken entgegen. Sie schlug den Pelzkragen hoch und ging schweigend neben mir stadteinwärts. Am Anger hätte ich abbiegen müssen, aber ich zögerte – und sie bemerkte es.
»Wo wohnen sie?«
»Im Amtsgericht, gnädige Frau. Meine Eltern fanden keine passende Wohnung, als Vater sich nach Bartenstein versetzen ließ, weil er in Königsberg verhungert wäre. Die Wohnung ist nicht gerade gemütlich, vor allem für meine Mutter nicht, die sich seit dem Mord an dem Gefängnisaufseher zu Tode fürchtet. Aber sie hat es bald überstanden. Zu Ostern gehen wir nach Königsberg zurück.«
»Darum sind Sie zu beneiden. Ich wünschte, ich könnte meine Zelte hier auch abbrechen.«
»Und warum tun Sie es nicht?«
»Ach, das hat verschiedene Gründe...«
Sie wandte sich nach rechts, überquerte die Straße und schien nichts dagegen einzuwenden zu haben, daß ich sie durch das immer heftiger werdende Schneegestöber am Mühlenfließ entlang begleitete. Das letzte Gebäude, das ich kannte, war die Loge. So klein die Stadt auch war, in der ich nun fast fünf Jahre lebte, in diese Gegend hatte ich mich noch nie verirrt. Hier lag irgendwo eine Spinnerei und ein Lokal der Schützen, das nur im Sommer geöffnet war. Und bald nach der Loge gab es auch keine Laternen mehr. Nach einem Weg von etwa zehn Minuten blieb sie vor einer Gartenpforte stehen, die einen schmalen Eingang durch eine mannshohe, mauerartig gestutzte Thujahecke freigab.
»Hier bin ich zu Hause«, sagte sie. »Es war nett, daß Sie mich begleitet haben. Nicht, daß ich mich fürchte, aber ein

wenig unheimlich ist der dunkle Weg schon ...«
Im Flockenfall und in der Dunkelheit erkannte ich die Umrisse eines einstöckigen Hauses, in dessen oberem Geschoß ich hinter zwei Fenstern einen schwachen Lichtschimmer wahrzunehmen glaubte.
»Wohnen Sie hier allein, gnädige Frau?«
»Nein, ich lebe hier bei meinen Eltern. Das Haus gehört ihnen. Sie nahmen uns auf, als mein Mann aus dem Lazarett entlassen wurde. Er war Arzt, genauer: Chirurg, und hatte die Absicht gehabt, sich in Elbing niederzulassen, wo sein Vater eine Eisengießerei besitzt.«
»Auf Wiedersehen, gnädige Frau«, sagte ich und zog meine graue Krimmermütze; und fügte in einem Anflug von Kühnheit hinzu: »Ich sage das nicht bloß so hin ... Ich würde mich wirklich freuen, Ihnen wieder zu begegnen ...« Die Dunkelheit, die mich nur einen Schimmer ihres Gesichtes wahrnehmen ließ, machte es mir leichter, die Hoffnung auf eine Wiederbegegnung auszusprechen.
»Wann müssen Sie zu Hause sein?« fragte sie.
»Da gibt es keinen strengen Stundenplan, gnädige Frau ...«
»Dann kommen Sie doch auf ein Glas Tee ins Haus. Das Wetter ist scheußlich. Wenn Sie so durchgefroren sind wie ich, wird Ihnen etwas Warmes guttun ...«
Sie öffnete die Gartenpforte und ging mir über einen kurzen Kiesweg voraus. Ich folgte ihr stumm und spürte, daß mir das Herz bis zum Halse hinauf schlug. Sie warnte mich vor zwei Stufen und zog ein Schlüsselbund aus dem Muff ...
»Ich heiße übrigens Gertrud Fleming – und mein Mädchenname ist Gerlach. Es ist keine Neugier, aber meine Eltern wären wohl ein wenig erstaunt, wenn ich ihnen meinen Kavalier als Lohengrin vorstellen müßte ...«

Ich stammelte in tödlicher Verlegenheit meinen Namen.
»Den habe ich doch irgendwo gelesen...«
»Ich habe beim Schuljubiläum in den *Persern* von Aischylos die Atossa gespielt – und in Lessings *Schatz* den Diener Maskarill...«
»Mein Gottchen!« rief sie mit einem kleinen Lachen, »ein berühmter Schauspieler! Wer hätte das gedacht?«
Das fand ich nun weniger nett von ihr, daß sie mich durch den Kakao zog, aber ich schluckte den Kakao tapfer hinunter.
»Davon müssen Sie mir erzählen! Theater und Theaterspielen war meine Leidenschaft von Kindheit an. Das begann bei den Kindervorstellungen mit Rotkäppchen und Dornröschen...«
»Und Sie waren das Rotkäppchen...?«
»Und das Dornröschen und Schneewittchen! Und später, als wir ein kleines Orchester gegründet hatten und uns sogar an Operetten wagten – ein wenig gekürzt natürlich –, da war ich – ob Sie es glauben oder nicht – sogar Frau Luna und die Rose von Stambul!«
Wie alt sie sein mochte? Dreißig – oder sogar darüber? Im Augenblick kam sie mir so jung vor wie das verflossene Kätchen. – Sie sperrte die Haustür auf, ließ mich eintreten, schloß die Tür hinter mir und bat mich, einen Augenblick lang zu warten. Ich stand in einem stockdunklen Vorraum, in dem es schwach nach Kampfer roch, und hörte, daß sie eine Schachtel mit Zündhölzern schüttelte. Dann flammte ein Hölzchen auf, und im selben Augenblick, in dem sie eine Kerze anbrannte, die in einem Zinnleuchter auf der Konsole des Garderobenspiegels stand, ertönte von oben eine Stimme...
»Gertrud?«
»Ja, Mama, ich bin es, und ich bin nicht allein. Ich habe

einen jungen Kavalier mitgebracht, der so nett war, mich heimzubegleiten.«

»Gut, dann bringe ich die Teekanne herunter. Für die Gläser mußt du selber sorgen.«

»Nun legen Sie schon ab«, sagte sie und schlüpfte aus ihrem Pelzmantel. Neben dem Spiegel stand ein Kleiderständer aus braunem Nußbaumholz. Ich hängte meinen Mantel an einen der Haken und stülpte die Mütze darüber. Sie ergriff den Leuchter und ging mir voran. Die Kerze war zu schwach, um den ganzen Raum zu erfüllen, in den sie mich einzutreten aufforderte. Das Licht spiegelte sich in dem schräg angehobenen Deckel eines Stutzflügels, und vor einem offenen Klinkerkamin stand ein niedriger ovaler Mahagonitisch, um den drei Plüschsessel gruppiert waren. Auf dem Kaminsims blitzte ein blankpolierter dreiarmiger Messingleuchter, dessen Kerzen sie mit dem Licht, das sie in der Hand trug, anzündete.

»Es ist nicht sehr warm hier«, stellte sie fest, »aber der Tee und ein kleines Feuer im Kamin werden uns bald erwärmen.«

Auf dem Kaminrost waren Späne und kleine Holzscheite aufgerichtet. Ein Strohkorb neben dem Kamin war bis zum Rande mit Tannenzapfen gefüllt. Zeitungspapier, zu Fidibussen gefaltet, lag griffbereit darüber. Sie ließ einen der Fidibusse an der Kerze Feuer fangen und schob die Flamme zwischen die Späne. Sie loderten augenblicklich auf und füllten den Raum mit rötlich zuckenden Lichtern. Die flackernden Kerzen, das Kaminfeuer, die Gegenwart der Frau, ihre fremdartige Schönheit, der zarte Duft eines Parfüms – ich war wie in einen Zauberkreis geraten, der meinen Atem stocken ließ und meine Knie lähmte.

»So setzen Sie sich doch«, sagte sie und deutete auf einen Sessel. Mir versagten die Füße den Dienst. Es waren zwei oder drei kurze Schritte bis zu dem resedafarbenen Sesselchen, aber ich mußte mich zwingen, die bleischweren Beine in Bewegung zu setzen.

»Daß ich Ihnen noch nie in der Stadt begegnet bin...« sagte ich schließlich stockend.

»Ich rühre mich nicht viel aus dem Haus. Die Einkäufe besorgt meine Mutter und sonst – ab und zu hole ich mir ein Buch bei Stringe.«

»Dort bin ich doch fast jeden zweiten Tag...«

»Aber am Nachmittag, nicht wahr? Ich mache meine Besorgungen am Vormittag, wenn Sie in der Schule sind.«

Die Tür zum Flur ging auf. Eine weißhaarige alte Dame brachte den Tee. Ich erhob mich, und Frau Fleming stellte mich ihrer Mutter vor. Die alte Dame bedankte sich bei mir, daß ich ihre Tochter durch die Dunkelheit heimbegleitet hätte, und antwortete auf Frau Flemings Frage, warum der Vater nicht mitgekommen sei, daß er sich mit seinem Schnupfen nicht unter Menschen zu gehen traue. Während sie die Kanne abstellte und mit einer Wärmehaube bedeckte, öffnete Frau Fleming eine Glasvitrine und stellte zwei Gläser mit kupfernen Henkeleinsätzen, ein Schälchen mit Würfelzucker und eine halbgefüllte gläserne Keksdose auf den Tisch. Die alte Dame wünschte uns gute Unterhaltung und ließ uns allein. Der Zauberbann hielt an. Ich konnte mich aus ihm nicht lösen. Was geschah, empfand ich wie einen Traum.

»Vergessen Sie nicht, den Kamin zu füttern«, sagte sie; »die Tannenzapfen haben wir im Herbst gesammelt. Körbeweise. Ein halber Keller ist voll davon. Sie brauchen also nicht zu sparen.«

Ich zog den Korb in meine Nähe und warf ein Dutzend Zapfen auf die Glut. Sie gingen knisternd in Flammen auf. Ich fühlte mich, von einem fliegenden Teppich aus Tausendundeiner Nacht davongetragen, wie auf einem fremden Erdteil, in einem fernen, exotischen Land, Bali, Sumatra, unter den Palmen eines Südseeatolls. Es war die Gegenwart dieser Frau, die mich verzauberte. Das rabenschwarze Haar, vom Mittelscheitel auf die Stirn fallend und im Nacken zu einem Knoten aufgesteckt, umrahmte ein Gesicht mit großen, schwarzen Augen, über denen die dunklen Brauen wie Schwalbenflügel zu den Schläfen ausschwangen. Unter den rosig getönten Jochbögen sanken die Wangen leicht ein und füllten sich mit Schatten, wenn sie sich zum Feuer vorbeugte. Beim Lächeln entblößte sie zwei schimmernde Zahnreihen, und die goldene Tönung ihrer Haut schien noch die Bräune des Sommers zu bewahren. Ich war nicht sicher, ob sie im landläufigen Sinne schön sei. Es war etwas Fremdartiges, Dunkles, geheimnisvoll Exotisches an ihr, was meinen Atem flach machte. Sie schenkte den Tee in die Gläser und fragte, wie viele Zuckerstücke ich wünsche.

»Zwei Stücke, gnädige Frau, wenn ich bitten darf ...«

Der Tee war stark und heiß. Ich spürte erst jetzt, wie durchgefroren ich war. Vom Magen strömte eine angenehme Wärme durch den Körper. Das naßkalte Wetter war unangenehmer als der scharfe, trockene Frost, den die Winde aus Rußland sonst um diese Jahreszeit heranfegten. Ich warf neue Tannenzapfen auf die Glut. Frau Fleming setzte das Teeglas ab und streckte die Hände gegen das aufsprühende Feuer. Zwischen den Fingern glühte die Haut rötlich auf, und ich glaubte, das zarte Gerüst ihrer Handknochen weiß durchschimmern zu sehen.

»Ich habe einige Untugenden«, sagte sie, in den Anblick ihrer feuerumspielten Hände versunken, »eine davon ist meine Neugier. Früher war ich eigentlich nicht so neugierig. Vielleicht liegt es daran, daß ich nur noch selten unter

Menschen komme, die meine Phantasie anregen...« Sie griff nach dem Schüreisen und schob die Glut zusammen.
»Sind Sie eigentlich fromm?« fragte sie plötzlich.
»Wie kommen Sie darauf, gnädige Frau?« fragte ich ein wenig verblüfft, denn auf diese Frage war ich wahrhaftig nicht gefaßt gewesen.
»Damit haben Sie meine Frage eigentlich schon beantwortet«, sagte sie. »Mich hat das Buch ein wenig irritiert, in dem ich Sie am Grab Ihres Freundes blättern sah. Ich hielt es zunächst für eine Bibel. Aber dafür war es zu klein...«
»Nein, nein, damit hat es wirklich nichts zu tun.«
»Sondern womit?« fragte sie ohne mich anzusehen. Sie wandte mir, als ich mit der Antwort zögerte, das Gesicht zu: »Womit also? Oder wollen Sie es mir nicht verraten?«
»Die Leiden des jungen Werther...« sagte ich stockend.
»Holen Sie das Buch aus Ihrer Manteltasche und werfen Sie es ins Feuer!« rief sie heftig.
»Ich verstehe Sie nicht...«
»Sie verstehen mich sehr gut!« sagte sie fast streng. »Sie sind siebzehn, nicht wahr? Siebzehneinhalb, gut, gut... Aber in diesem Alter ist das eine gefährliche Lektüre – eine lebensgefährliche Lektüre! Besonders, wenn man gewisse Schwierigkeiten hat. Und die haben Sie doch, nicht wahr? In der Schule klappt es nicht mit der Mathematik – das haben Sie mir erzählt. Und vielleicht haben Sie auch in anderen Zusammenhängen gemerkt, daß das Leben mit einem durchaus nicht so liebenswürdig umspringt, wie man es sich gern wünschen möchte...« Sie setzte das Teeglas an die Lippen und blinzelte mich über seinen Rand hinweg an, »oder haben Sie etwa mit Ihrem Mädchen Kummer?«
»Ich habe kein Mädchen! Und ich werde nie mehr eins haben.«
»Da scheinen Sie aber eine furchtbare Enttäuschung erlebt

zu haben«, sagte sie ganz ernsthaft und ohne eine Spur von Ironie. »An wem lag es denn, daß die Sache auseinanderging? An ihr – oder an Ihnen?«
»Wohl mehr an mir ...« murmelte ich verlegen und spürte, wie mir das Blut in den Kopf stieg.
»Und was haben Sie falsch gemacht?«
»Darüber möchte ich lieber nicht reden ...«
»Ich will es auch gar nicht so genau wissen. So neugierig bin ich nun auch wieder nicht.«
Jemand klopfte an die Tür.
»Komm nur herein, Mama!« rief Frau Fleming.
Die alte Dame war gekommen, um Frau Fleming daran zu erinnern, daß es sechs Uhr sei und daß das Abendessen auf dem Tisch stände.
»Ich komme sofort, Mama, ich bringe nur noch unsern Gast zur Tür.«
»Lassen Sie sich doch wieder einmal sehen«, sagte die alte Dame, als ich mich von ihr verabschiedete. Es klang freundlich, aber recht unverbindlich, und ich unterließ es lieber, mich für die Einladung zu bedanken. Frau Fleming begleitete mich mit dem Flurleuchter in der Hand in den kleinen Vorraum hinaus, wo ich in meinen Mantel schlüpfte. Sie stellte den Leuchter auf seinen Konsolenplatz vor den Spiegel: »Bevor Sie gehen«, sagte sie, »werden Sie mir den schrecklichen Werther geben – bitte!«
»Wenn Sie darauf bestehen, gnädige Frau ...« Ich zog das Buch aus der Manteltasche. Erst als sie es in der Hand hielt, fielen mir die Zeilen ein, die ich auf das Vorsatzblatt geschrieben hatte.
»Sie müssen es mir noch einmal geben, gnädige Frau!«
»Warum denn?«
»Ich habe da etwas hineingeschrieben«, stammelte ich in tödlicher Verlegenheit, »was niemand etwas angeht.«

»Auch mich nicht?« fragte sie sanft.
»Sie werden mich auslachen, wenn Sie es lesen.«
»Ich verspreche Ihnen, daß ich nicht lachen werde.«
Sie reichte mir die Hand, als ob sie ihr Versprechen bekräftigen wolle: »Besuchen Sie mich gelegentlich, wenn Sie nichts Besseres vorhaben ...« Es klang nicht so, als ob sie nur eine unverbindliche Redensart ausgesprochen habe.
»Darf ich Sie wirklich wiedersehen?«
»Warum denn nicht? Und es ist auch nicht nötig, daß Sie auf mich auf dem Friedhof warten. Wenn Sie also mit mir zwischen vier und fünf Uhr ein Glas Tee trinken wollen ... Ich bin um diese Zeit immer zu Hause.«

Ich lief wie in einem Rauschzustand über den dunklen Anger nach Hause. Noch Tage und Wochen nach dieser ersten Begegnung mit Frau Fleming hatte ich das Gefühl, mir wären an den Schulterblättern Flügel gewachsen, aber ich trug sie als ängstlich gehütetes Geheimnis zusammengefaltet unter der Jacke, nie ganz sicher, daß sie nicht doch jemand entdecken würde. Merkwürdigerweise war es Vater, dem man Sensibilität nun weiß Gott nicht nachsagen konnte, der mich immer häufiger mit einem verkniffenen Zug um den Mund musterte: »Ich weiß nicht, Lina, aber der Bengel hat doch was ... Der ist so anders als sonst ...«
»Was soll er schon haben?« sagte Mutter, »der Jung ist jetzt siebzehn, – da wissen die nicht, ob sie Haare oder Federn kriegen ...«
»Bei dem ist doch eine Schraube locker ... Wenn ich in die Küche komme, steht er am Ausguß und putzt sich die Zähne! Dreimal am Tag ...«
Ich dachte auch nicht im Traum daran, mir einzubilden,

eine Eroberung gemacht zu haben, und ich glaubte auch nicht, daß das Gefühl, das ich für Frau Fleming empfand, etwas mit Liebe zu tun hatte. Es entflammte mich, daß eine so schöne, kluge und faszinierende Frau an meiner Unterhaltung und Gesellschaft Gefallen zu finden schien. Andernfalls hätte sie ihre Einladung, sie wieder einmal zu besuchen, doch ganz gewiß nicht ausgesprochen. Die Pauker hatten, von wenigen Ausnahmen abgesehen, eine vertrackte Art, einen spüren zu lassen, daß man in ihren Augen ein grasgrüner Bengel war. Äußerte man einen eigenen oder gar einen kritischen Gedanken, so bekam man – vor allem im deutschen Aufsatz – unweigerlich zu hören, daß man sich ans Thema zu halten habe. Das ärgerte mich einmal so sehr, daß ich es fast mit dem liebenswürdigen Dr. Hennig verdorben hätte, bei dem ich einen Stein im Brett hatte. Als er uns einen Klassenaufsatz über Schillers Distichon »In den Ozean schifft mit tausend Masten der Jüngling – still auf gerettetem Boot treibt in den Hafen der Greis« schreiben ließ, befaßte ich mich ausführlich mit dem schiffenden Jüngling und ließ den Greis mit der Bemerkung unter den Tisch fallen, daß ich kein Greis sei, kein Greis zu werden wünsche und infolgedessen über greisenhafte Zustände und Gefühle auch keine verbindlichen Aussagen machen könne. »Wenn Sie auf Quarta säßen, würde ich Ihnen das Heft um die Ohren schlagen!« sagte er zornbebend – aber er trug mir die Frechheit nicht allzu lange nach.

Daß ich es fertigbrachte, eine ganze Woche vergehen zu lassen, ehe ich mich in der Dämmerung des späten Nachmittags auf den Weg zu meiner schönen und geheimnisvollen neuen Bekannten machte, war pure Unsicherheit, die mich noch an der Haustür zögern ließ, die Zugglocke in Bewegung zu setzen. Als sie mir dann öffnete und sagte,

ich hätte sie aber recht lange auf meinen Besuch warten lassen, da verschlug es mir fast die Stimme, und ich gestand ihr stammelnd, daß es vieler Anläufe bedurft hätte, ehe ich den Mut fand, daran zu glauben, daß sie es mit der Einladung ernst gemeint habe. Vor dem Besuch hatte ich in einem günstigen Moment an Mutters rundem Blumentisch gerupft. Sie hatte mit ihren Blumen eine glückliche Hand; ob sie Azaleen, Parmaveilchen, Fuchsien, Primeln oder Alpenveilchen eintopfte, sie gediehen prächtig und wurden von den Damen, die zum Kaffeekränzchen kamen, rückhaltlos bewundert. Bei Frau Fleming rückte ich mit einem Strauß roter Alpenveilchen an.
»Wie reizend!« sagte sie, »aber wissen Sie, die Blümchen geben Sie am besten meiner Mutter ...« Es war eine liebenswürdige und für spätere Zeiten verwertbare Belehrung, bei Besuchen in Familien an alle Damen des Hauses zu denken. Sie führte mich zu ihren Eltern hinauf, ich lieferte die Alpenveilchen bei Frau Gerlach ab, die über diese Aufmerksamkeit ganz gerührt schien, und lernte auch Frau Flemings Vater, Herrn Gerlach, kennen. Er saß in einem großväterlichen Ohrenbackensessel, rauchte eine schwarze Zigarre und trug das volle, eisengraue Haar wie unser Feldmarschall Hindenburg en brosse hochgebürstet. Er lebte als ehemaliger Reichsbankdirektor im Ruhestand und schien sein Vermögen gut angelegt zu haben, denn der Rotwein und die Zigarren gingen ihm nie aus. Er war humorvoll und unterhaltsam, bedankte sich nachträglich bei mir, daß ich seine Tochter sicher durch Nacht und Nebel heimgebracht hätte, und nannte mich, so oft ich ihn auch sah, nie anders als ›Ritter Horst von Uhlenforst‹; und das klang so freundlich und fern von allem Spott, daß ich mich fast geehrt fühlte, als hätte er mich wie ein Fürst in alten Zeiten zum Ritter geschlagen. Nun, und etwas an-

deres, als Frau Fleming ritterlich zu dienen, hatte ich auch nicht im Sinn – oder nur von ganz, ganz fern ...
Wenn wir die alten Herrschaften dann verließen und in das Kaminzimmer mit dem Stutzflügel hinuntergingen, wenn auf dem Rost des Kamins die Tannenzapfen knisterten und Funken sprühten, wenn wir uns bei Tee unterhielten, wenn Frau Fleming Gedichte von Rilke, Baudelaire, Stefan George oder Hofmannsthal vorlas – Rilkes *Cornet* konnte ich nicht oft genug hören – oder wenn sie sich an den Flügel setzte und Schumann oder Chopin spielte, dann umfing mich wieder der süße Zauberbann ihrer Gegenwart mit einem Gefühl von Lähmung und Schwerelosigkeit; es war, als streichle ihre Stimme oder das Chopinsche Nocturno meine Rückenhaut wie sanft kraulende Fingerspitzen. Ihr Spiel ging weit über das hinaus, was man damals von ›höheren Töchtern‹ am Klavier erwarten durfte. Was ich von ihr über sie selbst und ihre Vergangenheit erfuhr, war mehr als spärlich. Über ihre Ehe sprach sie nie. Aus gelegentlichen Andeutungen, mehr aus dem Munde ihrer Eltern als von ihr selbst, setzte ich Mosaiksteine zu einem undeutlichen Bild zusammen. Daß sie nach dem Lyceum das Konservatorium besucht, mit zwanzig Jahren das Musikstudium abgebrochen und als Hilfsschwester in einem Kriegslazarett, in dem er als Chirurg tätig war, ihren Mann kennengelernt und geheiratet hatte. Kurz vor Beendigung des Krieges hatte er durch eine im Feldlazarett krepierende Granate das Augenlicht und den linken Arm verloren. Vor zwei Jahren hatte sich ein winziger Splitter, den man operativ nicht entfernen konnte, gelöst und eine Hirnblutung verursacht, an der er gestorben war. Das waren nicht viele Einzelheiten, aber ich konnte mir ausrechnen, daß sie achtundzwanzig Jahre alt war und an der Seite des blinden

Mannes drei Jahre lang kein leichtes Schicksal getragen hatte.

Daß sie mir bei unserer ersten Begegnung den *Werther* abgenommen hatte, schien sie vergessen zu haben, und noch dankbarer war ich ihr dafür, daß sie die Zeilen auf der Vorsatzseite des Buches nie erwähnte. Über meine Schulsorgen ging sie mit Bemerkungen hinweg, wie etwa, daß es im Leben wichtigere Dinge als das Abitur gebe, oder, daß nur Narren ihr Leben wegen einer unglücklichen Liebesgeschichte oder wegen verbogener Klassenarbeiten wegwürfen, Narren oder Labile, die am Leben so oder so scheitern würden. Und sie zählte mir ein halbes Dutzend berühmter Leute auf, die es auch ohne Abitur und mit miserablen Schulzeugnissen zu Ehre und Ruhm gebracht hätten, Liebig, Fraunhofer ... Aber leider lag der Trost mehr in ihrer angenehmen Stimme als in ihrer Argumentation. Wenn ich überhaupt eine Zukunft vor mir sah, dann lag sie weitab von Düngemitteln und Fleischextrakt oder von der Berechnung von Okularen und Kristallgittern ...

»Wo dann?« fragte sie.

Ich träumte noch immer davon, Schauspieler oder – eine Etage tiefer – Journalist zu werden; ich hatte mich beim Bartensteiner Blatt erkundigt, dort hätten sie mich auch ohne Abitur als Volontär genommen. Aber das kam denn doch nur im Fall eines sehr tiefen Falles in Frage. – Im Augenblick lief in dem kleinen Kino in der Heilsberger Straße der Film ›Fridericus rex‹ mit Otto Gebühr in der Hauptrolle. Unser Kantor Bolutus begleitete den Streifen auf dem Klavier, einem verstimmten Klimperkasten, dessen klirrende Saiten aber den Schlachtenlärm sehr wirkungsvoll wie Trommelwirbel untermalten. Eine Woge patriotischer Begeisterung ging durch die Stadt, die ihren Höhepunkt bei einem Besuch Hindenburgs auf dem Gut des Herrn von Kunheim fand. Die Bartensteiner Schulen rückten geschlossen an und jubelten dem greisen Helden von Tannenberg zu. Der alte Herr schritt mit seinen schwarzen Ledergamaschen die Front aus Kriegern, Schützen und Schulen steifbeinig ab, groß, massig und mit schwerem Gang, als trügen die Beine sein Gewicht nur mit Mühe. Mit drei Veteranen aus dem siebziger Krieg, den er als junger Leutnant mitgemacht hatte, wechselte er ein paar markige Worte. Ansprachen gab es nicht, denn er hatte sie sich verbeten.

In Darkehmen war kürzlich eine komische Geschichte passiert. Sein Besuch war dem Bürgermeister kurzfristig angemeldet worden. In aller Eile hatte er die Krieger-, Schützen- und Sängervereine, Innungen und Ehrenjungfrauen mobilisiert und auf dem Marktplatz versammelt, allen voran die Stadtväter und der Bürgermeister selber in feierlichem Gehrock und mit spiegelblankem Zylinder. Von brausenden Hurras begrüßt, hielt das Auto, der alte Herr stieg aus, und der Bürgermeister, den Zylinder in der Hand, trat vor und begann mit seiner Rede: »Hochverehrter Herr Generalfeldmarschall! Im Namen der Stadt, die Anno vierzehn als eine der ersten ostpreußischen Städte den Russeneinfall und die Schrecken des Krieges ...« Es war Herbst. Ein kalter Windstoß fegte heran, und plötzlich fuhr Hindenburgs tiefe Stimme in die Rede: »Setzen Sie doch den Zylinder auf, Herr Bürgermeister!« – Der Bürgermeister, sichtlich verwirrt, hielt den hohen Hut mit beiden Händen krampfhaft fest, verbeugte sich zum zweiten Mal und begann auch zum zweiten Mal mit dem gleichen Text: »Im Namen der Stadt, die Anno vierzehn als eine der ersten ...« Weiter kam er nicht, denn wieder unterbrach ihn die tiefe Stimme: »Nu setzen Sie

schon den Zylinder auf, Herr Bürgermeister – bei dem Wind werden Sie sich 'nen Schnupfen holen.« – Der Bürgermeister erblaßte, aber was blieb ihm anderes übrig, als der Aufforderung des hohen Gastes nachzukommen. Er stülpte den Zylinder auf den Schädel, sprach noch einige Worte, kam bald ins Stottern und war nach wenigen Sätzen bereits bei einem etwas voreiligen Hoch angelangt, in das alle kräftig einfielen. Beim Verlassen der Stadt konnte es sich der Adjutant nicht verkneifen, den alten Herrn zu fragen, weshalb er den Bürgermeister in solche Verlegenheit gebracht habe. – »Sie wissen doch, wie schwer mir das Stehen fällt«, knurrte der Alte. Der Adjutant nickte höflich, ließ es sich aber anmerken, daß ihn die Antwort nicht ganz befriedigte. – »Na, haben Sie es denn nicht gemerkt?« sagte der alte Herr, »der Bürgermeister hatte doch seine Rede im Zylinder, und die reichte quer durch den Hut vom vorderen bis zum hinteren Schweißleder. Und das hätte ich nicht durchgestanden.«
Nun ja, es war gewiß erhebend, einen so großen Mann auf zehn Schritt Entfernung zu sehen, aber vielleicht war es gerade die Nähe, die eine ernüchternde Wirkung ausübte. Da stapfte ein alter, hölzerner Mann vorüber, von dem nichts Strahlendes ausging und von dem es hieß, daß er in seinem ganzen Leben außer Bibel und Exerzierreglement kein anderes Buch angefaßt habe. Und das sah man ihm auch ein bißchen an... Das führte nun wieder zu der Frage, ob man als Zeitgenosse des Großen Friedrich oder des Marschall Blücher bei einer nahen Begegnung von den Schnupftabakkrümeln in der Nase des einen und vom Rumgeruch aus dem Mund des anderen nicht auch herb enttäuscht gewesen wäre. – Aber wenn einem von der Leinwand das große Auge von Otto Gebühr entgegenblitzte, oder wenn Paul Wegener als Blücher die Tabaks-

pfeife in die Luft warf und den Säbel schwang, das ging durch und durch. – Ein Schauspieler von solchem Format zu werden, war wohl ein allzu kühner Traum. Aber man mußte ja nicht gleich nach den Sternen greifen. Es gab Dutzende von Darstellern mit kleinerem Namen, an deren Schauspielkunst ich mich in unserem kleinen Kino berauschte. Harry Liedtke, Bruno Kastner, Bernhard Goetzke, Alfred Abel und – Emil Jannings. Seinen ›Stier von Olivera‹ sah ich mir dreimal hintereinander an! Wenn schon nicht Otto Gebühr, so konnte man doch Emil Jannings werden...

Frau Fleming war nicht nur eine ungewöhnlich kluge Frau, sondern auch eine geduldige Zuhörerin. Es fiel ihr nie ein, den Enthusiasmus zu belächeln, mit dem ich ihr von der Handlung des Films berichtete, den ich gerade gesehen hatte, oder wenn ich sogar Szenen nachspielte, in Alfred Abels elegante Rollen schlüpfte oder als Fridericus gebeugt, aber ungebrochen, die Nachricht von der Niederlage bei Kunersdorf entgegennahm. Daß ihr meine häufiger werdenden Besuche nicht lästig wurden und daß sie mich immer wieder ermutigte, den alten Herrschaften und ihr Gesellschaft zu leisten, lag wohl daran, daß sie nach der langen, mehr oder weniger erzwungenen Zurückgezogenheit eine Ansprache und etwas Leben um sich herum brauchte. Die alte Dame ließ einmal eine Bemerkung fallen, daß der blinde Mann ihrer Tochter Gertrud das Leben mit Eifersuchtsszenen nicht leicht gemacht habe. Es hörte sich an, als wolle sie sagen, er werde auch posthum gegen die Gesellschaft eines siebzehnjährigen Pennälers keine eifersüchtigen Einwände erheben. – Vielleicht aber zog sie mich auch deshalb zu sich heran, weil sie in meinen Zukunftsträumen Visionen wiederfand, denen sie in meinem Alter nachgehangen hatte, ihr musikalisches Talent auszubilden und sich in der Welt einen Platz als Konzertpianistin zu erobern.

Wenn ich auch innerlich längst eingesehen haben mochte, daß ich den Kopf voller Rosinen hatte und daß an eine Verwirklichung solcher Pläne vorläufig überhaupt nicht zu denken war, so hätte ich auf Vaters zornigen Widerstand fraglos mit Sturheit reagiert und es auf einen Bruch ankommen lassen. Der sanften Tonart, mit der Frau Fleming argumentierte, konnte ich mich nicht verschließen. Daß ich die Schule aus tiefster Seele haßte, fand sie ganz natürlich; sie hatte sie auch nicht geliebt und verabscheute Zwang, woher er auch kommen mochte. Meine Theaterbesessenheit teilte sie in einem gewissen Grade. Um Post- oder Bahnbeamter zu werden, meinte sie, brauche man keine Begeisterung. Aber sie warnte mich auch davor, zu glauben, daß Begeisterung allein zu meinen Zielen führe. Sie meinte, daß alles, was auf der Bühne vor sich gehe, nicht von ungefähr zur Wirkung käme, sondern daß harte Arbeit dahinterstecke ...

Daran hatte ich nie gezweifelt.

... und daß der Erfolgszwang, unter dem ein Schauspieler Abend für Abend auf der Bühne stehe, wohl härter als alle Zwänge sei, unter denen ich zu leiden hatte ...

Ich ging ja nicht freiwillig zur Schule!

»Natürlich nicht«, sagte sie und schenkte mir zum zweiten Mal Tee ein, »Sie sind ja auch nicht freiwillig auf die Welt gekommen. Aber da Sie nun einmal leben, bleibt Ihnen nichts anderes übrig, als aus Ihrem Leben das Beste zu machen. Und vor allem mit den Hindernissen fertigzuwerden, die sich Ihnen in den Weg stellen. Und bis jetzt ist doch alles ziemlich glatt gegangen, oder etwa nicht?«

»Nun ja, einigermaßen ...«

»Die Mathematik ...« sagte sie mit einem kleinen, eher

heiteren Seufzer, »das ist natürlich eine schwere Hürde. Aber Sie müssen sie nehmen! Wenn Sie ihr ausweichen, verlieren Sie Ihr Selbstvertrauen und werden unweigerlich scheitern, wenn sich Ihnen neue Hindernisse in den Weg stellen. Bo Yin Ra sagt: Wirf dein Herz über die Hürde, dein Körper wird ihm nachfliegen.«

Sie besaß ein Dutzend kleiner Broschüren, deren Verfasser sich Bo Yin Ra nannte, mit fernöstlicher Weisheit hausierte, aus Chemnitz oder Zwickau stammte und in Wirklichkeit Schneider oder Franke hieß. Aber das hätte nicht so gut wie Bo Yin Ra geklungen. Er war sehr in Mode und hatte eine große, meist weibliche Anhängerschaft. Wenn man jemand verkünden hörte, auch die längste Reise beginne mit dem ersten Schritt, dann stammte diese Weisheit mit großer Wahrscheinlichkeit von ihm. Auch Gertrud Fleming war eine Adeptin des großen Meisters, wenn auch eine von der milderen Observanz, denn die ernsten waren, wie es nun einmal die Art von Konvertiten ist, ziemlich unerträglich. Am Erfolg gesehen aber kann ich nicht ganz ausschließen, daß es letzten Endes doch die fernöstlichen Weisheiten von Herrn Bo Yin Ra waren, denen ich das Überspringen der riesigen Osterhürde verdankte. Vielleicht nämlich stand in seinen Werken auch irgendwo zu lesen, daß ein starker Arm im Hintergrund auch den Schwächsten über ein Hindernis zu heben vermag. – Denn wenn Herr Bluhm mich auch als hoffnungslosen Fall aufgegeben hatte, so genügte doch der Glaube daran, daß Direktor Mollenhauer mir Nachhilfestunden gegeben habe, mir – schon um den Kollegen Mollenhauer nicht zu blamieren – statt der Fünf eine Vier ins Zeugnis zu schreiben. Da ich in den anderen Fächern schwer gebüffelt hatte, brachte ich mit dem recht ordentlichen Zeugnis auch die Versetzung nach Prima ins froh gestimmte Elternhaus.

Im Rückblick auf jene Jahre frage ich mich manchmal, ob die Sorgen und Ängste um Gegenwart und Zukunft wirklich so groß waren, daß man am Leben zu verzweifeln drohte. Aber wenn ich an die Jugendfreunde denke, die sich eine Kugel in den Schädel jagten, weil sie an der Osterhürde hängenblieben oder das Abitur nicht schafften, dann wird mir die ausweglos erscheinende Dunkelheit, durch die man irrte, sehr gegenwärtig. Noch heute steht zwischen meinen Büchern die Literaturgeschichte von Scherer mit der makabren Widmung: Meinem lieben Freunde H. B. an meinem Geburts- und Todestag zum Andenken an Heinrich Jamrowski. –

Als ich ihn kennenlernte, war er zum zweiten Mal an der Versetzung nach Unterprima gescheitert. Es gab in Königsberg eine bekannte Presse eines Herrn Dr. Mensch. Das Abitur als Externer zu schaffen, war keine Kleinigkeit. Als nun Heinrich Jamrowski, wie es vorauszusehen war, das Abitur auch beim zweiten Anlauf nicht schaffte, stand sein Entschluß fest, seinem Leben ein Ende zu machen. Wochen- und monatelang, in Kneipen, in Cafés, auf endlosen Wanderungen zwischen seiner Bude in der Tuchmachergasse und unserer Wohnung in der Bachstraße versuchte ich ihn in stundenlangen Auseinandersetzungen von seinem Entschluß abzubringen. Zweimal wollte ich ihm die Mauserpistole, die er ständig bei sich trug, mit Gewalt abnehmen. Wir haben uns um sie regelrecht geprügelt und die Nasen blutig geschlagen. Er war nicht umzustimmen und er war nicht aufzuhalten. An einem Novembertag, seinem Geburtstag, hatten wir ein Treffen im Messehauptrestaurant verabredet. Wir tranken bei solchen Lokalbesuchen für gewöhnlich zwei oder drei kleine Biere, bei gutem Kassenstand auch etwas mehr. Bei diesem Treffen bestellte er sich eine Tasse Kaffee. Natürlich fragte ich ihn, ob er etwa krank sei. Aber er antwortete, daß ihm nicht das fehle, was ich wohl meine, nein, er habe seinem alten Herrn die Monatsabrechnung zu schikken ...

»Außerdem habe ich mich in der ›Hartung'schen Zeitung‹ vorgestellt. Ich könnte dort auch ohne Abitur und Studium als Volontär eintreten. Aber ich muß eine offizielle Bewerbung mit Lebenslauf und allem Drum und Dran einreichen.«

»Was sagt dein alter Herr dazu?«

»Das interessiert mich nicht.«

Das Verhältnis zwischen Vater und Sohn war gespannt. Der Vater war Pfarrer in einem Kirchspiel bei Angerburg, und sein Gehalt war sicherlich nicht so üppig, daß er es sich ohne eigene Entbehrungen leisten konnte, den älteren Sohn studieren zu lassen und den jüngeren, meinen Freund Heinrich, auf die kostspielige Presse des Dr. Mensch zu schicken. Aber da gab es auch noch andere Dinge, die das Vater-Sohn-Verhältnis trübten. Es war vor allem die Diskrepanz zwischen dem Mann, den der Sohn auf der Kanzel bei der Sonntagspredigt beobachtete, und jenem andern, den er als Ehemann und Vater daheim menschlich und oft genug allzu menschlich erlebte.

An jenem Abend im Messehauptrestaurant erschien er mir ruhiger und gelöster als sonst. Er poussierte – anders kann ich es nicht nennen – auch nicht mit der Pistole in seiner Tasche, für die er, oft mitten im Gespräch, zärtliche Worte wie für ein geliebtes Mädchen fand, so daß ich mit einem kleinen Frösteln im Rücken oft genug das Empfinden hatte, er sei nicht ganz bei Verstand. Um neun brachen wir auf. Er begleitete mich noch ein kurzes Stück meines Heimweges. Vor den kämpfenden Auerochsen, einer Bronzeplastik in den Grünanlagen des neuen Justizpala-

stes, verabschiedete er sich von mir.
»Da ist noch der Scherer«, sagte er und drückte mir das Buch in die Hand, »für mich unnötiger Ballast. Vielleicht kannst du ihn brauchen...«
Ich klopfte ihm auf die Schulter: »Schönen Dank, Heinrich, und mach's gut. Dann also – bis zum nächsten Mal.«
Zu Hause angekommen schlug ich das Buch auf und las die Widmung. Die Eltern und Großmutter spielten im Wohnzimmer die letzte Skatrunde. Mutter rief mir zu, daß mein Abendbrot in der Küche stände. Heringssalat... Ich stürzte aus dem Haus und rannte den Weg zurück. Aber ich kam zu spät. Von den Leuten, die noch aufgeregt um die Bank herumstanden, auf der man ihn gefunden hatte, erfuhr ich, daß Passanten den Schuß gehört und die Polizei alarmiert hatten. Er hätte noch gelebt und schrecklich gestöhnt, als man ihn abtransportierte. Er hatte sich blind geschossen und lebte noch zwei Tage, aber die Ärzte versicherten mir, daß er nicht gelitten und ohne Bewußtsein in den Tod hinübergeglitten sei.
Nun, ich hatte es mit einer gehörigen Portion Glück gerade noch einmal geschafft und faßte die besten Vorsätze, in den beiden Jahren, die mich noch vom Abitur trennten, nicht nur immens tüchtig zu arbeiten, sondern mich auch eines Lebenswandels zu befleißigen, der Gott und den Menschen wohlgefällig war – vor allem aber, meine freche Schnauze zu bremsen, mit der ich mir schon manche böse Suppe eingebrockt hatte. Nach gründlicher Überlegung erschien es mir nicht ratsam, in Königsberg wieder aufs Friedrichskolleg zurückzukehren. Da saßen gewiß noch einige Herren im Lehrkörper, die mich nicht in der besten Erinnerung hatten. So schlug ich Vater vor, mich im Stadtgymnasium Altstadt-Kneiphof anzumelden. Er hatte nichts dagegen einzuwenden. Inzwischen übernahm

Mutter die Wohnungssuche. Sie pendelte vierzehn Tage lang häufig zwischen Bartenstein und Königsberg hin und her und kam eines Tages überglücklich zurück, denn sie hatte auf den Hufen in der Bachstraße mit einer Gärtnerei als Gegenüber ihre Traumwohnung gefunden. Eine Wohnung mit vier großen Zimmern, von denen Großmutter eins beziehen sollte, und mit einer geräumigen Mädchenkammer mit Lichtanschluß, die ich mir einrichten durfte. Und ein großer Balkon mit Blick auf die Gärtnerei war auch dabei. Mutter sah schon die Petunien in den Balkonkästen vor sich, und auch den Kaffeetisch, den sie den Damen ihres Kränzchens decken würde. – Die Spediteure waren für den Donnerstag nach dem Osterfest bestellt. Mir blieben zehn Tage, um mich von Bartenstein zu verabschieden. Von der Penne schied ich leichten Herzens. Von den Freunden, die ich hier gewonnen hatte, und von der kleinen Stadt, die mir so vertraut geworden war, als wäre sie ein Stück von mir, fiel mir der Abschied schwer. Am bittersten aber war der Gedanke, daß der Umzug nach Königsberg auch die Trennung von Gertrud Fleming bedeutete.

Ich hatte sie seit vierzehn Tagen nicht gesehen, da eine Schwester ihres Mannes sich für zwei Wochen zu Besuch angemeldet hatte. Frau Fleming hatte mich nicht ausdrücklich gebeten, meine Besuche im Gerlachschen Haus während der Anwesenheit ihrer Schwägerin einzustellen, aber ich spürte, daß es ihr lieber war, wenn ich während des Besuchs fernblieb. Aber auch mir lag nichts daran, der Dame zu begegnen. Denn mein Verhältnis zu Gertrud Fleming hatte im Verlaufe der Wochen und Monate eine Wandlung durchgemacht, nicht von ihrer, wohl aber von meiner Seite. Ich hatte mich in die schöne junge Frau glühend verliebt. Es kann ihr nicht verborgen geblieben sein, wie es um mich und meine Gefühle für sie bestellt war, aber sie tat unbefangen, hielt mich mit leichter Hand auf Distanz, spielte mit mir ein Spiel, das sie amüsant und vielleicht auch ein wenig schmeichelhaft fand, und verstand es stets, das Feuer auf Sparflamme herunterzuschrauben, wenn es emporzulodern drohte. Dabei spürte sie wohl auch, daß ich nicht einmal daran zu denken wagte, sie als Frau zu begehren. Ich brannte sozusagen sauber...

Am Gründonnerstag setzte uns Mutter wie alljährlich zum Kaffee den über das ganze Kuchenblech ausgezogenen, mit Mandelsplittern überstreuten Gründonnerstag-Kringel vor. Vater vertilgte die Hälfte davon und ließ sich seine einen halben Liter fassende Barttasse dreimal füllen. Ich würgte an dem kleinen Stück, das ich mir auf den Teller gelegt hatte. Die verdammte Schwägerin raubte mir seit acht Tagen den Appetit und die Ruhe. Großmutter sah mich über die Brille hinweg besorgt an: »Fieber hat er nicht, aber es steckt was im Jungen drin, was mir gar nicht gefällt...«

Lieber Gott, wenn sie gewußt hätten, was in mir drinsteckte! Als es endlich Abend wurde, hielt ich es nicht länger in meiner kleinen Bude aus. Ich mußte Gertrud Fleming sehen, wenn auch nur für einen Augenblick und für ein Wort zwischen Tür und Angel. Ich lief über den Anger in die Stadt. Vom Kirchturm hallten acht Schläge über die Angerwiesen herüber. Es war eine verhangene, milde Aprilnacht. Der See war schon seit Mitte März eisfrei, und der Schnee längst von den Dächern getaut. Ein grünes Osterfest war zu erwarten. Die Fenster im Erdgeschoß und im oberen Stockwerk waren dunkel. Es schien niemand im Hause zu sein. Ich läutete zaghaft, innen schepperte die Glocke, aber nichts rührte sich im Haus. Sollte ich es noch einmal versuchen? Ich lauschte in die Nacht.

Auf der Straße näherten sich Schritte, jemand drückte die Klinke der Gartenpforte nieder und kam auf mich zu. Ich räusperte mich laut.
»Mein Gott, haben Sie mich erschreckt!« stieß sie mit kurzem Atem hervor.
»Entschuldigen Sie, ich habe zweimal geläutet, aber es hat sich niemand gemeldet ...«
Sie kam mir entgegen. Ich erkannte die Umrisse ihrer Gestalt. In ihrer Hand klirrte das Schlüsselbund: »Kein Wunder, es ist niemand im Hause. Ich habe meine Eltern gestern zur Bahn gebracht. Sie wollen die Osterfeiertage bei einem Bruder meines Vaters in Osterode verbringen ...«
»Und Ihre Schwägerin?«
»Die ist schon vor acht Tagen abgedampft. Es war ihr hier wohl nicht abwechslungsreich genug ...«
»Mein Gott, wenn ich das geahnt hätte!«
»Ich wollte Ihnen eine Nachricht zukommen lassen, aber ich habe mich nicht recht getraut. Oder wissen Ihre Eltern von unserer Bekanntschaft?«
Ich zögerte mit der Antwort ...
»Das habe ich mir gedacht«, sagte sie mit einem kleinen, kehligen Lachen, »und deshalb ließ ich den Brief lieber in meiner Handtasche.«
Sie sperrte die Haustür auf und forderte mich auf, einzutreten. Die Tür fiel ins Schloß. Wir standen in völliger Finsternis so nah beieinander, daß ich ihre Wärme spürte und den Duft ihrer Haut atmete. Sie suchte in ihrer Handtasche nach den Zündhölzern, um die Kerze anzubrennen.
»Sie wollten mir wirklich schreiben?« fragte ich atemlos.
»Ja – und ich wollte Ihnen auch gratulieren, denn ich hörte, daß Sie die Versetzung geschafft haben ...«
»Wenn Sie wüßten, wie ich mich nach Ihnen gesehnt

habe«, flüsterte ich mit trockener Kehle.

Ihre Hände suchten meinen Kopf: »Ach, mein Kleiner«, hauchte sie mir ins Ohr, »du hast mir auch gefehlt ...«

Ihre Lippen suchten meinen Mund zu einem Kuß, wie ich noch nie geküßt worden war. Das waren nicht die harten, trockenen und fest geschlossenen Lippen, die mir das spröde Kätchen zum Kuß geboten hatte. Und es war kein flacher Mädchenkörper, den ich in den Armen hielt, sondern der weiche, üppige Leib einer reifen Frau. Einer Frau mit einem Hunger nach Zärtlichkeiten, der jahrelang nicht gestillt worden war. Und ich hatte das Gefühl, in einen Wirbel geraten zu sein, der mich schwindlig machte und mich gleichzeitig lähmte, ich empfand dabei keine Angst, obwohl ich das Empfinden hatte, den Boden unter den Füßen verloren zu haben und zu stürzen, in einen saugenden Abgrund, in die Leere, ins Nichts.

»Nicht doch ...« flüsterte sie und schlüpfte aus meinen Händen, »wir haben doch Zeit. Du hast doch Zeit, nicht wahr? Oder muß mein kleiner Junge pünktlich um zehn zu Hause sein?«

»Natürlich nicht! Ich bleibe bei dir, solange du mir zu bleiben erlaubst.«

»Dann laß mich die Kerze anzünden. Und leg deinen Mantel ab, die Knöpfe tun mir weh ...«

Ein Zündhölzchen flammte auf, und sie entzündete die Kerze vor dem Garderobenspiegel. Wie schön sie war! Eine Flechte ihres schwarzen Haares hatte sich gelöst und fiel über ihre Wange. Das flackernde Kerzenlicht zauberte geheimnisvolle Schatten in ihr Antlitz. Die kleine, gelbe Flamme spiegelte sich in ihren großen dunklen Augen. Ich starrte sie an, als könne ich nicht glauben, was vor Sekunden zwischen uns geschehen war. Meine Kehle war wie ausgedörrt.

»Geh voraus«, sagte sie sanft, »zieh die Vorhänge zu und zünde das Feuer im Kamin an. Ich bin gleich bei dir.«
Sie ließ mich ziemlich lange warten, aber ich wartete geduldig. Das Kaminfeuer begann den Raum zu wärmen. Ich zündete auch die Kerzen in dem dreiarmigen Messingleuchter über dem Kamin an.
»Lösch die Kerzen«, sagte sie, als sie endlich die Tür öffnete. Ich blies die Flammen mit drei kurzen Atemstößen aus. Die knisternde Glut der Tannenzapfen im Kamin tauchte nur den nahen Umkreis in einen schwachen, rötlichen Lichtschimmer, den der schwarze Lack des Flügels aufzusaugen schien. – Wenn es in ihrer Absicht gelegen hatte, mich vollends in Verwirrung zu bringen, dann war ihr das gelungen. Sie hatte das Haar gelöst und mit einer roten Seidenschleife im Nacken zusammengebunden. Die bloßen Füße steckten in zierlichen Pantöffelchen mit einem Saum schneeweißen Schwanenflaums. Und sie war unter dem schwarzen Morgenmantel mit bunten Stickereien aus Gold- und Seidenfäden nackt. Mit ihren schräg geschnittenen Augen, den hohen Jochbögen und dem rabenschwarzen glatten Haar, das ihr weich über die Schulter fiel, kam sie mir wie eine Erscheinung aus einem orientalischen Märchen entgegen – Scheherazade, Turandot, Madame Butterfly, eine Prinzessin aus Tausendundeiner Nacht ...
»Gefalle ich dir so?« fragte sie mit einer Stimme, die wie der Lockruf einer Taube aus ihrer Kehle kam.
Ich schluckte und brachte keinen Laut heraus.
»Komm«, sagte sie und streckte mir die Hand entgegen. Der Mantel öffnete sich vor ihren vollen, weißen Brüsten mit großen, dunklen Warzenhöfen. Ich nahm ihre Hand und ließ mich wie blind durch das dunkle Haus in ihr Schlafzimmer führen. Eine winzige Petroleumlampe mit

einem Schirm aus gelblich getöntem Glas brannte mit einer winzigen Flamme, so daß ich noch die Umrisse der Möbel, eines breiten Bettes, eines hohen dunklen Schrankes und einer hellen Wäschekommode erkennen konnte. Sie ließ den Mantel fallen und schlüpfte ins Bett und zog die Decke über sich. Das Zimmer war ungeheizt.
»Laß mich nicht frieren...« flüsterte sie mir zu und streckte die Arme nach mir aus. Ich riß mir die Kleider herunter und stürzte in ihre Wärme, von einem Glücksgefühl erfüllt, das mir die Brust sprengen wollte und fast schmerzhaft war. Ihre Lippen glitten über mein Gesicht, ihre Zähne gruben sich in meine Schulter, sie stöhnte unter mir...
Und dann traf mich die Ohrfeige, die eisige Dusche, der trockene Leberhaken...
»Oh Alex, Liebling, daß du wieder bei mir bist...!«
Es war ein Grabstein, der mich erschlug. Grauer Granit, blank poliert, und eine Inschrift in goldenen Lettern

DR. MED. ALEXANDER FLEMING
Stabsarzt
* 1884 † 1920

Ich weiß nicht, wie ich aus dem Hause gekommen bin. Vielleicht ließ auch Joseph auf der Flucht vor Frau Potiphar ein Halstuch oder eine Sandale in ihrem Schlafzimmer zurück. Ich jedenfalls kam nach langem Umherirren durch die menschenleere nächtliche Stadt irgendwann ohne Schlips und mit nur einem Strumpf zu Hause an, schlich in meine Bude, warf mich ins Bett und weinte meine Wut und meine Enttäuschung, nichts als Ersatz für einen Toten gewesen zu sein, in die Hühnerfedern meines Kopfkissens. Ich war mit der Schule fertig, mit Bartenstein fertig – und für alle Zeiten von der Liebe geheilt. – Das Osterfest kam und ging vorüber. Ich verkroch mich in mein Zimmer, fühlte mich sterbenselend, wünschte mir nichts sehnlicher als eine Krankheit herbei, um Vaters österlichen Freßorgien und dem trauten Familienleben zu entkommen, bekam durch ein Wunder tatsächlich 39.4 Fieber, Großmutter flößte mir Kamillentee ein und stopfte mich mit Aspirintabletten voll, und als die Spediteure kamen, stand ich fieberfrei und gesund auf und marschierte zum letzten Mal über das Bartensteiner Pflaster zum Bahnhof.

Wie sehr sich doch Königsberg in den fünf kurzen Jahren meiner Abwesenheit verändert hatte! Nicht im Kern. Da standen die alten Speicher mit ihren spitzen Giebeln an der Lastadie wie eh und je, und immer noch stauten sich die Straßenbahnen und Autos, wenn die Krämerbrücke hochgezogen wurde, um die Schlepper und Schiffe passieren zu lassen. Da stand in der Königstraße und auf dem Steindamm noch jedes Haus genauso, wie ich es in der Erinnerung hatte. Aber außerhalb der alten Stadtmauer, außerhalb der längst geschleiften Tore, die ausgesehen hatten, als wären sie aus einem Anker-Steinbaukasten aufgeführt worden, platzte die Stadt aus den Nähten. Hinter dem Steindammer Tor, das wir in den ersten Königsberger Jahren noch passiert hatten, wenn wir zum Tiergarten gingen, oder wenn die Eltern in den Etablissements von Sabrowski oder Ragutzki ihren Kaffee tranken und dazu mitgebrachten Streuselkuchen aßen, waren die alten Friedhöfe eingeebnet worden. Da türmte sich jetzt, acht Stockwerke hoch, der ›Handelshof‹ empor, und Dr. Goldstein, mein späterer Gönner von der ›Hartung'schen

Zeitung‹, hatte einen Zweizeiler gedichtet, der in Goldbuchstaben über der Eingangshalle stand:

»So wie ich wuchtig und fest erstand auf dem Staub eines Friedhofs,
so auch erblühe mein Land aus den Ruinen der Zeit.«

Und im Treppengeländer zum letzten Stockwerk war in schmiedeeisernen Buchstaben die Warnung angebracht: »Hool di am Tuhn – de Himmel es hooch . . .« Der alte gemütliche Kranzer Bahnhof war einem pompösen Neubau gewichen. Zum Tragheimer Tor hin zog sich mit Ausstellungshallen und einem Riesenrestaurant das Messegelände hin, und die namenlose Straße zu den Hufen und nach Amalienau hieß jetzt recht eindrucksvoll Hansaring. Und der Oberbürgermeister hatte die Gunst der Stunde genutzt und einen supermodernen Hafen bauen lassen, mit Inflationsgeld, denn inzwischen taumelten wir in die zwölfstelligen Zahlen hinein. Eine Batschari kostete am Bahnhofskiosk fünfzig Milliarden, und die Zehnerpakkung eine halbe Billion. Mit den Milliarden und Billionen hatte ich allerdings wenig zu tun, die bündelten sich in den Taschen anderer Leute. Nur manchmal, wenn die Stauer im Hafen streikten, stellte es uns Primanern der Chef des Stadtgymnasiums, Dr. Mentz, anheim, vaterländischer Pflicht zu genügen und verderbliche oder lebenswichtige Ladungen im Hafen zu löschen. Ich war einmal dabei. Polizei geleitete uns Streikbrecher am frühen Morgen durch enge Nebengassen zum Packhof, wo der Frachter lag. Nicht früh genug, denn die streikenden Stauer bildeten bereits ein wütendes Spalier und schmissen uns außer unflätigen Flüchen auch Knüppel und Steine nach. Und für den Heimweg sorgte leider keine Polizeieskorte.

Es war ein schwedischer Frachter. Wir löschten Rundhölzer für die Zellulosefabrik und schufteten bis zum Umfallen. Der Steuermann war mit uns zufrieden, er meinte, soviel wie wir hätten die Stauer nicht geschafft. Kunststück, die schufteten ja auch nicht einmal im Jahr, sondern Tag für Tag und teilten ihre Kräfte ein. Gegen Mittag war den meisten von uns das Kreuz gebrochen. Nur Pulinna und Handtke hielten durch, zwei Jungen vom Land, die in den ganzen voraufgegangenen mageren Jahren von daheim reichlich mit Freßpaketen versorgt worden waren. Beide waren mit mir neu zu der Klasse gestoßen, aber sie waren klebengeblieben und mußten die Unterprima wiederholen. Handtke übrigens bestand mit uns zusammen das Abtitur, studierte Jura, wurde Rechtsanwalt und, bald nachdem die Nazis an die Macht gekommen waren, durch das Fallbeil hingerichtet. Er war in irgendwelche Devisengeschichten verwickelt gewesen. Vater, von Hitler zunächst recht angetan, weil da einer gekommen war, der für Recht und Ordnung sorgte, muß dieses Todesurteil einen schweren Stoß versetzt haben. Er schrieb mir, für sein Vergehen hätte Handtke in normalen Zeiten nicht einmal eine Verwarnung von der Anwaltskammer bekommen, und er setzte hinzu, er fürchte, daß wir unter dem Hitler noch allerlei erleben würden.

Damals rollte er neben mir die Rundhölzer aus Schweden, die die Dampfwinde aus der Ladeluke hievte und auf den Kai warf, zum Stapelplatz, wo andere sie in Empfang nahmen und zur Verladung aufschichteten, denn es streikten nicht nur die Stauer, sondern auch die Arbeiter von der Zellulosefabrik. Wer nicht mehr konnte, machte mit halber oder viertel Kraft weiter, denn es kam darauf an, das Hafengelände geschlossen zu verlassen. Ich kam mit drei Dollar in der Tasche heim. Es war ein Vermögen. Trotzdem war mir das Streikbrechen für die Zukunft verleidet, denn mein linker Arm war durch einen Knüppelhieb übers

Schlüsselbein tagelang unbrauchbar, und ein Steinwurf hatte mir das Nasenbein deutlich nach links verschoben. Als ich es merkte, war es zu spät, um den Knochen noch zu richten. – »Vielleicht haben Sie Glück und kriegen mal eins von der anderen Seite über den Zinken gebraten«, sagte der Dr. Schmidtke, den ich aufsuchte, weil er den ASCO als Sportarzt betreute und aus mir ein Sprinter-As machen wollte. Ich hatte Glück. Zu viel Glück. Und es ›briet‹ mir auch keiner eins über die Nase, sondern es passierte beim Holzspalten, daß mir ein Keil gegen den Zinken flog. Leider allzu kräftig, denn von da ab zeigte der Knick nach rechts.

Das Stadtgymnasium lag hinter dem Dom. Ein gelb verputzter Bau mit großen Rundbogenfenstern. Vom Domplatz her kam man auf den schmalen Schulhof, der sich zwischen der roten Backsteinmauer der gotischen Kirche und der Front des Gymnasiums bis zur alten Universität hinstreckte, unterbrochen von dem an die Dommauer geklebten überdachten Säulenbau, der die Gebeine von Immanuel Kant unter einer Granitplatte barg. Ein guter Einfall des Architekten, denn von den Säulen abgeschirmt, konnten wir, der Sicht des aufsichtführenden Paukers entzogen, in aller Ruhe eine Pausenzigarette stauben. Zwischen Dom und Universität führte eine schmale Pforte zum Pauperhausplatz und zur Dombrücke. Dort gab es eine kleine Pinte, in der unser Musiklehrer Bastian, ein liebenswürdiger, hochbegabter und beliebter Mann in der Zwölfuhrpause gern einen Klaren kippte und uns einen auslegte, wenn wir den Dittchen für den Schnaps nicht zur Hand hatten.

Natürlich betrat ich die neue Schule und das Klassenzimmer im ersten Stockwerk, aus dessen hohen Fenstern man Kant als hohe sittliche Verpflichtung unter sich liegen sah, mit dem gleichen hohlen Gefühl im Magen, das ich schon beim ersten Schulwechsel empfunden hatte. Was für Leute würde man antreffen, und wie würde man von ihnen aufgenommen werden? Es ging besser als gedacht, denn einen von den Jungen kannte ich vom Sport her. Er war beim ASCO – dem Akademischen Sportclub Ostpreußen – und war im letzten Sommer auf der Aschenbahn im Bartensteiner Schützenpark gegen mich gelaufen. Weil er mich kurz vor dem Ziel noch abgefangen hatte, entsann ich mich sogar seines Namens. Er hieß Helmut Dietrich, und seinem Vater gehörte eine Goldgrube, nämlich eine mit einem Stehausschank verbundene Schnapsdestille gleich neben der Schmiedebrücke. Gegenüber am Kai lagen dicht bei dicht die Kurenkähne, die die gute Butter und den fetten Tilsiter Käse aus der Memelniederung heranbrachten. Da hatte Vater Dietrich wegen mangelnder Kundschaft keine Klagen zu führen. Helmut haute mir gleich freundschaftlich auf die Schulter, keilte mich mit dem ersten Satz für seinen ASCO, der mir wegen des dekorativen Brustringes mit dem Adler auf dem Trikot schon lange imponierte, und übernahm dann die Vorstellung. Achtzehn neue Namen, zu viele, um sie schon am ersten Tag dem Gedächtnis einprägen zu können. Fitti Konopka, Helmut Monska, Arthur Pukall, Konrad Rudowski, Benno Scheschewski, Kaminski, Freier, Wiersbitzky, Krehwald ... Nun, ich lernte sie rasch. Eine Woche lang beschnupperten wir uns wie junge Hunde. Pukall, der hatte es mit dem Bibelkränzchen und verlor den frommen Augenaufschlag erst nach dem Abitur – dann aber gründlich. Lischewski wollte die höhere Postkarriere einschlagen. Der Vater von Konrad Rudowski besaß in der Mehlauker Gegend ein Sägewerk und traktierte uns, wenn er seinen Filius besuchte, im Börsenkeller mit doppelstöckigen ›Kurfürstlichen Magen‹, die nach dem sechsten verheerende Wirkungen zeigten. Fitti Konopka, der an einem diskreten Körperteil so überdimensioniert gebaut war, daß er die Empfehlung eines Frauenarztes in Anspruch nehmen mußte, um die Dame zu finden, die zu seiner Dimension paßte. Er ging zum Polizeidienst. Einmal traf ich ihn nach langen Jahren in der Nähe des Anhalter Bahnhofs. Wir tranken in einer Pinte einige Mollen und die Kurzen dazu, er wurde von Molle zu Molle immer schwermütiger und wollte sich aufhängen. Er tat es auch, aber es glückte nicht, er riß im Abtritt mit der Kette, die er sich um den Hals geschlungen hatte, nur den Wasserkasten der Spülung herunter. Wenig später traf ich ihn als den glücklichsten Menschen der Welt wieder. Da hatte er, wie gesagt, mit Hilfe eines Frauenarztes...

Nach kurzer Zeit fanden wir Wohlgefallen aneinander, und sie nahmen mich sogar in den ›Comment Olymp‹ auf. Das war ein liebenswürdiger kleiner Saufverein mit einer uralten Tradition, seit Generationen verboten, aber immer wieder wie ein Phönix aus der Asche steigend. In den alten Statuten fanden wir die Namen von zwei unserer Professoren, die dem Comment vor vierzig und mehr Jahren angehört hatten. Das war ein Grund zum Feiern. Wir zogen die Kommerse einmal im Monat in den Hinterzimmern Kneiphöfischer Bumskneipen ab, die oftmals abenteuerliche Namen hatten – ›Zum Abgehackten‹ oder ›Zur eisernen Sau‹... In den Vorzimmern süffelten die Damen des horizontalen Gewerbes, die ihre Standquartiere zwischen Magisterstraße und Kohlmarkt hatten, mit ihren Beschützern. Ihren hingeschluchzten Erzählungen nach waren es lauter russische Gräfinnen und Fürstinnen, die, von den Bolschewiken ihrer Güter und Juwelen beraubt, hier ihre Körper, nie aber ihre ›Säälen‹ verkauften.

Als Schulgeld wurde vierteljährlich ein Betrag von RM 32.50 erhoben. Kassiert wurde es von Zeichenlehrer Jordan. Der leichtsinnigste Hund von uns allen war fraglos Fitti Konopka. Wenn Herr Jordan am Quartalsersten zum Kassieren kam, konnte ihm der Fitti nur eine Abschlagzahlung von 22.50 oder günstigsten Falles von 28 Mark anbieten. »Wo hast du verdammter Kerl das Geld wieder versoffen?« grollte dann der alte Jordan. »Im Kulmbacher, Herr Professor«, schnuffelte der Fitti und hoffte, Herrn Jordan durch die Verleihung des Professorentitels gnädiger zu stimmen. »Im Kulmbacher...« brummte der, »weshalb sauft ihr nicht Schönbuscher wie ich? Da kostet das Tulpchen drei Pfennig weniger. Also – wenn das Geld nicht spätestens übermorgen zur Stelle ist...!« Dann rannte der arme Fitti zwei Tage lang von Pontius zu Pilatus, ergatterte hier fünfzig Pfennig und dort eine Mark, und dann fehlten ihm oft genug doch noch zwei oder drei Mark zur vollen Summe. Und jedesmal streckte Herr Jordan die Differenz unter fürchterlichen Drohungen aus der eigenen Tasche vor.

Inzwischen war nämlich der Billionenschwindel im Herbst 1923 von einem Tag auf den andern geplatzt. Mit den Nullen war es vorbei. Unser Geld hieß jetzt Rentenmark, und es war so knapp, daß wir uns an die kleinen Brötchen, die man daraus backen konnte, erst gewöhnen mußten. Eine Mark war ein Haufen Geld. Die Zigarette kostete zwei Pfennig pro Stück, für den kleinen Korn nahm Vater Dietrich über die Theke fünf und für den doppelstöckigen zehn Pfennig. Und auch die Tulpe Bier gab es für einen Dittchen – sofern man ihn besaß. Wenn einer von uns drei Mark in der Tasche hatte, galt er als Krösus. Das war es eben, was dem Fitti das Pumpen so schwer machte. –

Wie war die Zeit? Spürten wir die dunklen Wolken, die heraufzogen? Ach was, wir lebten an der Zeit und an den Tagesereignissen vorbei und hielten den Carlos Jaecker, dessen Vater sozialdemokratischer Reichstagsabgeordneter war, für einen Spinner, wenn er für seines Vaters Partei nachts auszog, um Plakate zu kleben und sich mit den Stahlhelm-Leuten herumzuprügeln. Unser Chef war Stadtverordneter und gehörte der Fraktion der Deutschen Volkspartei an, einer liberalen Gruppe, die zuerst großen Zulauf hatte und später, wie es Liberalen so zu gehen pflegt, mit Existenzsorgen kämpfte. Der Chef war ein echter Liberaler, nicht nur als Parteimann, sondern auch als Mensch. Einmal geriet Jaecker mit ihm während des Geschichtsunterrichts in einer politischen Tagesfrage zusammen. Weiß der Himmel, worum es ging, jedenfalls endete es damit, daß Jaecker ihm blitzend zurief: »Ach, hören Sie doch auf! Sie mit Ihrer Fraktion Drehscheibe!« – Er sagte nur: »Aber, aber, Jaecker! Wir sind doch hier nicht auf einer sozialdemokratischen Wahlversammlung...!« – Das war seine ganze Reaktion auf die Unverschämtheit, und Carlos Jaecker hatte die ›Fraktion Drehscheibe‹ auch in Zukunft nicht zu büßen. Mentz war ein Mann, bei dem man nicht nur denken durfte, sondern der Mitarbeit und Mitdenken verlangte. Als ich einmal eine Bemerkung über die auffällige Nähe von Cluny zu der sich in Südfrankreich ausbreitenden Kreuzzugsbewegung machte, war er davon so angetan, daß er mir, die starke Brille drei Zentimeter vom Notizbuch entfernt, eine Eins hinmalte. Von da an hatte ich bei ihm einen Stein im Brett, der leider kurz vor dem Abitur herunterpurzelte; aber diese Geschichte habe ich schon früher erzählt.

Überhaupt hatte ich mit der Wahl des Kneiphof einen Volltreffer gelandet. Mit wenigen Ausnahmen waren un-

sere Professoren alte Herren, die uns mit fast großväterlicher Güte behandelten. Da gab der alte Professor Krieger Latein. Weshalb er den Spitznamen Luchs trug, konnten vielleicht verflossene Generationen erklären. Die scharfen Augen waren trüb geworden, und wenn er jemals Krallen und Zähne besessen hatte, so waren sie jetzt stumpf. Griechisch lehrte Professor Lehnerdt mit dem Spitznamen Mops. Ein liebenswürdiger alter Herr, der nur noch erglühte, wenn er uns in die Welt Platons einführte. Es gab einen wunderbaren, unfehlbar wirkenden Trick, um eine Übersetzung herumzukommen, ohne sich eine schlechte Note einzuhandeln. Man brauchte bei der bei Platon so häufigen Anrede des Sokrates an seine Athener Mitbürger anstatt »Oh, ihr Männer von Athen« nur »Oh, ihr atheniensischen Männer« zu sagen, und schon wand er sich ob solcher Sprachverhunzung wie die ganze Laokoongruppe und seufzte gequält: »Setzen Sie sich! Den Fleiß will ich Ihnen nicht absprechen. Und Sprachgefühl ist wohl eine Begabung. Man hat es oder man hat es nicht. Ihnen fehlt es gänzlich. – Bitte, Wiersbitzky, fahren Sie fort.«
Der Mathematiker war Professor Stieren. Was außerhalb der Mathematik an der Schule gelehrt wurde, hielt er für Firlefanz, für nutzlosen Gedächtnisballast, jeder Bemühung für unwert. Die Arme an die Brust gepreßt und die Hände so tief in den Jackenärmeln vergraben, daß er handlos zu sein schien, brachte er mich durch ein kurzes Anheben des Kinns zum Stehen: »Sie, der Neue da – Mathematik? Note?«
»Vier, Herr Professor...«
Er sah mich durch seine runden, nickelgefaßten Brillengläser an, als suche er in meinem Gesicht nach Spuren von Aussatz. Nach der Stunde gelang es mir, ihn im Korridor zu stellen.

»Was will er?« Tatsächlich, er bediente sich des Er aus friderizianischen Zeiten.
»Ich wollte es Ihnen gleich sagen, Herr Professor, daß Sie es bei mir mit einem mathematisch Schwachsinnigen zu tun haben.«
»Sowas gibts nicht!« bellte er mich an.
Nach drei Minuten einer flüchtigen Prüfung wußte er, daß es so was doch gab. »Wenn er sich in meinen Stunden gesittet benimmt, kann er von mir aus machen, was er will. Hat er sonst noch was vorzubringen?«
»Das Abitur, Herr Professor...«
Er blinzelte mich trüb an: »Ich möchte wissen, wie er mit seinen Unkenntnissen zu einer Vier gekommen ist.«
Ich hätte es ihm erklären können, aber ich unterließ es lieber. »Ich habe einige Ausgleichsfächer, Herr Professor... Trotzdem würde mir eine Fünf das Genick brechen.«
»Will er etwa mit mir handeln?«
»Nein, Herr Professor, ganz gewiß nicht...«
»Was soll's dann? Troll er sich jetzt. Er wird bekommen, was ihm zusteht.«
Da kamen also wieder die alten Sorgen auf mich zu. Aber der grimmige ›Bull‹ war gnädiger, als er sich nach außen hin gab. Unter den vier Aufgaben der schriftlichen Prüfung war eine, in der es hieß, wenn man das und das mit x multipliziere, dabei y herausbekomme und davon z abziehe, dann erhalte man als Resultat das Gründungsjahr einer bedeutenden Stadt. Es konnte sich nur um Rom und um die Zahl 753 handeln. Aber was nützte mir das schon? Die Aufgabe, für die anderen ein Kinderspiel, konnte ich nie im Leben lösen. Die schriftliche Prüfung fand im Zeichensaal statt. Jeder saß für sich an einem Tisch, und die einzelnen Tische waren nach allen Seiten meterweit voneinander entfernt. Man hätte schon ein Teleskop benützen

müssen, um vom Nachbarn spicken zu können. Es war eine strenge Klausur. Sogar der natürlichen Bedürfnisse hatte man sich vor der Arbeit zu entledigen.

»Aber weil einmal einem jungen Menschen die Blase geplatzt ist«, verkündete Stieren und deutete auf einen grünen Wandschirm im Hintergrund des Zeichensaals, »steht hinter dem Paravent ein Eimer – falls einer durchaus muß ...«

Als erster ließ es Konrad Rudowski hinter dem Paravent plätschern. Das winzige Papierröllchen mit der Lösung fand ich, wie verabredet, zwischen Rahmen und Stoffverspannung in die linke untere Ecke geklemmt. Und ich riskierte es, die Lösung der Aufgabe abzuschreiben. Vier Stunden lang verglich ich jede Ziffer und jedes Plus- und Minuszeichen des Spickzettels mit meiner Abschrift. Und dann paukte ich das Ganze auswendig, nebst Erläuterungen, die mir Konrad lieferte und stundenlang abhörte, falls es Stieren einfallen sollte, mich die Aufgabe an einem der kommenden Tage vor der Klasse an der Tafel wiederholen zu lassen. Ich bin davon überzeugt, daß er den Braten gerochen hat, denn so kinderleicht war die Aufgabe wiederum auch nicht, aber er ließ mich laufen. Er nörgelte nur, daß das Provinzialschulkollegium eine der Aufgaben so leicht gemacht habe, daß sie sogar ein Schwachsinniger hätte lösen können und – er sah mich über die Brille hinweg an – »gelöst hat!« Fürs Abgangszeugnis gab er mir die Note ›Mangelhaft mit schwächeren mündlichen Leistungen‹. Aber damit war ich gerettet. – Doch vor diesem glücklichen Ausgang lagen zwei lange Jahre. Zwei Jahre, von denen ich keines, nicht einmal die Ferien, zurückholen möchte, wenn mir eine gütige Fee den Wunsch, noch einmal achtzehn zu sein, gewährte.

Das Fleming-Erlebnis hing mir lange nach. Aber es war

nicht das verletzte Selbstgefühl, das mich nie wünschen ließ, jene schönen Tage, jene Tag' der ersten Liebe, ja nur eine Stunde jener holden Zeit wieder zu erleben. Es war die Schule, und es war die verdammte Mathematik, die mich bis ins Alter hinein mit Angstträumen verfolgte. Es versetzt mich immer wieder in Erstaunen, wenn ich in den Pennal-Mitteilungen, die mich erreichen, lese, mit welcher liebevollen Verehrung man sich dort an die alte Schule und an die Herren vom Lehrkörper erinnert. Damals, als man drin saß, hörte man andere Laute. Aber ich zolle dieser Liebe und Verehrung meinen aufrichtigen Respekt. Dennoch weiß ich nicht recht, ob es damit nicht etwas Ähnliches auf sich hat wie mit einer überstandenen Appendizitis oder Magenresektion. Es scheint nichts Schöneres und nichts Unterhaltsameres zu geben als die Erinnerung an vergangene Leiden. –

Vielleicht war es die Nähe der Magisterstraße mit ihren schrägen russischen Fürstinnen, die unsern Chef veranlaßte, uns durch Professor Vogel im letzten Schuljahr in einer Sonderstunde Aufklärungsunterricht geben zu lassen. Vogel war Naturwissenschaftler und erteilte Biologie-Unterricht. Der alte Herr war ein Original. Klein, rund, rosig und humorbegabt, mit einem Kranz schneeweißer Haare um die gewaltige Glatze, sprach er nur breitestes Ostpreußisch, auch wenn er vor großem Publikum populärwissenschaftliche Vorträge hielt. Sie waren stets bis auf den letzten Platz ausverkauft. – Zur Aufklärungsstunde brachte er zwei Rollbilder mit, die er an die Wand hängte. Auf dem einen Schaubild schlängelte sich riesenhaft vergrößert eine bleiche Spirochäta pallida über die Leinwand, und das andere zeigte eine blaue Gonokokkentraube.

»Na, Jungens«, fragte er und deutete mit dem Daumen hinter sich, »was habe ich euch da wohl Schönes mitjebracht?«
»Vielleicht Pantoffeltierchen, Herr Professor?« riet Konrad Rudowski mit dem einfältigsten Gesicht, das er aufsetzen konnte.
»Nu ja – aber mit Pantoffeln haben die Tierchen eijentlich nur sehr indirekt zu tun. Denn wenn man mit denen in Beriehrung kommt, hat man die Pantoffeln in den meisten Fällen ausjezogen. Also – was da wie Trauben an der Wand hängt, sind Gonokokken, nach denen die Koggenstraße am Gesekusplatz im Volksmund alljemein Gonokokkenstraße jenannt wird. Und wißt ihr, weshalb?«
»Nein, Herr Professor, weshalb denn?«
»Dann will ich es euch verraten. Weil nämlich die Damen dort lustwandeln, von denen man diese Dingerchen für drei Mark zum verbillichten Engros-Preis beziehen kann. Das sind nämlich die Erreger der Gonorrhöe, auch Tripper genannt.«
Wir sahen uns die Dingerchen mit ehrfürchtigem Staunen an.
»Das sind vielleicht gewaltige Tierchen!« sagte der Monska.
»Und du bist mir vielleicht ein jewaltijer Dämlack!« sagte der alte Vogel. »Denn was ihr hier seht, seht ihr in zehntausendfacher Verjrößerung. Ebenso wie die Spirochäta pallida, die Erregerin der Lues oder Syphilis. Daher die alte Studentenfrage: Ist es Kummer, was dich bleicht, oder ist es Syvielleicht? Aber nun sagt mir doch, woran der Anblick euch erinnert, na? na? na?«
»An einen Korkenzieher, Herr Professor!«
»Bravo, Jungchen! Jenau an einen Korkenzieher. Und da sind wir denn auch schon beim richtijen Stichwort anje-

langt. – Ihr sauft doch alle jern, nicht?«
Der Lischewski schüttelte entschieden den Kopf.
»Also schön, mit einijen Ausnahmen. Aber wie steht es mit den Herren vom Comment Olymp?«
»Was ist denn das, Herr Professor?« fragte der Grieseler, der die Statuten verwahrte und die Kneipzimmer für unsere Gelage bestellte.
»Ihr haltet mich wohl für mächtich dämlich, was?« fragte der alte Herr, »aber das ist mir auch völlig wurscht. Jedenfalls, als ich dabei war, haben wir wie die Bürstenbinder jesoffen. Und wenn jetzt einer von euch denkt, aha, daher hat der Alte die rote Neese, dann irrt sich dieser! Das ist ein Frostschaden. – Womit aber keineswegs jesagt sein soll, daß ich mir keinen mehr zur Brust nehme. Aber – und jetzt kommt das große Aber – ich hör auf, wenn's zu schmecken anfängt. Und das ist jenau das, was ich auch euch dringend anempfehlen möchte. – Ihr kennt doch das Dichterwort: Jlücklich leben die Zikaden, denn sie haben stumme Weiber. – Wenn es bei den Menschen auch so wäre, hätte der Odysseus seinen Jefährten die Ohren nicht mit Wachs zu verstopfen brauchen, als er mit ihnen an den Sirenen vorüberfuhr. Was das für Sirenen waren, und ob sie die vorüberschiffenden Männer nur mit ihrem Jesang und mit sonst nuscht anlockten, möchte ich dahinjestellt sein lassen. Eins steht fest, daß es solche Sirenen, oder wie man sie auch nennen will, immer jejeben hat, jibt und jeben wird. Nur, daß sie heutzutage nicht mehr auf Meeresklippen liejen, sondern ihr Jewerbe auf die Straßen verlegt haben. Nüchtern würde man so was nicht mit der Feuerzange anfassen, aber mit einem Trank im Leibe sieht man Helena in jedem Weibe. Das stammt nicht von mir, sondern von Joethe – und der scheint es jewußt zu haben.«

»Nun«, fuhr er nach einer kleinen Weile fast begütigend fort, als wolle er uns nicht alle Lust rauben und auch nicht zu sehr erschrecken, »so, wie nicht jedes Schwein Trichinen und wie nicht jeder Hund Würmer hat, so muß auch nicht jleich jede von diesen Damen mit Spirochäten oder Gonokokken behaftet sein. Aber wenn es doch mal passieren sollte und ihr beim Wasserlassen ein Brennen spürt oder auf der Haut einen merkwürdijen Ausschlag entdeckt, dann keine falsche Scham, Jungens! Sondern zum Arzt! Sofort zum Arzt! Wollt ihr mir das versprechen?«

»Jawoll, Herr Professor!« schrie die Klasse im Chor.

So erhielten wir also neben drei auswendig gelernten Oden des Horaz, Geschichtskenntnissen bis zum Ausbruch der Französischen Revolution, dem Gebrauch des Aorist und anderem nützlichem Wissen vom alten Vogel auch noch eine gründliche sexuelle Aufklärung und die Ermahnung zur Mäßigkeit als Rüstzeug für unseren späteren Lebensweg mit. Wir konnten auch die Grabrede des Antonius auf englisch deklamieren, aber die nützte mir in London recht wenig, als mir der Kellner im Hotel Imperial die Speisekarte reichte. Immerhin blieb der Trost, in dreizehn Schuljahren durch die lateinische Syntax denken gelernt zu haben. –

Was ich von dem Wiedersehen mit Königsberg am ungeduldigsten erwartet hatte, war das Schauspielhaus unter der Leitung von Leopold Jessner. Leider teilte keiner von den neu gewonnenen Freunden meine Theaterleidenschaft. Helmut Dietrich schwärmte für die Oper, hauptsächlich für Wagner, und Arthur Krehwald für Bach. Er hatte seine Liebe zur Musik ziemlich spät entdeckt, obwohl er aus einer musikalischen Familie stammte, denn sein Vater war Dom-Organist. Was er in frühen Jahren versäumt hatte, holte er spät nach und holte es auch auf.

Seine Banknachbarn rechts und links, Kurt Wiersbitzky und Benno Schereschewski, brachte er durch seine unausgesetzten stundenlangen Fingerübungen – er nannte das Trockenklavier – ebenso zu Tobsuchtsanfällen wie unsere Professoren. Wenn er die brillanten Läufe über die imaginäre Klaviatur gezwungenermaßen für eine Weile unterbrach, dann drückte er die Finger gegen die Tischplatte, daß sie senkrecht zur Handwurzel standen, oder zog, um sie geschmeidig zu halten, die Finger unter scheußlichen Knackgeräuschen lang. Konrad Rudowski konnte sich allenfalls für die Operette erwärmen. Aber selbst ihm gegenüber, mit dem mich bald eine enge Freundschaft verband, hielt ich mit Äußerungen über meine abwegigen Zukunftspläne zurück, als ich merkte, daß seine Vorstellungen über Theaterleute durchaus den Auffassungen entsprachen, mit denen man darüber in Mehlauken dachte, wo die Wäsche von der Leine genommen wurde, wenn dort eine Wanderbühne ein Gastspiel gab.

Von Vater bezog ich als Taschengeld in der neuen Währung zwei Mark pro Woche. Großmutter erpreßte ich, zuweilen mit dem alten Trommelrevolver an der Schläfe, schamlos.

»Aber Jungchen, fünf Mark ist zuviel, zwei will ich dir geben ...«

»Oma, du spielts mit dem Leben deines Enkels! Fünf Mark oder ich drücke ab!«

Zum Schluß einigten wir uns dann gewöhnlich auf drei. Und dann gab ich noch einem kleinen Hornochsen vom Hufengymnasium Nachhilfestunden in Latein, dreimal in der Woche, die Stunde für eine Mark – bar bezahlt. So kam ich zu Theaterkarten, so zu den Moneten für die Bierchen bei Julius Naser im Börsenkeller, und so bestritt ich auch die Ausgaben für den Comment Olymp. Aber woher sollte ich die fünf Mark nehmen, die mir Herr Franken allwöchentlich für eine Stunde Sprech- und Schauspielunterricht abknöpfte. Nach einer Sonntagnachmittag-Aufführung von *Flachsmann als Erzieher*, in der er als zweite Besetzung den Flachsmann spielte, faßte ich mir ein Herz, ihn in seiner Garderobe aufzusuchen. Ich hatte sie mir etwas pompöser vorgestellt, aber das Kabuff roch hinreißend nach Theater. Er schminkte sich ab und war nicht in allerbester Laune.

»Ich soll Ihnen also Sprechunterricht geben?« dröhnte er mit dem Timbre der Adele Sandrock und sah mich aus fettverschmierten Wimpern an. Die rote Flachsmann-Perücke hing über einem hölzernen Haubenstock auf dem Schminktisch. Er grinste mich an und setzte das Gespräch, leicht berlinernd, im normalen Umgangston fort: »Warum eigentlich nicht? Wat wollense denn zahlen?«

»Das wollte ich Ihnen überlassen, Herr Franken ...«

»Na, denn sarenwermal: pro Stunde zehn Eierchen, wie?«

Mir wurde der Hals eng, und ich schluckte schwer.

»Zuviel, wat? Was sindse iebahaupt und woran hamse jedacht, junga Mann?«

»Ich bin noch Primaner. Und gedacht habe ich an fünf ...«

»Jut, denn also fünf. Jebense her und kommense morjen um drei in meine Burg. Sie wissen, wo ich wohne?«

»Weißgerberstraße 14 ...«

Ich hatte nur drei Mark und fünfzig Pfennig dabei. Er nahm sie als Anzahlung: »Den Rest morgen. – Aber damit Sie für Ihr sauer Erspartes gleich etwas haben: werrrfen Sie Ihrrr Zäpfchen-R in den Prrrregel und benutzen Sie fürs R die Zunge. Wiederholen Sie unaufhörlich voddedom – voddedom – voddedom –, bis ein klares und deutliches ›Vor Rom‹ daraus wird. Damit werden Sie vier Wochen

lang zu tun haben. Und dann werden wir gemeinsam an Ihren weiiichen Eiiiern arbeiten. Sie wollen doch mal den Hamlet spielen? Oder etwa nicht?«
Ich nickte zaghaft...
Er erhob sich und griff als Ersatz für den Schädel nach dem Haubenstock mit der lodernden Flachsmann-Perücke: »Sein oder nicht sein.. Lieber Freund, wenn Sie das auf ostpreußisch bringen, dann können Sie sich Ihr Abendessen in Gestalt von faulen Äpfeln und Tomaten von der Birne schaben. – Aber keine Sorge, das kriegen wir schon hin.«
Er gab sich wirklich mit mir Mühe, so wie ich mir Mühe gab, allwöchentlich sein Honorar zusammenzukratzen. Aber wir kriegten es nicht hin, wie er leichtfertig gemeint hatte. Länger als ein Jahr plagte er sich mit mir ab und traktierte mich aus seinem reichen Erfahrungsschatz mit Vokalübungen wie ›Anna saß im Garten und aß Salat‹ und ›Weiß gekleidete Waisenkinder feiern Weihnacht‹, aber abgesehen davon, daß mir trotz unablässigen Übens mit dem Voddedom das Zungen-R nicht von der Zunge rollen wollte, schlich sich das weiche ostpreußische Ei sogar in die Weiiisenkinder hinein.
Zu dieser Zeit gastierten gerade Paul Wegener und Fritz Kortner mit Neumanns *Patriot* in den Rollen des Grafen Panin und des Zaren Peter im Schauspielhaus. Unvergeßlich die Szene, in der Kortner, angstvoll auf Wegeners Schoß geflüchtet, dem Marschtritt eines vorüberziehenden Regiments lauschte und mit einem Sektglas im schlaffen Arm den Marschrhythmus am Boden mitklingen ließ, mit zirpenden Kristalltönen, die dennoch bis in die letzten Parkettreihen eines atemlosen Publikums drangen. Franken spielte in dem Stück eine winzige Nebenrolle.
»Ja, gewiß, Herr Franken, Sie haben ja recht, aber Paul

Wegener merkt man doch auch den Ostpreußen an.«
»Tcha«, gab er zu, »aber der ist auch der einzige, der sich das leisten kann. Aber laß den Kopf nicht gleich hängen, mein Junge. Du hast eine komödiantische Ader, das steht fest. Damit könntest du es, wenn es für die Bühne auch nicht ganz langt, und wenn du durchaus Theaterluft atmen willst, bis zum Intendanten bringen – und das ist nicht der schlechteste Posten ...«
Ich ließ den Kopf trotz seiner ermutigenden Worte hängen und schlich mit dem Gefühl, einen Traum begraben zu müssen, auf die Straße. Mit Mittelmaß war auf den Brettern, die auch mir die Welt bedeuteten, nicht viel zu erreichen. Das Beispiel hatte ich bei Franken vor Augen. Er wohnte bei der Witwe eines Postsekretärs, die ihm für die äußerst bescheiden möblierte Bude zwanzig Mark abnahm, Frühstück inklusive. Mein Zuschuß von fünf Mark pro Woche zu seiner Gage schien ihm hochwillkommen zu sein. Ich hatte mir das Künstlerleben etwas lukrativer vorgestellt..
Es war ein warmer Septembertag mit einem golden getönten Himmel, der sich im Westen, wo die Sonne schon hinter die hohen Bäume des Börsengartens gesunken war, apfelgrün verfärbte. Die Boote auf dem Schloßteich kehrten zu den Anlegeplätzen neben der Holzbrücke zurück, und den grünen Spiegel des Teiches zerschnitten nur noch die Schwäne. Ich hatte mitten auf der Brücke haltgemacht, eine Zigarette angezündet und starrte, in ziemlich trübe Gedanken versunken, zu den Logengärten hinüber. Und dann knuffte mich jemand ins Kreuz: »Mensch, was machst du in Königsberg?«
Die Stimme riß mich herum.
Der große Fabricius! Tadellos in Schale. Dunkler Anzug mit feinen weißen Nadelstreifen. Halbschuhe aus schwar-

zem Wildleder. Und ein breitrandiger schwarzer Künstlerhut mit flach gedrücktem Kopfstumpen. Was war ich gegen ihn schäbig angezogen...

»Mein alter Herr hat sich schon vor eineinhalb Jahren nach Königsberg versetzen lassen. Seitdem wohnen wir hier...«

»Prächtig, prächtig«, sagte er in dem alten, schleppenden Tonfall, der mir zuerst auf die Nerven gegangen war und später imponiert hatte, »und was machst du?«

»Ich versuche es zu machen, nach einem halben Jahr, das Abitur nämlich, aber ob ich's machen werde, ist äußerst fraglich. Und was treibst du?«

Er wedelte etwas unbestimmt mit der Hand durch die Luft. »In Kunst...« sagte er schließlich. »Ich habe mich mit zwei Kumpels von der Kunstgewerbeschule zusammengetan. Wir ziehen durch die Provinz. Sie schämt sich ihrer Provinzialität und läßt sich von uns aufmöbeln. Buchstäblich. Wir machen aus alten, vergammelten Konditoreien lauschige Likördielen und aus den Freßschuppen alter Hotels appetitanregende Speiseräume. Man nennt so etwas Innendekoration...«

»Es scheint ein gutes Geschäft zu sein.«

»Ist es«, sagte er schlicht. »Aber erzähl etwas von dir. Wie lange ist es her, daß wir uns nicht gesehen haben? Drei Jahre oder vier?«

»Dreieinhalb, wenn du es genau wissen willst.«

»Eine verrückte Zeit, damals...«

»Nicht nur die Zeit – auch du...« Ich konnte es mir nicht verkneifen, ihn an seinen Idiotenstreich zu erinnern.

»Wahrhaftig«, sagte er, »außer, daß ich total besoffen war, muß ich Kuhscheiße im Schädel gehabt haben. Vorbei, vorbei, verjährt, vergessen. Vergiß auch du es.«

»Du hättest dich bei mir einmal melden können...«

»Ich weiß, ich weiß, du hast damals zu mir gehalten. Soll ich mich bedanken?«
»Nicht nötig, ich hab's gern getan.«
»Und sonst? Abitur ist ein hehres Ziel. Aber dann? Willst du deine Brötchen dereinst als Steißtrommler verdienen? Du hattest doch mal andere Ambitionen, wenn ich mich recht erinnere...«
»Du erinnerst dich recht...«
»Was stehen wir hier herum«, sagte er, »hast du Zeit für ein kleines Helles oder für eine Tasse Kaffee? Wozu ich dich selbstverständlich einlade!«
Ich klopfte gegen meine leeren Taschen: »Wenn es so ist, dann gern. Ich bin nämlich völlig blank.«
Wir verließen die Brücke, schwenkten links zur Münzstraße ein und fanden bei Schwermer einen Fensterplatz. Auf den Schloßteichpromenaden flammten die Laternen auf und spiegelten sich mit langen Lichtbahnen im dunklen Wasser. Wir nahmen beide einen Kaffee.
»Ich habe nämlich heute abend noch etwas vor«, sagte er, als müsse er sich für den Kaffee entschuldigen, »und ich fürchte, daß es recht feucht werden wird.«
Und dann holte er nach und nach aus mir heraus, was ich tat und was ich trieb, den Unterricht bei Herrn Franken und die ewigen Geldnöte...
»Peinlich, peinlich?« sagte er und fügte mit einem kleinen Grinsen hinzu, »und mit silbernen Löffeln ist auch nicht mehr viel zu machen.« Dabei zog er die Brieftasche, eine beneidenswert gut gespickte Brieftasche, und schob mir zwei Zwanzigmarkscheine über den Tisch hinüber: »Du kannst sie ruhig nehmen, das sind für mich kleine Fische. Denn der Weizen blüht. Und du bist damit für zwei Monate die Sorgen um das Wochenhonorar für deinen Herrn Franken los. Kommst du wenigstens voran?«

»Ich weiß nicht recht, ich fürchte, meine Gurgel ist doch zu ostpreußisch eingeschliffen.«
»Dann versuch es doch beim Film«, grinste er, »aber ich fürchte, da wirst du mit deinem schiefen Zinken Schwierigkeiten haben.« – Er rief den Ober heran, um zu zahlen, und hatte es plötzlich sehr eilig. Die beiden Geldscheine lagen noch zwischen uns auf dem Tisch. »Los, mach schon und steck sie ein! Und wenn du mal die Gagen vom Harry Liedtke verdienst, kannst du sie mir zurückgeben.« – Da schob ich das Geld in die Tasche. Er zahlte die kleine Rechnung, und wir verließen das Café.
»Wie steht's«, fragte ich, bevor wir uns trennten, »sehen wir uns einmal wieder? Lebst du überhaupt in Königsberg?«
»Nein, nein, immer in der Provinz, mal hier, mal dort. Im Augenblick logiere ich im Continental, seit zwei Tagen. Morgen geht es nach Allenstein zurück.« Im Continental! Er warf das so lässig hin, als ob es für ihn nichts anderes gäbe, als in den besten Hotels der Stadt abzusteigen, in denen früher mein Millionärs-Onkel Walter gewohnt hatte, wenn er aus Afrika zu Besuch kam.
»Dann also, schönen Dank und alles Gute!«
»Halt mal!« sagte er plötzlich, »hättest du heute abend Zeit? Wir wollen im Miramar eine kleine Brause aufdrehen. An der Bar sind ein paar nette Käfer, und der ganze Saftladen ist nicht übel. Natürlich kannst du da nicht wie Friedrich Schiller aufkreuzen...« er warf dabei einen schrägen Blick auf mein offenes Hemd mit dem zurückgeschlagenen Kragen. – Ich erkundigte mich, ob im Miramar etwa Frackzwang sei...
»Idiot!« sagte er und gab mir einen freundschaftlichen Rippenstoß, »ich meinte nur, deine Wandervogel-Kluft paßt da nicht ganz hin. Also wasch dir den Hals –

und dann um neun im Miramar.«

Miramar... Der riesige Kasten mit seinen Türmchen und Erkern, in den Gründerjahren und im Geschmack der Gründerjahre hochgezogen, lag vor der Brücke am Schloßteich. Dort trat Otto Reuter auf, dort trug Paul O'Montis seine frechen Couplets vor, dort verkehrte die Große Welt oder das, was man sich als Pennäler unter der Grande Monde und rauschendem Nachtleben vorstellte. Und mit solchen Erwartungen war ich denn auch um Punkt neun Uhr zur Stelle, im blauen Anzug und mit einer verwegenen Fliege vor dem Hals. Aber Pünktlichkeit war, das hatte ich schon einmal erfahren, nicht die Sache des großen Fabricius, denn er erschien mit seinen Kumpanen erst, als ich mich gerade auf den Heimweg machen wollte. Die Uhr von der Schloßkirche schlug zehn. Er hielt es auch nicht für nötig, sich für die Verspätung zu entschuldigen und mir die beiden Kerle vorzustellen, die ihn begleiteten. Der eine war groß und schlank, der andere klein und dick, aber beide trugen die gleichen breitkrempigen schwarzen Künstlerhüte wie er, nur daß der kleine Dicke den Kopfstumpen nicht flach eingedrückt, sondern vorn und hinten eingeknufft hatte, wie es die kanadischen Polizisten mit ihren Hüten machen. Alle drei waren schon reichlich angeschickert.

Als sie ihre Hüte bei der Garderobiere abgaben, schob mir der große Fabricius in einem unbeobachteten Augenblick einen kleinen Packen Zehnmarkscheine in die Tasche, zehn oder zwölf Scheine, die er, ohne zu blättern, von einem Banknotenbündel abhob, das mindestens so dick war wie ein Kartenspiel mit zweiundfünfzig Blatt. – »Damit du nachher nicht in Verlegenheit kommst, wenn die Brüder Runden ausknobeln«, sagte er und schob mich in den halbdunklen Barraum hinein. Es war mein erster Besuch

in einer Bar, ich verband damit die Vorstellung von einem Sündenpfuhl, bemühte mich aber um eine lässige Haltung und tat so, als ob ich in Lokalen mit Damenbedienung zu Hause sei. In den Nischen brannten auf runden Tischen kleine Lämpchen mit roten Schirmen, und auf dem langen Tresen standen die gleichen Lampen, nur in etwas größerer Ausführung. Im Hintergrund war vor einer Spiegelwand ein imponierendes Flaschenarsenal aufgebaut. Die vier Damen hinter der Bar schienen sich zu langweilen. Aber das wurde rasch anders, als wir uns auf die Hocker schwangen, die anderen mit großer Übung, während ich zum ersten Mal auf solch einem hohen Stühlchen Platz nahm. Besonders bequem fand ich den Sitz nicht, aber das war wohl eine Sache, die sich durch längere Übung und Gewöhnung ändern würde.
Ein bißchen stark angemalt kamen mir die Damen ja vor, und ob die Farbe ihrer feuerroten Haare Natur war, wagte ich auch zu bezweifeln, aber was man in den tiefen Ausschnitten ihrer in vier verschiedenen Grüntönen changierenden eleganten Abendkleider sah, war nicht übel und ließ mich den Schwur bald vergessen, mich von solchen Reizen nie wieder im Leben betören zu lassen. Zuerst tranken wir – und die vom großen Fabricius eingeladenen Damen tranken mit uns – aus flachen Kelchen ein aus mancherlei Flaschen und zuletzt mit einem Schuß Sekt übersprudeltes Gebräu, das mild säuerlich wie ein Erfrischungsgetränk durch die Kehle rann, in dem aber doch ein Paukenschlag steckte, denn es machte uns und die Damen sehr rasch munter. Und bald ging es auch mit dem Knobeln los. Die Damen machten dabei nicht mit, aber der Verlierer mußte selbstverständlich auch für sie zahlen. Was war das doch mit den drei Hölzchen für ein hübsches Spiel, besonders, solange man zwischen Null und Zwölf

die richtige Zahl erriet. Aber nach einer Stunde war ich die Scheine, die mir der große Fabricius zugesteckt hatte, dann doch los, und von seinem dicken Bündel war auch nicht viel übrig geblieben. Mit Erstaunen beobachtete ich, wieviel die Damen vertragen konnten, und noch erstaunlicher war, wie sicher sie dabei im Kopfrechnen und Kassieren blieben. Der große Fabricius hielt sich an meiner Seite. Er schien eine Menge zu vertragen, während ich deutlich spürte, daß die Zacken in meiner Krone schon ganz hübsch in die Höhe geschossen waren. Dennoch sah ich aus dem Augenwinkel, daß er etwas aus seiner Gesäßtasche zog. Teufel, Teufel! Ein Bündel Scheine, womöglich noch dicker als jenes, aus dem er mich vorher so großzügig versorgt hatte.

Er schob es mir unauffällig in die Jackettasche: »Geh mal auf den Lokus«, flüsterte er mir zu, »und verreib die Dinger ein bißchen...«

»Bist du nicht ganz dicht?« fragte ich verblüfft, »wozu sollte ich...?«

»Los!« knurrte er mich an, »mach schon! Ohne Geld geht das Fest nicht weiter. Und die Hasen sind doch ganz zuckrig, oder etwa nicht?«

Ich ging. Nicht mehr ganz sicher auf den Beinen. Aber ich ging. Und ich ahnte Fürchterliches. Der Toilettenmann schloß mir eine Tür auf. Ich sperrte mich ein. Das Geldbündel, das ich aus der Tasche zog, mochte vierzig bis fünfzig Scheine enthalten, also etwa vier- bis fünfhundert Mark, alle taufrisch, als wären sie gerade aus der Notenpresse gekommen. Das Licht war miserabel, eine Lampe für den ganzen Raum, sie hing schräg über mir, aber so viel erkannte ich auch bei der schlechten Beleuchtung, daß keiner der Scheine ein Wasserzeichen besaß. Es waren Blüten. Zweifellos gute Arbeit. Die drei Herren, die an der

Bar saßen, waren ja auch Grafiker und verstanden sich auf ihr Fach.

Ja, ich hatte in dem Moment, in dem er mir das Geld in die Tasche schob, geahnt, welche Entdeckung mir bevorstand. Ich war plötzlich so nüchtern, als hätte ich den ganzen Abend über nichts anderes als Brunnenwasser getrunken. Ich zerriß die Scheine, so gut es in der Eile ging, in kleine Fetzen – und spülte lange und gründlich. Dem Toilettenmann gab ich den letzten, angeknitterten Zehner, den ich von der großzügigen Geste des großen Fabricius beim Eintritt ins Miramar übrig behalten hatte.

»Alles für mich, junger Herr?« fragte der alte Mann mit einem Gesicht, als könne er an so viel Glück nicht glauben.

»Alles für Sie. Aber Sie müssen mir dafür einen kleinen Gefallen tun . . .«

»Aber gern, junger Herr!«

»An der Bar sitzen drei Herren. Einer von ihnen heißt Fabricius. Bestellen Sie ihm, daß ich gegangen bin und den Brief zerrissen habe. Haben Sie verstanden?«

»Ganz genau, ich soll nach Herrn Fabricius fragen und ihm sagen, daß Sie weg sind und den Brief zerrissen haben . . .«

Das war unsere letzte Begegnung. Bald darauf meldeten die Zeitungen, daß die Provinz mit falschen Zehnmarkscheinen überschwemmt würde. Zeichnung und Druck der Blüten lasse darauf schließen, daß es sich bei den Falschmünzern um Fachleute handle. Man erkenne das Falschgeld jedoch leicht am fehlenden Wasserzeichen. Es dauerte aber noch zwei Monate, bis man den großen Fabricius und seine beiden Genossen verhaftete. Und wieder beging er eine sagenhafte Dummheit, noch dümmer als jene, die er sich bei dem Einbruch in die Bartensteiner Raritätensammlung geleistet hatte. Ein Polizist beobachtete in Marienwerder drei junge Leute, die in den Bäckerläden Brote kauften und die Brote bald nach dem Verlassen des Ladens wegwarfen oder auf die Speerspitzen eines Eisenzaunes spießten. Als er sie anrief und stellen wollte – eigentlich nur wegen groben Unfugs –, rannten sie davon und verloren bei der Flucht eine Ledermappe. Sie war mit Zehnmarkscheinen bis zum Rand vollgestopft. Da erst wußte er Bescheid, mit wem er es zu tun hatte. Auf dem Bahnhof wurden die drei verhaftet. Das Urteil des Schwurgerichtes lautete für jeden der drei auf zehn Jahre Zuchthaus.

Hatte ich mich schuldig gemacht, daß ich meine Entdekkung nicht sofort gemeldet hatte? Vater hätte mir die Frage leicht beantworten können, aber er war der letzte, dem ich mich anzuvertrauen gewagt hätte. Die Zeitungen brachten lange Berichte über die Verhandlung vor dem Landgericht. Sie begann kurz vor den schriftlichen Arbeiten. Das Urteil wurde an dem Tage verkündet, an dem wir uns im Zeichensaal an die lateinische Übersetzung machten, eine ziemliche Gemeinheit, denn der Text, den wir zu übertragen hatten, war ein Brief von Herrn von Goethe an Herrn Eckermann. Aber ich konnte beruhigt herangehen, denn was ich insgeheim befürchtet hatte, war nicht geschehen, mein Name war weder in der Voruntersuchung des Falles noch in der Verhandlung erwähnt worden. Ich hatte eine rachsüchtige Bemerkung des großen Fabricius fast erwartet, da nicht auszuschließen war, daß mein Vater an der Verhandlung gegen ihn teilnehmen konnte; aber er schien mir die fünfzig in den Lokus gespülten Scheine vergeben zu haben, oder er hatte sie vergessen.

Er wurde übrigens nach acht Jahren Haft, die er im Insterburger Zuchthaus absaß, begnadigt. Die Familie schob ihn nach Südamerika ab. Vierzig Jahre später fand ich unter meiner Post einen Brief mit einer brasilianischen Marke und dem Namen eines unbekannten Absenders – nur die Schrift kam mir merkwürdig bekannt vor. Er hatte in einer Buchhandlung in Porto Alegre zwei Bücher von mir entdeckt, für ihn eine freudige Überraschung, wenn er sich auch denken könne, daß mir an einer Erneuerung unserer Beziehungen wenig gelegen sein werde. Über sich und seine Lebensumstände kein Wort. Ein Brief, den ich am nächsten Tage an die auf dem Umschlag angegebene Anschrift sandte, kam nach Monaten mit dem Vermerk, daß ein Adressat dieses Namens nicht auffindbar sei, an mich zurück.

Darüber sind nun mehr als fünfzig Jahre vergangen. Und wieder einmal steht die Frage im Raum, die man Freunden, mit denen man zusammen alt geworden ist, und die man sich auch selber wohl zuweilen stellt, ob man noch einmal jung sein und das Leben noch einmal von vorn beginnen möchte. Eine törichte Frage, gewiß, denn keine Fee und kein Gott könnte diesen Wunsch erfüllen. Natürlich, wer hätte schon etwas dagegen einzuwenden, noch einmal siebzehnjährig im Hinterzimmer vom ›Abgehackten‹ mit den Freunden vom Comment Olymp die Becher zu heben und ›Herr Bruder zur Rechten und Herr Schwager zur Linken‹ zu singen. Wer möchte sein Kätchen, oder wie die erste Flamme auch immer geheißen haben mag, nicht noch einmal im Walzer über das helle Parkett und in der Tanzpause heimlich in eine jener dunklen Nischen führen, mit denen die alten Dombaumeister allerdings andere Zwecke verfolgt hatten.
»Ach, weißt du, mein Lieber«, meinte mein alter Freund und Conabiturient Arthur Pukall bei seinem letzten Be-

such, die Nase in der Blume eines Randersackerer Pfülben vom guten Jahrgang 1971, »ja, wenn es so ginge wie etwa in der ›Feuerzangenbowle‹ auf einen kurzen Besuch und mit einem reellen Einkommen im Hintergrund, dann schon. Aber sonst? Nein, lieber nicht...«

Nein, lieber nicht! Denn was in der Erinnerung als besonnte Vergangenheit liegt, war doch ein schmerzhafter Prozeß, und weit schmerzhafter als die Wachstumsbeschwerden waren die dunklen Ängste und Ahnungen, daß die Welt, in die man höchst unfreiwillig hineingesetzt worden war, alles andere als vollkommen, und daß das Leben, dem man entgegenwuchs, über Abgründe führte, von denen man einige schon in jungen Jahren entdeckt hatte – und an ihnen gerade noch mit einer gehörigen Portion Glück vorbeigestolpert war.